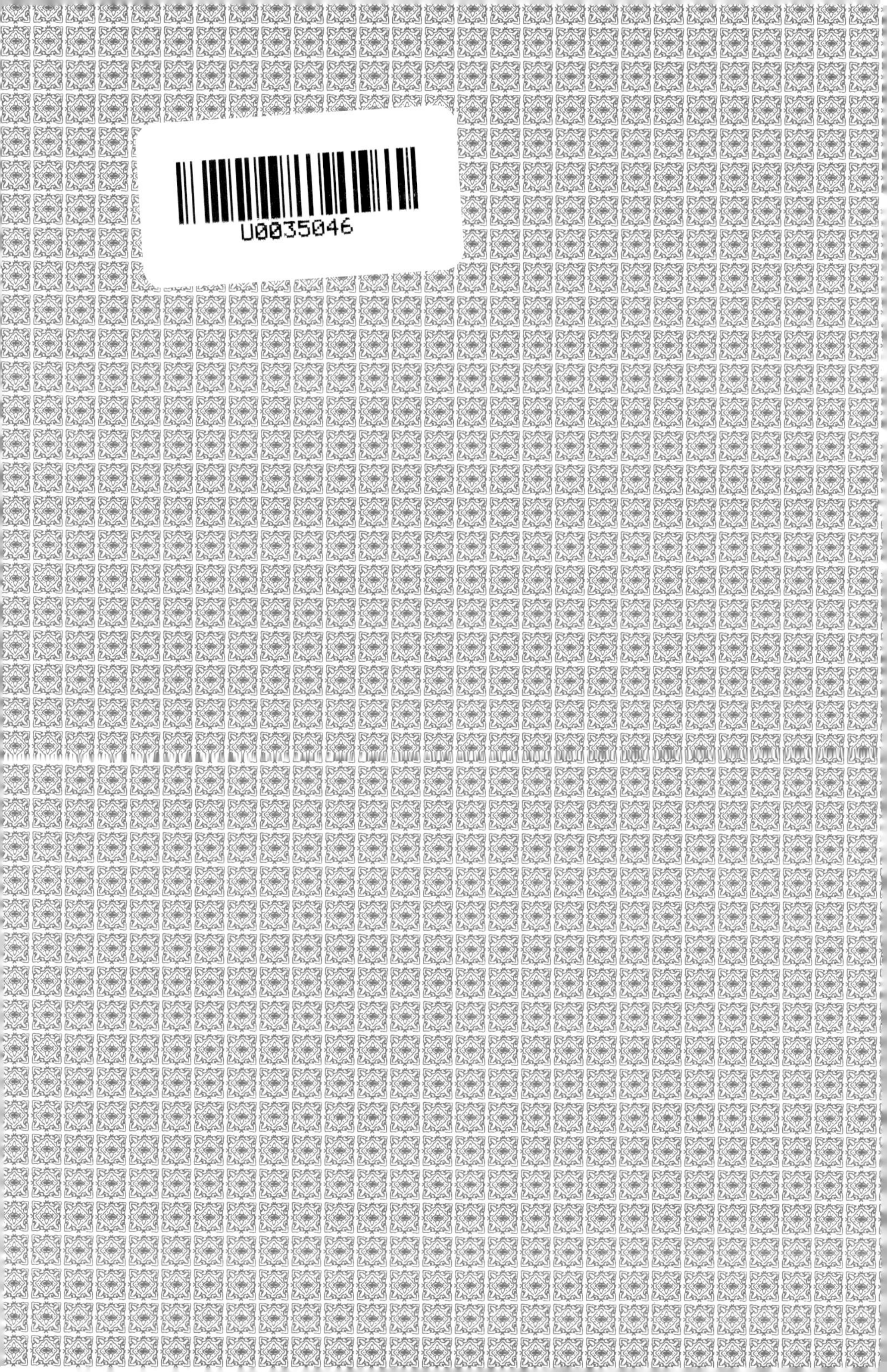
U0035046

平實導師　述著

ISBN 978-986-98038-5-4

佛法是具體可證的，三乘菩提也都是可以親證的義學，並非不可證的思想、玄學或哲學。而三乘菩提的實證，都要依第八識如來藏的實存及常住不壞性，才能成立；否則二乘無學聖者所證的無餘涅槃即不免成爲斷滅空，而大乘菩薩所證的佛菩提道即成爲不可實證之戲論。如來藏心常住於一切有情五蘊之中，光明顯耀而不曾有絲毫遮隱；但因無明遮障的緣故，所以無法證得；只要親隨眞善知識建立正知正見，並且習得參禪功夫以及努力修集福德以後，親證如來藏而發起實相般若勝妙智慧，是指日可待的事。古來中國禪宗祖師的勝妙智慧，全都藉由參禪證得第八識如來藏而發起；佛世迴心大乘的阿羅漢們能成爲實義菩薩，也都是緣於實證如來藏才能發起實相般若勝妙智慧。如今這種勝妙智慧的實證法門，已經重現於臺灣寶地，有大心的學佛人，當思自身是否願意空來人間一世而學無所成？或應奮起求證而成爲實義菩薩，頓超二乘無學及大乘凡夫之位？然後行所當爲，亦行於所不當爲，則不唐生一世也。

——平實導師

如聖教所言，成佛之道以親證阿賴耶識心體（如來藏）為因，《華嚴經》亦說**證得阿賴耶識者獲得本覺智**，則可證實：證得阿賴耶識者方是大乘宗門之開悟者，方是大乘佛菩提之眞見道者。經中、論中又說：證得阿賴耶識而轉依**識上所顯真實性**、**如如性**，能安忍而不退失者即是**證真如**，即是大乘賢聖，在二乘法解脫道中至少為初果聖人。由此聖教，當知親證阿賴耶識而確認不疑時即是開悟眞見道也；除此以外，別無大乘宗門之眞見道。若別以他法作為大乘見道者，或堅執**離念靈知**亦是實相心者（堅持意識覺知心離念時亦可作為明心見道者），則成為實相般若之見道內涵有多種，則成為實相有多種，則違**實相絕待**之聖教也！故知宗門之悟唯有一種：親證第八識如來藏而轉依如來藏所顯眞如性，除此別無悟處。此理正眞，放諸往世、後世亦皆準，無人能否定之，則堅持離念靈知意識心是眞心者，其言誠屬妄語也。

——平實導師

目次

自序

《佛藏經》之所以名爲「佛藏」者，所說主旨即以諸佛之寶藏爲要義。諸佛之寶藏即是萬法之本源——如來藏，《楞嚴經》中說之爲「如來藏妙眞如心」，《入楞伽經》卷七〈佛性品〉則說：「大慧！阿梨耶識者名如來藏，而與無明七識共俱，如大海波常不斷絕，身俱生故；離無常過，離於我過，自性清淨。餘七識者心，意、意識等念念不住，是生滅法。」大略解釋其義如下：

【所謂阿梨耶識（通譯阿賴耶識）又名如來藏，含藏著無明種子與七轉識種子，並與所生之無明及七轉識同時同處，和合相共運行而成爲一個五陰有情。七轉識與無明相應而從如來藏中出生，每日運行不斷；意根每天一早促使意識等六心生起之後相續運作，與意識等六心和合似一，看似常住而不斷之心，其實是從如來藏中種子流注才出現的心，就是一般凡夫大師說的「清清楚楚明明白白」的心，早上睡醒再次出生以後，就與處處作主的意根和合運作看似一心。這七識心的種子及其相應的無明種子，每天同時從如來藏中流注出來，猶如大海波一般「常不斷絕」，因爲是與色身共俱而出生的緣故。

如來藏離於無常的過失，是常住法，不曾剎那間斷過；無始而有，盡未來際永無中斷或壞滅之時。如來藏亦離三界我等無常過失，迥無我見我執或我所執；其自性是本來清淨而無染污，無始以來恆自清淨，不與貪等六根本煩惱及其餘隨煩惱相應。其餘七轉識都是心，即是意根、意識與眼等五識，即是面對六塵境界時清楚明白的前六識，以及處處作主的意根；這七識心與無明種子都是念念不住的，因爲是從如來藏中流注這七識心等種子於身中才有的，當色身出生以後，意根同時和合運作，意識等六識也就跟著現行而與色身同在一起，所以是與色身同時出生而存在的。而種子是剎那剎那生滅的，以此緣故說意根與意識等七個心是生滅法。若是證阿羅漢果而入無餘涅槃時，由於我見、我執、我所執的煩惱已經斷除的緣故，這七識心的種子便不再從如來藏流注出來，死時就不會有中陰身，不會再受生，便永遠消滅了，亦因此故是生滅法。】

在三種譯本的《楞伽經》中，都不說此如來藏心是第八識（第八識是通俗的說法），而是將此心與七轉識區分成二類，說如來藏一心是常住的，是出生「意」與「意識等」六識者，也說是出生色身者，不同於七識等心。所援引的上開經文，亦已明說如來藏「離無常過，離於我過，自性清淨」；從如來藏中出生的「餘七識者心，意、意識等」，都是「念念不住，是生滅法」。這已經很明確將如來藏的主要體性與七轉識的主要體性區分開來：一是能生，一是所生，能生與所生之間互相繫屬；能生者是常住的如來藏心，沒有三界我的無常過失，沒有我見我執等過失，自性是清淨的；所生的七識心，是念念生滅的，也是可滅的，有無常的過失，也有三界我的我見與我執等過失，是不清淨的，也是生滅法。

今此《佛藏經》中所說主旨即是說明此心如來藏的自性，名之為「無名相法」或「無分別法」，仍不說之為第八識，而是從各方面來說明此心；並且希望後世仍有業障而無法實證佛法的四眾弟子們，未來世中都能滅除業障而證得解脫及實相智慧。以此緣故，先從「諸法實相」的本質來說明如來藏，兼及實證此心者於實證前必須留意避免的過失，才能有實證的因緣；若墮邪見或誤導眾生，並有犯戒不淨等事者，將成就業障；於其業障未滅之前，縱使未來歷經無量無邊不可思議阿僧祇劫，奉侍供養隨學九十九億諸佛以後，仍無實證之可能。以此緣故，釋迦如來大發悲心，首先於〈諸法實相品〉廣釋實相心如來藏之各種自性，隨即教導學人如何了知惡知識與善知識之區別。善於選擇善知識者，於解脫及諸法實相之求證方有可能，是故以〈念佛品〉、〈念法品〉、〈念僧品〉中的法義教導，令學人以此爲據，得以判知何人爲善知識、何人爲惡知識，從而得以修學正確的佛法，然後得證解脫果及證入諸法實相，發起本來自性清淨涅槃智，久修之後亦得兼及二乘涅槃之實證，再發十無盡願而起惑潤生乃得以入地。

若未愼擇善知識，誤隨惡知識者（惡知識表相上都很像善知識），不免追隨惡知識於無心之中所犯過失，則未來歷經無數阿僧祇劫奉侍九十九億佛之後，於解脫道及實相了義正法仍無順忍之可能，欲求佛法之見道即不可得，遑論入地。以此緣故，世尊隨後又說〈淨戒品〉、〈淨法品〉等法，教導四眾弟子們如何清淨所受戒與所修法。又爲杜絕心疑不信者，隨即演說〈往古品〉，舉出過往無量無邊不可思議阿僧祇劫前 大莊嚴佛座下，苦岸比丘等四人爲惡知識，執著邪見而誤導眾生，成爲不淨說法者；以此緣故與諸眾生相牽流轉生死，於人間及三惡道中往復流轉至今，反復經歷阿鼻地獄等尤重純苦及餓鬼、畜生、人間諸苦，終而復始、受苦無量之後，終於來到 釋迦如來座下精進修行，然而竟連順忍亦不可得，求證初果仍遙遙無期；至於求證諸法實相而入大乘見道，則無論矣！思之令人悲憐，設欲助其見道終無可能，對彼諸人助益無門，只能待其未來甚多阿僧祇劫受業滅罪之後始能助之。

如是警覺邪見者之後，世尊繼以〈淨見品〉、〈了戒品〉而作補救，期望以此二品能轉變諸人的邪見，勸勉諸人清淨往昔熏習所得的邪見，並了知清淨戒之所以施設的緣由而能清淨持戒，未來方有實證解脫果與佛菩提果的可能。如是教導之後，於〈囑累品〉中囑累阿難尊者等諸大弟子，當來之世以善方便攝受諸多弟子，得能清淨知見與戒行，滅除往昔所造謗法破戒所成之業障，而後方有實證之世到來。由此可見 世尊大慈大悲之心，藉著舍利弗尊者之因緣，在與舍利弗對答之時演說此實相法等，期望後世遺法弟子得能滅除業障而得證法。普察如今末法時代眾多遺法弟子，精進修行仍難遠離邪見與邪戒，求證解脫果及佛菩提果仍將難能可得，令人不覺悲切不已，是故將此經之講述錄音整理成書，流通天下，欲以利益佛門四眾。

佛子 **平實** 謹誌

於公元二〇一九年 夏初

第三輯：

《佛藏經》卷上

《諸法實相品》（延續上輯未完部分）

《佛藏經》，我們上一週講到第五頁第三行「非常、非無常」，還沒講完，講到補充資料《大般若波羅蜜多經》卷四九三：「又如虛空非常非無常、非樂非苦、非我非無我」，我們上週講到這裡，今天要從下一句「非淨非不淨，大乘亦爾」來說明。「非淨、非不淨」很難理解，依六識論來說，落在意識裡面要講「非淨、非不淨」確實很難講，比起講第八識眞如還要難講；如果他還能夠講得出來，就會只有一個結果，叫作令人笑掉大牙！

因爲他會怎麼解釋呢？他會說：「我們這個覺知心，意識想要清淨時，就好好修行努力安住下來，什麼都不貪不厭，這樣就是清淨，所以『非不淨』；有時候眞的誘惑太強大了，忍受不了，所以又起貪、又起瞋、又起無明，所以有時候『非淨』。這個心變來變去，所以『非淨非不淨』。」一定會這樣解釋，然而智者聽聞他這樣解釋以後，一定會問他：「那你說的跟鄉里老人家說的有什麼不同？」結果是一樣，跟鄉里老人家一樣，完全沒有不同。喔？「那你這樣若是開悟聖者，那麼三家村那些老人家也都是開悟的聖者了。因爲他們說的跟你講的完全一樣啊！那我爲什麼單要供養你？我去供養三家村裡那些老人家就好了。」人家一定要這樣問他，這時他可能老臉無處放，不曉得該怎麼辦了。

也就是說，「非淨、非不淨」不能從意識的層面來說，因爲談到有情眾生的心時，一定是要八識心王具足才行。也就是說，唯識增上慧學中說：如果要說眾生只有一個心，那就只能叫作阿賴耶識。《起信論》也這麼說：如果說眾生只有一個心，那就是第八識如來藏，再也沒有別的。因此唯識學中有一句話很有名：「一心說，唯通八識。」假使有人要說眾生只有一個心，那麼這個一心的說法，只通八識心王來講，那就是眼、耳、鼻、舌、身、意六個識，是識陰加上意根和第八識如來藏；只有這八個識合起來成爲阿賴耶識心，才能夠說眾生只有一個心，就是這個如來藏心。

那麼以八識心王合爲一心而說「**非淨非不淨**」，可就很好說了。換句話說，第八識出生前七識，所出生的前七識自無始以來始終是染污的，始終是不淨的；縱使曾經修過四禪具足五神通，有時是清淨的，也不過那麼一世、兩世，過後下墮欲界或人間時依舊是不淨，所以不是永不變異之法，而是有時清淨，大多數時候不清淨。既然大多數時候都不清淨而有時清淨，就談不上眞正的「淨」；因爲如果是眞正的清淨，一定永遠都是清淨的，那才能夠說「**非不淨**」。

這七轉識既然大部分時間都不淨，那麼這個「**非不淨**」的心究竟又是指誰呢？那就是能生七轉識的如來藏心。在《佛藏經》中說祂叫作「**無名相法**」、「**無分別法**」，這一個心永遠是「如」，不論什麼樣的境界祂都是如如不動的。當眾生心中很歡喜時，祂依舊如如不動其心；當眾生很厭惡時，祂仍然不動其心；當眾生有所取捨時，祂依舊全無取捨。所以利衰毀譽稱譏苦樂的心境到不了祂的境界，這種如如不動的境界才是修學般若的人所應該要證的境界；但這個境界是第八識自身的境界，不是意識所能住的境界。

修行時不要誤會，想把意識住在這一種第八識的境界裡面，那他的修行就永遠不會成功。所以禪宗有個很有名的公案，那蘇東坡不是覺得修行很好嗎？寫了一首偈說他自己已經修到八風吹不動的境界，派人將偈送了過江、去給佛印禪師；佛印禪師讀完了，提起筆來在紙背寫了好大一個「屁」字，叫人送回去，他馬上渡江過來興師問罪，結果佛印禪師說他：「一屁打過江。你還眞的八風吹不動嗎？」他也只好服了。

所以必須實證第八識如來藏，因爲祂是無分別法，不管什麼境界祂都不起分別，因爲祂不住於境界中，永遠都是如；既然永遠都是如，祂就不需要幹惡事，所以祂永遠清淨。當如來藏所生的五陰造了惡業該下地獄，如來藏祂不逃避，祂就變出下一世一個地獄五陰，讓這個地獄五陰去承受，意根就跟著去領受；當他在人間行善又受持五戒等，於是捨壽以後該生欲界天享福，他的如來藏也沒起歡喜心說：「這小子這一回懂得修善了，讓他生到欲界天享福，很好、很好！」祂根本如如不動其心，就幫他生個來世的欲界天身；就是這樣子，祂永遠不動其心。

講到這裡一定有人想說：「你說這話也眞奇怪，既然不動其心，祂怎麼又會幫他生了欲界天身讓他享福？」一定有人會這樣想。將來整理成書，人家讀到這裡也會這樣想的。這個疑問很正當，不能說他疑的沒道理；可是聖教上還有一句依據《金剛經》說的「應無所住而生其心」，祂雖然都無所住，可祂這個心卻是會這樣自動去運作，而一切實證者現觀所見正是如此，一點也不差。所以祂永遠如如不動其心，卻又能自動執行因果律，所以不能夠說祂不淨。因此說以七轉識不清淨，第八識永遠清淨，這樣合起來就成為「非淨、非不淨」，才是般若的實證。

可是，這樣講是不是應該滿足了？不！這樣是住在意識的境界觀察的所得。如果這樣就完全了，那《般若經》就不用講那麼多了，所以還有另一個層面應當知道。當你住在如來藏的眞如境界中，你會發覺如來藏的境界中，沒有清淨可說也沒有不淨可說，因為祂離一切法，所以「非淨、非不淨」。有淨、有不淨，看到了七轉識的不淨和如來藏的清淨，那是你意識心的事情，與祂無關；在祂的境界中沒有清淨或不清淨兩邊，所以「非淨、非不淨」。那麼這樣看來，「非淨、非不淨」這個法如果要用想像的，如何能夠理解呢？如果想要把意識的自性套上去講，一定會有許多錯誤，因此是很難理解的，所以說這得要實證。

那麼講過「非常非無常，非樂非苦，非我非無我，非淨非不淨」之後，作了個小小結論說「大乘亦爾」。大乘是如何的「亦爾」呢？這是說：大乘法的實證是「非常非無常，非樂非苦，非我非無我，非淨非不淨」。因爲大乘法說的是轉依於眞如的境界，並不是你的意識心的境界。那麼話說回來，大約三十年前曾經有個比丘尼吃飯時，故意弄一個碗裝了狗屎放在餐桌上，跟她一同吃飯的在家徒弟們吃不下飯，看了覺得噁心；這時她老姊就有話講了（我稱她老姊，因爲她落在世俗人對佛法的想法中），她就說：「那你們這樣就是有分別，如果沒有分別的話，你就不會吃不下飯。」這是眞實的例子，不是我編造杜撰的。這是一位姓鄭的師兄告訴我的，說是他親身的遭遇。我說：「那你怎麼不問她呢？你應該問她說：『那麼師父您夾菜時，爲什麼總是不會夾到狗屎？您到底有沒有分別？』」（大眾爆笑…）「對喔！」他回答我說：「唉呀！我好笨，我當時就沒想到這個。」我說：「不但當時，我在教你這個辨法之前你都已經悟了，也都沒有想到要這樣問她。」也就是說，她一念不生時的心裡面是有分別的，所以她只夾菜，餐桌上好幾道的菜，不管怎麼夾，她夾來夾去就是不會夾到狗屎，這表示她一念不生之際都已經分別完成了！竟然還睜眼說瞎話：「你不要分別，就不會吃不下飯。」這不是人講的話，這叫作狡辯。

這就是說在正覺弘法之前，大家都要修練自心；修練自心是沒有錯誤的，只是他們所謂修練自心的目的錯誤了，而修練的本身是正確的。也就是說不管誰，修行一定要修練自心；可是修練自心是要轉依第八識眞如來修，而不是要修練意識自心去變成第八識眞如的境界。因此，以前大家都是修行要把妄心意識變成眞心如來藏。眞心如果是可以從妄心修行轉變成功，那將來祂還會繼續再轉變的，轉變了又變成妄心，那就是時眞時妄；若是時眞時妄，祂就是變異法，是生滅法，就不值得我們來證祂了！一定本來就眞、永遠是眞、永不變異，你去證得這樣一個心，才會是常住之法，這樣的心才是最珍貴的。所以把妄心修行變成眞心不值得尊貴，因爲那種心一定是變異法。

那麼大乘法的修行就是要證這個第八識眞如，證得這個眞如以後來轉依於眞如而修行改變自己。轉依之後所住的有兩個層面，就是意識看見八識心王有苦樂有非苦樂、有我有無我、有淨有不淨、有常有無常；因爲第八識是常、永不壞滅，而七轉識無常，都是可滅之法。第八識永遠常住而不可壞，所以是眞實的非苦樂境界，而七轉識常住於六塵境界中領受諸苦，所以有苦。第八識沒有三界我的法性，所以無我，而七轉識卻是生滅的法性，都在六塵中執著自我，就是三界有情無明所說的我。當你能如此現觀時，發現七轉識既是生滅的，那就不是眞實我，就是無我；而第八識眞實的存在，你不能夠說祂無我，就是我。又看到七轉識總是染污而不清淨，所以非淨；然後又看到第八識眞如永遠都是眞實而如如，永遠與染污法不相應，所以非不淨。這是第一個層面。

然後轉個身，站在第八識眞如的立場來看這一切時，在祂的境界中，沒有常、無常，沒有樂與苦，沒有我與無我，沒有清淨與不淨。這樣實證而清楚了知這兩個層面，才是眞正的大乘法，才能夠說「大乘亦爾，非常非無常，非樂非苦，非我非無我，非淨非不淨」。而這樣的心自無始以來，乃至盡未來際永遠猶如虛空，而這個境界是一切凡夫眾生正在無明具足輪迴生死之中已經如此，所以叫作「虛空無爲」。因爲這個眞如猶如虛空，永遠是這樣的無漏性，叫作「虛空無爲」。所以最後作了一個結論「故說大乘與虛空等」。

如果沒有把前面這些經文作了解釋以後，單單提出後面這一句「故說大乘與虛空等」，那大眾聽了該怎麼辦？大乘跟虛空一樣？可是虛空摸不著、撈不到、觸不到也無法去運作它，說大乘跟虛空一樣，我到底要怎麼去實證大乘？這下可就走入死胡同，再也轉不得身，只好死在這裡。所以有善知識指導以後，懂得實證第八識如來藏，辛辛苦苦、孜孜矻矻夙夜匪懈求之不已；有一天，驀然回首，眞如就在那裡，正在「燈火闌珊處」，就在自身中。這時候《般若經》可就通了，問題只是有沒有具足通而已，但一定會通。如果你把第二轉法輪的般若諸經都具足通達了，配合其他的條件都足夠了，就可以入地了。所以悟了以後一定能通，只是沒有具足通罷了。

那麼這樣來現觀時，「非常非無常」的道理就可以瞭解到很清楚。因此說這有兩個層面，第一個層面說：這一個心是八識心王，那麼前七識「非常」；這無常的前七識卻是含攝在第八識中，所以這七識歸第八識所有時就可以說「非無常」。第八識的自身常住而不變異，祂的眞如法性永遠都不改變，但含藏的種子可以改變，所以「非常非無常」。

可是從另一層面來說，這第八識心證得以後，究竟還需不需要修行？以往大師們都說：「開悟明心了，大事已畢，不用再修行了！」但是有智慧的人說：「悟了還得修行，因爲悟後才正好修行，悟後才正是修行的開始而已。」爲什麼悟後才懂得開始修行？因爲悟後的修行有層次差別不同。咱們只說兩個層次就好，不說太多，否則得要講《華嚴經》了。這有兩個層次：

第一，剛悟了以後看到這如來藏永遠都是這樣清淨，祂眞實而又如如不動，所以合名眞如；既然是眞如就不能夠說祂不清淨，這就是「非不淨」；可是祂含藏著許多種子，這些種子流注出來成爲我們的五陰、十二處、十八界、六入，流注出來我們七轉識的種子時，看起來七轉識又是不清淨的，因此說「非淨」。這樣看來祂的心體清淨，但是所含藏的種子不清淨，成爲「非淨非不淨」。而這些種子不斷地在變異，但因爲祂心體自身永不變異所以祂是常；常而又含藏著不淨的種子不斷地變異，種子不斷變異就稱爲「無常」。再從這個如來藏自心的境界來看，不能說祂常，也不能說祂無常，因爲祂自己境界中沒有常與無常的認知，所以「非常非無常」。

第二，對那一些還沒有證悟的人，對那些還不懂佛法的人，要告訴他們：「這個第八識眞如常。」等他悟了正好修行，接著告訴他：「非常非無常。」因爲心體是「常」，可是種子仍然有很多的變異，因此又是「非常」；但因爲種子是祂所含藏的部分，不外於祂，因此「常」中有「無常」，不是完全的常，也不是完全的無常，成爲「非常非無常」。那麼有的人悟後觀行久了，他會發覺：「原來我們十八界、我們的五陰出生了以後，是在這個如來藏中出生，不曾外於如來藏。」因爲深入觀行以後終於發現這個事實，那時候覺得好震撼：「我無始劫以來，每一世五陰的生存，在每一世的生活過程都不曾外於如來藏。唉呀！眞沒想到！」當時覺得好震撼，可是不管怎麼樣去思索、去觀察，看能不能有一刹那生活在如來藏之外，結果會發覺完全不可能。啊！這時候終於死了心。爲什麼呢？因爲知道自己從來都生活在如來藏中，將來老了也是在如來藏中老，最後死了也是死在如來藏中。那麼這樣看來，一生所造種種善業、惡業、淨業的種子，當然全部都含藏在如來藏中，一點兒也跑不掉。

這樣看來，如來藏是「常」；如來藏所包容著的這個五陰、十八界「非常」。所以你眞的不能夠單說祂「常」或者單說祂「非常」。這樣看來，毀謗如來藏的話眞的不能說，所以去騙眾生時講了一堆謊話，結果種子都在自己如來藏裡面，每一句話都成爲業種而不會丟掉，未來世因緣成熟時，自己就去受報了。甚至於三大阿僧祇劫以後成佛了，發生了某一件事情時只好對弟子們開示說：「這件事情的因由，是超過兩大阿僧祇劫之前，什麼時候這個人跟我發生了什麼事情，所以我現在要受果報了。」當時的對話如何，就一句一句複述出來，你看每一句話都在喔。

那這樣看來，顯然所含藏的那一些種子「非常」，可是如來藏心體「非無常」，因爲祂恆住而不變才能持種盡未來際而受果報，因爲這個心體不可能壞滅啊！這一個心在因地修行到成爲阿羅漢以後，經論中說「阿賴耶識阿羅漢位滅」，是滅什麼？滅阿賴耶識的識性，不滅這個心體，從此以後不叫阿賴耶識了，只能叫作「異熟識」，這叫作「阿賴耶識滅」。但不是滅掉這個心體，只是把阿賴耶集藏分段生死種子的識性滅掉，沒有阿賴耶性，因爲不再集藏三界分段生死的種子了。這樣看來，顯然祂有一些自性「非常」，可是眞如性卻是在因地就已經存在，乃至一隻蟑螂、一條蚯蚓、一隻癩痢狗，牠們的第八識永遠都是眞實而如如，而心體永不壞滅；而且這個眞如法性永不改異，你不能夠說祂無常，所以「非無常」。

到了阿羅漢位滅掉阿賴耶識性了，方便說他叫作「滅阿賴耶識」，這時候只能稱爲「異熟識」；繼續修行到達佛地「滅異熟識」，但不是滅掉這個心體，是把異熟的體性滅除，也就是第八識心中含藏種子的變異性已經滅除了，再也不受異熟果了，所以叫作「滅異熟識」。那麼這時候成佛了改名「無垢識」，然而祂的眞如性在異熟識位就已經存在了，所以這個眞如性「非無常」；而祂的種子的異熟性是無常的、可變異的，所以「非常」。同樣的道理，阿賴耶識也叫「非常」，但「非常」不是指這個心體「非常」，而是說這個阿賴耶識的識性「非常」。同理，異熟識性「非常」，而心體是常，但是心體的眞如性也永遠是常，所以這個第八識心「無名相法」「非常非無常」。大乘法就是應該這樣實證，如是實證以後才說你已證得大乘法，否則最多只是阿羅漢，不可能是菩薩，因此說「大乘亦爾」，那麼就具足這四種雙非的境界。

接著下來再看《大般若波羅蜜多經》卷五九五：「善勇猛！一切法非常非無常、非樂非苦、非我非無我、非淨非不淨。如是一切法非常非無常、非樂非苦、非我非無我、非淨非不淨，是謂般若波羅蜜多。」這四種雙非的義理，前段《般若經》講過了，我在這裡就不必再重講。但是這一段經文告訴我們說：般若波羅蜜多的實證，必須要具足這四種雙非。每一句都有兩個非，但是這時候不說「虛空」了，而說「一切法」。在阿含諸經裡面告訴我們說：一切法生滅有爲、「**非常**」，所以是苦、是無我、是空。來到第二轉法輪卻告訴你一切法「**非常非無常**」；那些凡夫俗子如達賴喇嘛、釋印順一類人，那些謗三寶的人讀不懂，他們只會依文解義，死於句下的結果就敢謗佛，就說：「**你看！三轉法輪前後的說法互相矛盾。**」或者說：「**大乘諸經都不是佛講的，是後代弟子們對佛的永恆懷念而漸漸創造出來的。大乘非佛說。**」達賴的荒謬說法是誰的出版社幫他印出來的？陳履安的眾生出版社。所以他們出版社流通出來的書中講的都是眾生境界法，我們出版社講的不是眾生境界法，所以我們叫作正智。

話說回來，「**一切法非常非無常**」等，跟《阿含經》所說的一切法苦、空、無我、無常沒有絲毫差異；因爲《阿含經》只從現象界來說，說的是五蘊、十二處、六入、十八界的事情，不涉及實相法界。然而《般若經》所說的不但談到現象法界的一切諸法苦、空、無我、無常，而且把現象法界的所有一切法攝歸於眞如心來說，也就是說一切法本來是眞如心的一部分；那你從眞如心來看一切生滅法時，一切法還是歸屬於眞如心；眞如心既然不生滅，你就不能夠單單說祂所生的一切法生滅。

這就好比我們以前講過的鏡子與影像的譬喻：鏡子中的影像是生滅的，這沒有錯；可是你把鏡子的影像攝歸於鏡體的本身來看時，那些影像是在鏡子裡面永遠不斷地生滅，永遠不會終止，是常時存在的；所以依鏡子來說那些影像時，那影像就是不生不滅。因爲鏡子存在時影像就一定在，你不能夠說：「**鏡子啊！你什麼時候出生這些影像呢？**」不能這樣問它，因爲鏡子在時影像就已經在了，所以你不能問如來藏說：「**如來藏啊！你出生了五陰，是什麼時候開始出生的？**」不能這樣問祂，因爲打從如來藏無始以來，在祂存在時就是已經有五陰了呀！所以五陰在如來藏中永遠生滅不住，但是如來藏永遠都存在，當你能夠把五陰攝歸如來藏時，五陰就成爲不生不滅了，那你怎麼能夠說五陰是常或是無常？你如果要說是常的話，明明五陰是生滅不住；你如果要說五陰是無常的話，明明五陰跟著如來藏一直不斷地存在，只要壞掉一個五陰，如來藏馬上又會出生下一個。所以一切法苦、空、無我、無常，那是現象界中的事，只是二乘菩提中的所說；如果攝歸到如來藏來看時，那一切法就離開了兩邊；這時一切生滅法也都不在兩邊，因爲都攝歸如來藏了。所以一切法猶如虛空無為一樣，也是「**非常非無常、非樂非苦、非我非無我、非淨非不淨**」。得要這樣子實證了，才可以說這樣叫作「智慧到彼岸」，否則不能夠說自己有智慧到了解脫的彼岸。

接著再來看《大方廣佛華嚴經》卷三十三〈普賢菩薩行品第三十一〉：「**深入無盡身，非生亦非滅，非常非無常，示現諸世間。**」以前常常有人毀謗說《華嚴經》不是 佛陀講的，是後人創造的。問題來了，有哪一個後人能夠創造出《華嚴經》？就算是證悟了請出《華嚴經》來，都還有很多地方讀不懂的；就算是入地了，有很多《華嚴經》中的境界也是無能觸及呀！就算是到了八地、九地，也無法把《華嚴經》拿來挑剔；偏偏那些凡夫最厲害，一句話就把《華嚴經》給否定了。所以我說「最厲害」的人還是凡夫，諸佛都無法否定，諸地菩薩也無法否定的，他們偏偏敢公開否定，所以凡夫「最厲害」。就好像《楞嚴經》，民初那位呂澂先生還寫了篇文章叫作〈楞嚴百偽〉，我說他比我「厲害」，我能夠解說、能夠註解《楞嚴經》，但就是提不出一點可以證明它是偽經的理由，他竟然能夠提出百偽的理由。老實說，那一些境界能夠證得百分之一、十分之一就很欣慰了，還能夠證明它是偽造的喔？所以，我說天下「最厲害」的人就是凡夫。

同樣的道理，《華嚴經》說的從來不與初轉、二轉、三轉法輪諸經有所牴觸，而且更加勝妙與深廣，可以說是富麗無比；所以想要瞭解佛法有多麼豐富，就要去讀《華嚴經》。如果想要瞭解佛法有多麼深奧勝妙，就要去讀《楞嚴經》。爲什麼《華嚴經》、《楞嚴經》兩部都叫作「嚴」？因爲很究竟、很堅固，令你不能搖動、無法撼動它，已經是嚴到極點了。

「嚴」就是你必須要畏懼它，師父如果很嚴，徒弟會怎麼樣？徒弟當然要每天戰戰兢兢。師父如果不嚴，徒弟就放逸，對不對？世間道場都如此。可是有個異類叫作正覺同修會，我這個師父不嚴，我只是法上很嚴；就是說我這個法你不能動搖，不能亂動我這個法；可是在修道之上我一點都不嚴，我總是和藹可親，不逼迫誰努力修道，都是由諸位自己精進修道；所以沒看過我瞪人，也沒看過我罵人。但是我在法上很嚴，也就是說在法上不許大眾造次，必須要完全依循 佛陀聖教。

那麼演說《大方廣佛華嚴經》時，表示這不是一個小事情；因爲這個法無量無邊廣大，而且猶如蓮花一般清淨，並且極度的莊嚴！我今晚把這一部經摘錄出幾句話來告訴大家。這幾句話是從〈普賢菩薩行品〉裡面摘錄出來的，告訴我們要效法「普賢行」，說唯有努力修普賢行的人，才能夠悟後繼續深入「無盡身」。

那麼就要先請問諸位：「無盡身到底是誰啊？」（大眾回答：如來藏。）對！三句不離本行，一定正確。因爲只有如來藏才是無盡身，三界之中誰敢說他生身無盡？有色身而且壽命最長的，就是色究竟天人，也不敢打包票說：「我這個色身永遠無盡。」可是住在人間境界，住在四王天以下境界的一個神，他自稱是唯一的眞神，竟敢說他是永恆的，我們就說那叫作井底之蛙，他眞是管窺天界；因爲那個井太深了，他跳不出來，當他看到井口時距離太長了，所見的天只有這麼小；如果井很淺，他看到的天就會大一些，但也就這麼大！那他跳不出那個井，因爲他的邪見太深，所以住在那個深井裡面，不知天下之高廣，便在井裡對小生物說他是永恆的；但從忉利天釋提桓因的境界來看他時就會說：「唉呀！你這個短壽鬼、夭壽鬼，竟敢自稱永生不死。」就不必談到色界諸天了。我如果放棄菩薩願，來世生到色界天去，如果眞的有這麼一個眞神，我每天來找他敲他腦袋：「你現在幾萬歲了，知道自己快死了，還永恆嗎？你看我還這麼年輕，我還要活過你的無量無量倍壽命。」我就每天去敲他腦袋，也許救得了。只是我不幹這種事，因爲幹這種事覺得很無聊，那不是菩薩幹的事；菩薩作事時，總是知道有很多事情得要待緣。

所以只有一身是無盡身，明明祂無身，爲什麼要說祂是「身」？因爲祂能生一切身。祂能生一切身表示什麼？表示祂有能生的功德，這能生的功德表示祂有作用，作用就稱之爲「身」。所以《阿含經》裡面有時候說眼識、眼識身，耳識、耳識身，乃至於意識、意識身，就是講意識與意識的功能，功能就稱之爲「身」。祂稱爲「無盡身」，表示祂的功德永遠無窮無盡。那麼菩薩證悟以後一定要行普賢行，我們在講《法華經》時已經大略講過普賢行了，這裡不再重複。

行無盡的普賢行以後，才有辦法深入「無盡身」，也就是深入眞如心的無盡功德之中，一定會看見這個「無名相法」如來藏「非生亦非滅，非常非無常」；如來藏心這個「無名相法」從來不曾有生，所以《楞伽經》中說：菩薩證得阿賴耶識時就證得無生法。因爲現見阿賴耶識無始以來不曾有生，因為不曾有生所以永遠不會有滅。有生的法未來就必定有滅時，這是法界定律，永遠不會改變，但是如來藏心本來無生，是無始的存在。

那你證得如來藏時，就知道為什麼無生，因為不管你如何推溯，永遠無法證實祂什麼時候曾經出生，這就稱為「證無生」。既然無生，祂就無滅；這個心非生亦非滅，同樣也是「非常非無常」；心體是常所以「非無常」，所含藏的種子不斷地流注生滅所以「非常」。這道理前面講過了，這裡不再重複。可是後面點出一個重點來：「示現諸世間。」也就是說這個「無盡身」如來藏可以示現各種的世間，淨土世間、五濁世間都可以示現。所以具足煩惱的三界六道世間，也全部由祂來示現。人之所以生為人身，因為往昔所造的業是繼續生而為人的業，因此這些有情的如來藏就各自變生了人類的五陰身心出來，有人類的五陰身心就會提前變生出人間的世間。有人前世造作了畜生道的惡業應該持續受報，牠們的「無盡身」就為牠們變生了三惡道中的畜生惡業身，讓牠們去領受；下至地獄身，上至無色界天身，莫非如此。所以一切世間都是由這個「無盡身」而示現出來。

這樣只有六個法界，但還有佛法界、菩薩法界、聲聞法界、緣覺法界，同樣都是由這個「**無盡身**」示現出來。所以每一世的每一個有情都是「**無盡身**」所示現，因此經中才說「**化人**」；就好像魔術師變化出來一個人，在那邊跑跑跳跳，但那個人是假的、是魔術師化現的，魔術師就是每一個有情身中的「**無盡身**」如來藏。也就是說這個「**無盡身**」擁有許許多多的功德，這些功德永遠無盡而不會壞滅，永遠存在；悟後得要繼續深入去體驗、深入去觀察，繼續修學直到成佛，才能夠具足了知「**無盡身**」。而祂最大的功能就是「**示現諸世間**」，這是告訴我們說：第八識心體常恆不壞，但是所含藏的種子生滅變異，因此「**非常非無常**」，才能出生一切種類的世間。轉個身站在無盡身如來藏自己的境界中來看時，卻沒有「**非常非無常**」可說；當你依於祂的境界來觀察時，沒有常也沒有無常，一切諸法都不存在，卻能夠「**示現諸世間**」。也就是說眞如的境界中本來就「**非常非無常**」，因為眞如的境界中離一切法的緣故，所以眞如的境界中不可以說是常或者無常，因此「**非常非無常**」。

藉這些補充的《般若》及《華嚴》的經文，解說了「**非實、非虛妄**」和「**非常、非無常**」，回到《佛藏經》來說「**非明、非不明**」。為什麼「**非明、**

非不明」？正覺弘法之前，很多道場會講：「般若就是離兩邊啊！」他們講的離兩邊有一個響叮噹的名字叫作八不中道，問題來了，中道只有八不喔？那是無量的雙不欸！怎麼只有八不呢？龍樹菩薩寫《中論》時講八不，那是因爲不是要講具足的佛法，只要顯示出祂的中道性，用「八種不」來代表而說明出來就夠了，但不代表中道只有八種不。那些講中觀的大法師們不懂，講來講去就是八不中道；但可憐的是那八不中道被他們講完了以後，竟變成「八句中道」。爲什麼叫八句？因爲統統落到自己的想像裡面，都是具足了妄想的中道，所以他們沒有眞實理解「八非」的中道。其實中道之法，於一切法中永遠離兩邊，不可能只有八種；所以這裡講的離兩邊的法，你看《佛藏經》已經講多少種？我沒有跟它算過，如今這裡又來講「非明、非不明」；如果中道只有《中論》裡講的八不，那這個「非明、非不明」應該就不算中道的內涵了。如果眞是這樣，《中論》顯然不能函蓋一切法了；《中論》講的中道如果不能函蓋一切法，還能叫作中道或「中道之論」嗎？可是釋印順那位老糊塗就永遠沒有想到這個道理。

現在回來「非明非不明」討論看看。假使證得如來藏，那麼從八識心王來看時，你會發覺如來藏從來沒有看見；祂永遠看不見，能看見的都是妄心七轉識，而如來藏從來不見。從來不能見的人應該叫他作什麼？瞎子喔？對啊！就是瞎子！你看瞎子好偉大，還有個「子」。「子」是尊稱，正好用這個「子」來形容如來藏妙眞如法，說祂就是瞎子。應該叫作瞎「子」，讀作第三聲，因爲祂從來不見，卻很偉大。祂既然從來不見，你可以說祂有明嗎？有明是因爲能見、能了知，所以你能看見而說有明；但祂從來不見，當然祂就沒有明，所以說祂「**非明**」還眞有道理。那你如果說祂從來不見，所以祂只看見黑、只看見暗，因爲不明就是暗，那祂是不是只看見暗？當月黑風高之夜滿天烏雲，星星都不見了，突然間把燈給滅了，問你說：「**你看見什麼沒有？**」你一定說：「**沒有看見啊！什麼都沒看見啊！**」對不對？不對！因爲你是看見了暗。這時你看見了暗，不是沒有看見。

我們講《楞嚴經》時有講過這個道理，怎麼可以忘了？你看見了暗，因爲這時你的「見」仍然存在，所以能夠知道沒有看見什麼物像，這就表示你有看見暗。由於你這個能見之性還在，因此開關一開，燈亮了，你又看見種種物，這時你看見了亮，就是見明。所以一片烏黑都無所見時還是有見，叫作見黑、見暗。那麼這樣說來，到底如來藏是有見或無見？很難說了？這個題目還眞難答喔？因爲不是三言兩語講得清的。所以你不能夠說如來藏沒有看見光明，爲什麼？因爲如來藏只是不在色塵上見，可是祂有能見的功德；你這個能見的功德其實都從祂而來，如果不是祂流注這一些見的種子出來，你就什麼都看不見，跟死人無異。

那麼如來藏既然看不見色塵，你問祂說：「對面來了個人。」或者問：「剛才有什麼聲音？」「這個味道好不好？」等等，祂對這些完全都不知道，看來祂什麼都不懂；因爲能見色、聞聲、嚐味、嗅香、覺觸乃至知一切法，全部都是你識陰六識的事，因此你能看見光明、知道種種色塵，你能聽見一切聲音、了別聲音中的意涵，所以你有明，你明白很多很多的事物；你明白很多的事物時，這個明白的功能卻是從祂而來；如果沒有祂，你什麼都不明白。

千萬不要跟我抗議，別跟我抗議說：「欸！你怎麼可以這樣講？我又沒有實證，沒有辦法觀察；那我無法證明時，憑什麼信你？」不可以這樣跟我抗議。因爲很簡單，如果不是如來藏在，就不會了知六塵；什麼都不懂，要叫作「無明」或叫作「不明」，譬如死人。不但死人如此，死貓、死狗、死鴨全部都如此，這不就證明了嗎？是因爲如來藏離身了，所以如來藏不是完全的無知。可是如來藏不對你六識所了別的六塵加以了知，因此祂沒有明可說；祂不明白一切諸法，因爲祂對六塵完全不知道。可是從另一個層面來看，你想什麼祂都知道，你沒有想的祂也知道。當你想什麼時祂知道你的意願，祂就幫你打理得好好的。也許有人又要抗議：**「哪有？什麼事情都是我自己在幹，我怎麼知道祂爲我打理什麼？」**我告訴你：**「一切都是祂爲你打理的。」「那你如何證明？」**我爲你證明，一句話就好：**「悟後你就懂了！」**那你爲了證明，當然得要自己努力，不然你來正覺同修會幹嘛？去逛其他道場就行了。

話說回來，你之所以能明白一切法，你之所以能夠在世間生活如意自在，正因爲祂知道你要什麼，所以你所想要的祂都明白，一直到捨壽爲止，祂全部都瞭解。可是在你生存時還沒有到捨壽的時節，時間還很遠；才剛出生，祂就一直都知道你不需要知道的事情。譬如小孩子，媽媽常常說：**「這兒子長得慢，怎麼辦？什麼時候可以轉大人？」**沒辦法了，去中藥房拿了藥回來熬，是有那麼一點點幫助，其實幫助不大。這是誰所知道的？對！他的如來藏知道這個五陰應該晚一點成熟好。因爲他脾氣暴躁，早成熟一定胡作非爲，早就會被人家殺掉，所以業力導致如來藏讓他晚成熟。他應該活得健健康康的，或者他應該長得雄壯魁梧或者是瘦小病弱，如來藏都知道。也許有人講：「**那不然！我問問看祂好了。**」我告訴你：「**祂不告訴你。**」祂絕對不會跟你講。因爲你問了祂也沒聽到，你問祂幹什麼？可是祂都知道。然後他這一生的窮通壽夭－是說他這一生該過得富裕或者窮苦，壽命應該是盡壽還是夭壽，祂全都知道－你不需要知道這個，你也無法知道這個，但祂都知道。那你能說祂完全沒有「明」嗎？又不是完全無明啊！所以「**非不明**」。這眞的很奇特，「**非明**」卻又是「**非不明**」。

那你如果要用意識心來解釋這個境界，怎麼樣都解釋不通，怪不得沒有人願意講《佛藏經》。這個「**非明非不明**」，你從世間法－就是說你證悟以後從世間法－來看時是如此的；可是這一個老人（如來藏當然好老好老，因爲不知道祂幾歲，無法算），祂既盲又啞又聾，而且祂食不知味，嗅不覺香，完全「**非明**」。可是將來你證悟後，次第修行直到成佛，全都要依靠祂所含藏的一切種子，由祂來供應你的一切所需；如果祂完全無明，怎能如此了知你的需要？諸位想想，是不是？正是如此啊！那你能夠說祂「不明」嗎？當然只好說祂「非不明」。所以你看這個心眞的好奇怪，是「無分別法」，是「無名相法」，顯然祂應該什麼都不明，結果世尊竟然說祂「非不明」。但當你說祂「非不明」時，應該祂什麼都明白了，可是你一問，祂三不知；你在世間六塵中了然分明，這個應該怎麼樣，那個應該怎麼樣，於是你問祂說：「是不是這樣？」祂都不回應。因爲祂都不知道，這時又是「非明」。欸！這個心還眞奇怪！可是這個心正因爲這麼奇怪，所以證得祂以後，你才能夠成爲菩薩摩訶薩，你才能夠很有智慧，這樣才能叫作諸佛寶藏，簡稱爲「佛藏」。

接著來講「非闇非照」。延續剛剛所講的，因爲祂離六塵中的見聞覺知，既然這樣，顯然祂於一切境界都是闇鈍的，於一切境界闇鈍所以是離見聞覺知的。既然是如此，祂於一切境界都不能照了，既然不能明照而不了知，祂是不是住於黑暗的境界中？再問一次：是不是住於黑暗的境界中？喔！現在大家懂得說不是了。因爲我這個話有陷阱，世間的法都是落在兩邊的。如果什麼都看不見，那就是在黑暗的境界中，就叫作無明，所以《阿含經》也常常說：「有情衆生都住於漫漫長夜中。」因爲沒智慧。現在先從世間相來說，這個如來藏心從來都不照了六塵境界，顯然祂什麼都看不見，所以祂沒有見分。

對一般人的層次，現在不談入地以後的事，入地以後講的見分、相分又不一樣；這裡公開講，大部分的人都聽不懂，講了也白搭，不如不講。對初學佛者來講，說有見分與相分，見分是能了知的，就叫作「見」，是指能了知的功能；既然有一個能了知的功能，當然要有一個相對被了知的種種法相，那就稱為「相分」；也就是被了知的，它有被了知的功能。對一般學人而言就說有見分與相分，先不談自證分與證自證分，這是意識的事。自證分也是其他識都有，但那是無生法忍範圍的事，講起來又深了，且不談它，只說三賢位證悟菩薩該知道的見分與相分就好。相分是指六塵以及被了別的五根身，通常只講六塵；六塵境界是被如來藏無盡身所出生的，然後如來藏又出生了六識來了別這六塵；能夠了別六塵時就說你有見分，當這六識睡眠、悶絕中斷時見分就消失了；意根的見分且不談它，單說六識心見分消失了；當見分消失時什麼都不能夠了別，所以「非照」，醒著時什麼都能夠照了，為什麼叫作「照了」而不講「分別了」？因為一照就了。所以眼光一瞥馬上就了知，這叫作照了，並不是要語言文字來分別時才叫作照了。

咱們來作個實驗，來！（平實導師突然伸手作出動作。）看看是多少？（大眾回答：七。）這又是多少？（大眾回答：五。）我把時間再縮短一點，多少？（大眾回答：二。）你看吧！「照了」，一照就了。既然能夠照了六塵中的所有法，表示「非闇」。可是問題來了，能夠照了而「非闇」的是六識心，是識陰的境界；而這識陰六識心當你睡著了，又不見了，又不能照了。所以孩子睡著了以後，你要欺負他很簡單，等他睡著以後到他面前比個二，過一會兒再比個二，再過一會兒再來比一次，這叫作再三比劃。明天早上天亮醒來時問他：「兒子！我昨天晚上有跟你講，是多少？」兒子說：「你又沒有跟我講。」你說：「不！我再三跟你講啊，而且比劃給你看了，你怎麼都不知道？」就責備他、處罰他。這個眞叫作欺負人，因爲他睡著了就不能照了。所以說，不能照了就表示此時什麼都無所知；可是當他醒著時又能夠照了，就是「非闇」！這樣符不符合那些大師們的說法？有沒有符合？有嘛！完全符合。

可是假使遇到哪一個大法師這麼說，可以給他三頓棒；因爲佛法不是這個道理，佛法般若講的是這個「無名相法」、「無分別法」的境界，必須要有祂所出生的六塵相分，而且你的見分六個識還得要由祂出生，然後才能夠「照了非闇」。然而祂幫你出生了六塵，把你六識見分也出生了，你可以照了時祂依舊不照了六塵，但是祂卻讓你能夠照了而沒有闇鈍，所以「非闇非照」，這才是佛法寶藏。

那麼從另一個方面來說，有許多事情祂是不知道的，卻有許多事情祂都知道而你不知道。譬如剛剛講的，五陰什麼時候該出生了？該出生為哪一類的五陰？什麼時候該如何成長？成長的過程如何？要長成什麼模樣？未來福報如何？眷屬的因緣如何？將來應該如何去過他應有的生活、享受他的福報或者業報？然後他什麼時候該死？假使有什麼特殊因緣他還要延壽，如來藏也知道該延壽。但是這一些你們都不知道，所以祂顯然「非闇」，祂完全知道。甚至於眾生捨報之後為他出生一個欲界天身讓他去天上享福，這眾生自己也不知道，除非是菩薩，學過了菩薩該學的《優婆塞戒經》以及《菩薩瓔珞本業經》，或者學過《楞嚴經》；但是這個無盡身「無名相法」祂從來都知道，顯然「非闇」。可是你今天享受了一頓美好的午餐，因為開了兩百公里車去到南部一家很有名的大餐廳，那又是名廚，吃完了你問如來藏：「今天的午餐好不好吃？」祂不回答你。有一首歌不是說「從不回答我」嗎？蔡琴唱的，對不對？「我問天，天不回答我」，有沒有？沒有啊？我記得好像有啊！但我告訴你，祂眞的不回答你，你說怪不怪？所以祂看來又「非照」。

簡單的說，凡是問祂六塵中的境界，祂完全不照了，就是「非照」。可是你所不知道的，應該祂作的事情祂完全都知道，所以很多的事情參禪人不曉得而去問禪師，因爲他被人家罵了，被罵什麼？罵他日用而不知。於是他去找禪師，找誰啊？玄沙師備。這個人急急忙忙趕上山來見了玄沙師備，才剛坐下來屁股都還沒坐熱就問：「如何是日用而不知？」玄沙師備趕快拿水果請他：「吃果子。」他接過來急急忙忙吃完，吃得好急，三口併作兩口吞下去了趕快再問：「如何是日用而不知？」你們現在都會笑，這公案若在外面講時沒有人會笑。眞的！你們要不信，去外面任何道場跟所謂的參禪人談這個公案，沒有人會笑。你們懂得其間的蹊蹺才會笑。所以，他三口併作兩口吞完果子趕快再問「如何是日用而不知」？沒想到玄沙師備蹦出一句話來：「這就是日用而不知。」這表示什麼？表示來問的這位監軍所不知道的事情，他的如來藏全部都知道，都已經幫他打理得好好地，那你能夠說祂「非照」嗎？祂顯然對於自己的本分完全照了，可是對於六塵境界完全不照了，完全闇鈍；而在六塵外的另一面祂卻完全照了，所以不能單單說祂「非闇」或是「非照」，就只能說祂「非闇非照」了。

那麼又說這個「非闇非照」爲什麼「不在心」呢？如來還眞老婆心切，因爲眾生一定會想：「既然『非闇非照』，那我們每天都知道很多事情，要怎麼樣能夠照了而同時又『非照』？我們要怎麼樣能夠『非闇』而又同時不了知一切境界？」想來想去就是想不通，不知道該怎麼辦，終日惶惶然，學佛的日子不知道怎麼過。爲什麼他會這樣呢？因爲都落在心上。末法時代修行人最大的敗筆（我說的是修大乘法）就是「落在心上」。因爲這一種境界不是眾生所知心的境界；眾生所知心都不外於識陰六識，所知的境界全都在世俗法中，不能及於實相法界；而般若所說的心境界是實相法界，不是眾生所知心的境界。所以 如來特地告訴大家：「非闇非照，不在心」。

可是從另一個層面來說，當你悟後站在如來藏心的境界來看待一切境界時，沒有闇也沒有照可說，當然就是「非闇非照」；有闇有照都是你意識心的事，與如來藏無關。除非你站在意識心、眾生心的立場，才有闇與照可說；

當你離開眾生心、離開六識心來看時，那是實相法界，一定「非闇」與「非照」。所以大乘佛法的修行重點就是「不在心」，不要落在眾生所知心上面來修行，要想辦法去實證非眾生心的如來藏「無名相法」。那麼這個「非闇非照，不在心」，我也有補充資料，但時間又到了，我們只能等下回分解。

這一個多月來的天氣都是很悶，將近兩個月，溼度計都在七十或七十四以上，是不舒服的，但這就是臺灣。

上回《佛藏經》講到第五頁第三行「非明、非不明，非闇非照，不在心」。那麼「非闇非照，不在心」說過了，接著來講「非闇非照」的補充經文，還沒有唸過吧？還沒有！請聽我唸一下：《菩薩從兜術天降神母胎說廣普經》卷三〈常無常品第十〉：【佛告常無常菩薩曰：「涅槃實性正何所立？」對曰：「立無所立。」又問：「非有眾生、非無眾生耶？」對曰：「非也！緣未斷從五聚性乃至三十七品空、無相、無願，緣未斷無離無不離、無生無不生，故曰立無所立；何以故？性自然空，此空、彼空、內外空、涅槃空。如來出現於五濁世，不見有生滅、著斷，不見有定、有亂，不見持戒、犯戒，不見有忍、有瞋，不見精進、懈怠，不見有煩惱、定意，不見有愚癡、智慧，不見有意識思想，不見是道、是俗波羅蜜，不見佛土清淨，不見淨修道場，不見有斷垢眾生，是謂菩薩立無所立。」爾時世尊即說偈曰：「梵行心清淨，破壞魔境界；忍力無上道，寂定不思議。吾從無數劫，常處立無立；一向入空慧，眾相莊嚴身。當來族姓子，及諸現在者，悉當立無立，解常無常性……。」】

這就是說「有闇有照」都是因為立與不立而產生，假使沒有立也沒有不立，就沒有闇與照之可言。那麼這一段經文一開始，佛陀提出一個問題來問常無常菩薩；常無常菩薩諸位也可以當，不應該說只有別人能當；只要你破參了，可以深入觀行，就可以當常無常菩薩。我們說法時也常常說菩薩都是腳踏兩條船，左右逢源，左邊實相界，右邊現象界，兩邊來來往往無所障礙；這就是常無常兩邊都現前觀照的狀況，但不必一定立在哪一邊，兩邊都可以通；兩隻腳就踩著兩條船，一腳在實相界，一腳就在現象界。也就是說現象界的諸法全部都是無常，可是實相界的法永遠都是常。那你證得如來藏，就知道實相法界就是常；又現觀二乘諸法所說的五蘊、十八界等法，全都是現象界，現象界的法都是無常。那你現觀兩邊、不住著於兩邊，兩邊同時觀照，你就可以是常無常菩薩。

那麼　佛陀告訴常無常菩薩說：「涅槃的眞實性，要說祂的實際理地有什麼可以建立？」正何所立？祂的實際理地到底有什麼東西讓你可以來建立？常無常菩薩答覆說：「立無所立。」建立了其實也是無所立。爲什麼這樣子？這是爲了眾生的道業著想，所以得要建立；可是所要建立的其實無所建立。

那麼　佛陀接著又提出來問，這樣一問一答，大家智慧就跟著進步了，這就是　佛陀「爲人悉檀」。所以　佛陀又提出一個問題來：「非有眾生、非無眾生耶？」是說：「你的立無所立，是說沒有眾生，也不能說不是沒有眾生？是不是這樣？」這常無常菩薩就提出來說明，他說的這些都是悟後應該進修的內涵，請諸位要留意。常無常菩薩答覆說：「不是這樣的，都是緣於還沒有斷除從五聚性乃至三十七品空、無相、無願，緣於尚未斷除無離無不離、無生無不生，所以說立無所立。」先談這個部分。「緣於還沒有斷除從五蘊的法性乃至三十七品的空、無相、無願的緣故，所以才要立無所立。」這就是說，五蘊是五種聚集而成的法，所以叫作五聚性。緣於還沒有斷除從五聚性而觀察到的空、無相、無願，緣於還沒有斷除從三十七道品而可以看到、可以實證的空、無相、無願，所以才「立無所立」。

這有點抽象是不是？其實不會抽象。你從所證的如來藏來看這個道理，說五蘊、三十七道品，就是從四念處、四神足、七覺支乃至八正道，總共有三十七道品，這一些你都仔細去留意、仔細去觀察，其實這些道品法也都是「空、無相、無願」。爲何這些都空、無相、無願？因爲你要站在眞如的立場來看五蘊的空、無相、無願；要從眞如的立場來看四聖諦乃至十二因緣等法以及三十七道品全部都空、無相、無願，這樣就不必爲你「立無所立」。可是你如果沒有從五蘊等法、從三十七道品來看見它們的空、無相、無願，就得要爲你建「立」一個法叫作「無所立」，就是「立無所立」。這樣瞭解了？你只要從眞如的立場來看，這就可以聽懂。

也就是說眾生執著五蘊，乃至開始學佛以後執著四念處、七覺支、八正道乃至十二因緣都有所執著，學佛以後變成執著這一些法。那你如果從所證的眞如來看三十七道品、看五蘊時，這一些就都是空、都無相、都無願；因爲依眞如而講是「一法不立」的——無有一法可得。那你已經現觀五蘊乃至三十七道品的「空、無相、無願」，就不需要爲你再建立「無所立」這個法；那麼緣於未證眞如或是證後未能轉依成功的人，還沒有斷除五聚性乃至三十七道品的「空、無相、無願」，所以才要去爲這些眾生「立無所立」。

第一句就是這個意思，第二句：「緣未斷無離無不離……故曰立無所立」。「緣於眾生還沒有斷除『沒有離、沒有不離』的執著性，所以才說要『立無所立』」。「沒有離」，當你站在眞如的立場來看諸法時，就沒有離可說；當你站在眞如的立場來看諸法時，也沒有不離可說。可是你證得眞如以後，又回頭站在意識的立場來看，「沒有離」是存在的，「沒有不離」也是存在的。然後你再回過頭來站在眞如的立場來看時，又沒有離也沒有不離；是因爲五陰與眞如和合時就有離、有不離，而了知沒有離、沒有不離都是意識境界的事，跟眞如是無關的。可是眾生對於這個沒有離、沒有不離還沒有斷除，依文解義讀了《般若經》以後，結果就是不斷在主張「沒有離也沒有不離」；可是轉依於眞如時，就把意識所見的沒有離也沒有不離斷除了，這時一切法都不存在了，就不需要再「立無所立」，因爲這時「無所立」這個法不存在了，而「立無所立」時卻是有法存在的，這只是爲了尚未證眞如的人而建立的。

第三句「緣未斷無生無不生，故曰立無所立」。般若的境界中沒有生也沒有不生，沒有生的是如來藏，但如來藏能生一切法——無不生，所以如來藏也是沒有不生。但是這個「無生無不生」，卻是你意識站在證得如來藏的智慧上面來說的，你如果轉依於所證的眞如來看「無生無不生」時，其實「無生」與「無不生」都不存在；表示說，你對於「無生」與「無不生」這個法的執著也已經斷除了。可是眾生還沒有證得眞如而不知這個道理，即使剛證得眞如時，還沒有轉依眞如的狀況下，也還是有這個問題。比如剛證得眞如而來觀察時：「原來眞如『無生無不生』，所以《般若經》中說『眞如雖生諸法，而眞如不生』。」那你就是住在這個智慧境界中。在這個智慧境界中，你很清楚知道眞如「無生無不生」；可是當你很清楚知道時，卻是你跟眞如相對存在的狀態，有一句話叫作「角立」，意思是相對存在的意思。

換句話說，你證得眞如時，觀察眞如不生，可是眞如卻生一切法，原來眞如果眞「無生無不生」。那你住在這個智慧境界中的時候，不是轉依於眞如而住，你是依這個智慧而住；當你依於智慧而住時，就永遠有這個眞如「無生無不生」；可是當你轉依眞如，由眞如來看待一切法、一切智慧時，這個眞如「無生無不生」的法也不存在了，一切法全都不存在了！所以你根本就把一切法也放掉了。你知道眞如也可以爲人解說，你的智慧很勝妙，可是當你轉依眞如境界來看時卻等於把這智慧也全部放掉了。但人家問起般若來，你卻可以爲人家講解，而你對眞如「無生無不生」這個法、對已經實證的這個智慧也沒有執著，這時就叫作「你所證的眞如智、與眞如平等平等」，這就是證得第七住菩薩的眞如。這個道理懂了沒有？

這好像很深而很難懂，譬如證得初地眞如，就是你所證得的眞如智慧已經到了初地，有初地的無生法忍智慧；可是你要證得初地眞如時，其實就是你所證得的初地無生法忍智慧，具足實證之後也沒有絲毫的執著而把它放下，完全依於眞如境界而住；也就是說你完全沒有牽掛，不會有時想起來說：「我有初地無生法忍。」根本不作此想，都沒有這個作意，完全依初地眞如無一切法的境界而住，這時就是你所證的眞如智與初地眞如平等平等，這樣才叫作證得初地眞如。意思就說「緣未斷『無生無不生』，故曰『立無所立』」，換句話說，因爲轉依眞如還沒有完全成功，所以對「無生無不生」這個見地還有執著，而不能全部轉依眞如無一切法的境界而住；爲這樣的剛剛證悟者，要爲他建立「般若智慧所證的眞如境界中沒有一法可以建立」，因此說

「立無所立」，因爲眞如的境界中「一切諸法皆無所立」。

接著常無常菩薩就解釋說：「何以故？性自然空，」因爲眞如的境界中自然而然就是空，祂的境界中沒有任何一法存在，祂所生的一切法是歸你五陰去運作的，而祂心中不立一切法、不存一切法，沒有絲毫一法存在，而這不是修來的，而祂本來就如此，所以說「性自然空」。

「此空、彼空、內外空、涅槃空」，這眞如實際本來就是空，而眞如所生的彼彼諸法也是空——「彼空」。從意識的立場來看眞如所生的彼彼諸法，這彼彼諸法是無常故空；可是若從眞如的境界來看時，祂所生的一切蘊處界彼彼諸法，由於祂沒有在看待這一些法，都不了知，所以祂的境界中本來就是空，沒有彼彼諸法可說，名爲「彼空」。不是看到蘊處界等諸法緣起性空，而是本來就空，所以「此空、彼空」。有沒有想起眞藏傳佛教有一部論叫作《山法了義海論》，講的是什麼？是他空的見解。他空見的法教，是爲對治西藏地區的假佛教而特地發明出來的說法，這才是眞藏傳佛教，講的就是這個道理。所以說「此空、彼空」，「此空」這個空，是我們五陰自己，這個空是指蘊處界空；但是這個空不是眞實的空，眞實的空是祂，祂是如來藏，祂才是眞實的空，名爲「他空」。

那麼「此空、彼空、內外空」，內法外法一切都是空；不但內法外法一切都是空，涅槃也是空。因爲眞如不會看待說：「我是涅槃。」眞如也不會看待說：「我是內法，你蘊處界是外法。」眞如不這樣看待，從來不觀待一切法。眞如是絕對待的，當祂從來不觀照　切法時，祂的境界中就沒有內空、外空可說，就是「內外空」。所謂的涅槃也是空，是因爲從意識的立場來看無餘涅槃時，是把蘊處界諸法滅掉不受後有，所以涅槃是空；可是從眞如來看涅槃時也沒有涅槃可說，因爲祂也不反觀自己的境界，所以涅槃也是空。這是不同的層面。接著作一個小結論說：「性自然空，此空、彼空、內外空、涅槃空。」正是因爲這樣的緣故，所以一切法都無所立，就不必建立了。

可是對還沒有實證涅槃、沒有實證眞如「此空、彼空、內外空」的人來說，就必須要爲他先「立無所立」，才不曾落入種種有之中。可是不要誤會說：「原來是一切法空。」就說：「般若講的和阿含一樣是說緣起性空，只是換個方式再講一遍。」印順這個說法完全不對！般若所說的空不是講一切法空、緣起性空，而是說現象界一切諸法緣起性空，可是眞如本空；從眞如自己的境界來看一切法時，這一切法全都不存在，所以本來就是「**空性境界中自然是空**」，因此一切法空。當你轉依於眞如來看待一切法空時，一切法空也不存在，就不需要「**立無所立**」，這才是轉依於眞如，所以不是證得眞如就沒事了。

接著說「**如來出現於五濁世，不見有生滅、著斷，不見有定、有亂，**」先談這裡就好。如來出現在五濁惡世，「五濁」我們在《法華經講義》和《楞嚴經講記》中都講過了，這裡不再談。出現在五濁惡世時，因爲有見濁等五濁的關係，眾生無明深重，必須要把自己的所證來告訴大家，所以第八識「如來」的境界其實是「**不見有生滅、著斷**」的。換句話說，諸佛如來是站在第八識的立場看待一切諸法而爲眾生宣說般若。當你從第八識的立場來看待一切諸法時，沒有生滅也沒有執著或斷除可說；看見有生滅是意識的事情，無關於第八識眞如；看見有執著，看見有人把執著斷除了，這也是意識的事情，與眞如無關。眞如的境界中不會看見有生滅，也不會看見有執著或者把執著斷除，因爲眞如之中無一法可立——「**無所立**」。

那麼眞如的境界中、也就是「**如來**」的境界「**不見有定、有亂**」，有定是意識的事，所以修學禪定制心一處、一心不亂，意識就進入定境了，這叫作定；那麼出定時，又有許多的事情——語言文字一堆不停，那就「有亂」；可是「有定、有亂」都是意識覺知心的事，而「如來」的境界就是第八識的境界，這第八識的境界中沒有定也沒有亂；因爲祂從來不入定，祂也從來不起亂心，所以「如來」的境界中沒有定也沒有亂。

接著說這自心如來的境界「不見持戒、犯戒」。持戒與犯戒都是意識覺知心的事，意識才能持戒，意識才會犯戒，可是第八識連語言文字也不存在，也不辨別六塵，不住於三界境界中，你叫祂怎麼持戒？持戒是要面對有情才持戒的，那祂在人間根本就不了知六塵，既不了知六塵時怎麼會知道「這是什麼有情、那是什麼有情」？都不會了知。既不會了知就不會有持戒可說，沒有持戒時當然就沒有犯戒可說了。因爲祂從來不在境界中，怎麼可能犯戒？所以「如來」的境界不持戒也不犯戒。

又說「不見有忍、有瞋」。有忍辱行或者不能忍而起瞋，其實都是意識的境界，與第八識如來無關。與「如來」無關時，所謂的忍與瞋都是境界中的事，在境界中忍不了就起瞋，能忍下來就有忍辱行，但都是意識在忍或者起瞋，與第八識如來無關，因爲「如來」不了別六塵境界。

又說「如來」的境界「不見精進、懈怠」，道理都是一樣，精進與懈怠都是意識的事，自心如來的境界中沒有任何一法可得，所以「如來」的境界中「不見精進、懈怠」。

這些道理依此類推，所以「如來」「不見有煩惱、定意，不見有愚癡、智慧，不見有意識思想，不見是道、是俗波羅蜜，不見佛土清淨，不見淨修道場，不見有斷垢眾生」，因爲自心如來是這樣的緣故，菩薩需要演說給想要實證的眾生瞭解，那麼菩薩就要先「立無所立」，以免學法的眾生誤會而走上「俗波羅蜜」等表相波羅蜜諸種岔路。釋迦世尊示現在五濁惡世中就是要這樣爲眾生解說，可是沒有究竟轉依之前，那就得要先「立無所立」，免得忘了眞如這個「無所立」的境界而走上岔路。所以菩薩不見一切法，這叫作菩薩「立無所立」。

我們好像在《金剛經宗通》有講過那位國王要供養妙吉祥菩薩，結果妙吉祥菩薩突然不見了，是因爲當他入地時，那一件價值無量百千的上妙細氎想要供養妙吉祥菩薩，妙吉祥菩薩不見了；轉而想要供養其他菩薩時也都不見了，無法供養。甚至於他回家：「不然供養我的皇后好了。」結果才一捧上時，皇后也不見了。奇怪！皇后又沒有修神通，怎麼就不見了？其實不是那個道理，而是說當他看見皇后時，那只是如來藏，就是第八識自心如來；而自心如來不受一切供養，那又要怎麼供養祂？皇后已經不見了，他當時的所見就是皇后的自心如來，皇后的五陰不見了就沒得供。不然就來供養自己的孩子，或供養宮裡的婢女等也行吧？總是有一個誰可以給他供養的吧？結果不論遇到誰，全都不見了，他終於恍然大悟：「原來如此！」所以這時萬象森羅許崢嶸，一切五陰、一切諸法全部又都現前了，最後是供養自己，就自己披上了。道理就是這樣。

意思就是說，其實眞如—自心如來—的立場之中，沒有一法可立。可是你還沒進修到究竟位之前，先得要「立無所立」，因爲你的法執還沒有全部斷盡，當然要先「立無所立」。如果是眾生我見我執還沒有斷盡，他們還在學習中，當然要先爲他們「立無所立」，否則他們會執著你所說的般若等一切法。

常無常菩薩說完了，世尊就用偈來作一個結論「梵行心清淨，破壞魔境界」。「梵行」就是離欲界之行，這就是心清淨的境界，破壞了魔境界；因爲天魔的境界就是欲界的境界，從他化自在天以下全部都歸他管，那你能夠建立了梵行——發起初禪，自然是心地清淨的，這時就是破壞魔的境界了，因爲你這時已經不被魔所拘繫，所以你這時就是「**破壞魔境界**」。

又說「**忍力無上道，寂定不思議**」，不但在世間法上要修忍辱行，於法上更要修忍。於法不能忍的結果就是退轉，於法能忍就不會退轉，所以說忍力才是眞正的無上道——於一切法都能忍，不論是粗淺的法、深妙的法。「**寂定不思議**」是講大龍之定，這定爲什麼叫作不思議？因爲凡是意識所修的定都是有出有入，可是自心如來從來不打妄想，所以祂本來就在定中；那祂會不會出定？永遠都不會。所以祂這個定永遠不出與不入，不出與不入的定才是眞正的大龍之定，所以這個定難可思議！而且這個定是永遠寂滅的，不像意識所修的定，有時入定寂滅，出定又是六塵喧鬧。這個定不像意識的定，意識的定最多只能離開五塵，還是要住於定境的法塵中；可是這個自心如來的大龍之定，連定境法塵都不存在，所以這個定是眞正的寂滅境界，是不可思議的境界。

「吾從無數劫，常處立不立；」那麼 世尊又說：「我從無數劫以來，永遠都處於立和無所立的境界。」也就是說「我永遠處在建立與無所立的境界」，得這樣才能利樂眾生；不能老是住在眞如的境界中，否則就永遠都住在無餘涅槃中，蘊處界入等一切法全都消失了，又如何利樂有情？所以「常處立無立」這是諸佛所住的境界，永遠跟眾生在一起，同時也要爲眾生「立無所立」。

「一向入空慧，眾相莊嚴身。」說的是「一向入空慧」，而不是說有時入空慧，有時在世俗法中；或者有時進入大龍之定，有時又在三界中；不是這回事，祂是一向都是如此，一向住於眞如的境界中，而無妨意識等心入於空慧中永遠利樂有情，這就是「一向入空慧」。然後有種種的法相來莊嚴其身，三十二大人相都從自心如來而生，八十種隨形好，乃至一一好有無量好等，也都是由自心如來而生，所以說「眾相莊嚴身」。

這段般若部的經文中說，未來的族姓子，以及現在的人全部都應該要「立無所立」，都要瞭解「常無常性」。講到這裡諸位有沒有發覺到一點：「立無所立」以後，你知道這是爲眾生的方便施設，可是「無所立」的眞如境界中

——自心如來的境界中，有沒有照見一切法？有沒有看見涅槃？一切都無。爲什麼？因爲祂正是《佛藏經》中講的：「非常、非無常，非明、非不明，非闇非照。」只有眞如離暗離明兩邊，非闇與非照，才能「立」這個「無所立」。所以只要有人說：「我很有智慧。」你就告訴他說：「原來你非闇，無無明。」他聽起來一定想：「欸！你眞是我的知音，懂得我、讚歎我。」如果他眞這樣告訴你的話，你就說：「原來你只有一半。」爲什麼？因爲「非闇」只是一半，「非闇」就表示他有明，明又是意識的境界，不是「非照」，所以說他只有一半。

這是說「非闇非照」他只得一半，當他只得一半時一定另外那一半也是錯誤的，必須兩個具足得時才是兩個都對。如果非闇得了以後，你告訴他說只有一半，他也許想：「那我可能還落在一邊。不然我就：『非照非明』。」那你還是跟他說：「你依舊是一半。」他一定會質疑你：「那我該怎麼辦？」你就告訴他：「你一定要『非闇非照』才行。」也就是說必須具足兩邊而不落兩邊。可是具足兩邊時，是你的意識智慧之所觀照的境界，而你所證得的那個眞如本身，祂的境界中卻是沒有闇也沒有照——本來就是「非闇非照」，所以才遠離兩邊。眞懂遠離兩邊的人，才懂得什麼叫作「常無常」。也就是說，一切諸法從眞如來看時，其實此法涌彼法、彼法通此法，全部都互通；以什麼來通？以眞如來通。

接著再來看經文下一句「不在心」的補充資料。《大般若波羅蜜多經》卷五百六十九〈法性品第六〉：【「天王當知！眞如名爲無異、無變、無生、無滅，自性眞實，以無諍故說名眞如；如實知見諸法不生，諸法雖生，眞如不動；眞如雖生諸法，而眞如不生，是名法身。清淨不變，如虛空，無等等，一切三界無有一法所能及者，遍有情身無與等者；清淨離垢本來不染，自性明淨、自性不生、自性不起，在心意識非心意識，性即是空、無相、無願；遍虛空界諸有情處一切平等，無量、無邊、不異、不別；非色、受、想、行、識，不離色、受、想、行、識；非地、水、火、風大，不離地、水、火、風大；無生，不離生；雖逆生死，不順涅槃；眼不能見，耳不能聞，鼻不能嗅，舌不能嘗，身不能覺，意不能知；不在心意識，不離心意識。天王當知！是名法性。」】

《般若經》還眞的像十幾年來諸方大師說的「般若甚深極甚深」，確實啊！以這樣的經文來說，那些一天到晚說開悟而落在離念靈知的人，要怎麼來解釋這段經文？無從解釋！因爲我們《般若經》一向講得很少，以前我演講時講過《心經密意》，然後講了《金剛經宗通》、《實相經宗通》就只有講這麼一點點。《大般若經》有六百卷，我們只有講這麼一點點；但沒關係，藉這個機會以經解經，就用《大品般若經》的經文來解釋這《佛藏經》中的經文，讓大家可以更瞭解。

這是《大品般若經》說的：「天王啊！你應當知道眞如又叫作無異、無變、無生、無滅，」這段經文中說的眞如是講第八識自心如來，不是講第八識顯示出來的眞實如如的法性，而是用眞如這兩個字來指稱第八識。「這眞如又叫作沒有變異」，是因爲跟有情沒有差別所以「無異」；祂也不會有變易，因爲祂的眞實如如法性永遠不改變——「無變」。祂本來不曾出生過，祂盡未來際也是永遠不會消滅——「無生、無滅」。因爲這個緣故所以「六無爲」中有一個無爲叫祂作「虛空無爲」；可是馬上會有人誤會說：「就是虛空。」於是就誤會了，爲了怕有人誤會所以得要點出來說「自性眞實」。

誤會眞如的事情其實很平常，即使像釋印順那樣鼎鼎大名的大法師，他都誤會眞如了。他怎麼定義眞如的？他說：蘊處界滅了以後，就不存在了，看起來就是滅；可是滅這個法相（他把它稱為「滅相」），他說：「這個滅的法相不會再滅了，所以它就叫作眞如。」所以我有時講笑話說，哪天遇見了他，我就說：「我把你一生所收的全部供養金都收過來，把它布施掉，於是你所有的錢財全部都空了，只剩下滅相，滅相不會再滅了就是眞如，我就把這個眞如送給你好不好？」問他，管教他口掛壁上回答不來。事實也是如此，他一直到捨壽為止都沒有回應過我一句話，因為他不能回答。但眞如是有自性的，不是一切法空——滅——的代名詞；而他卻把一切法空當作眞如，所以提出一個主張說：滅相不滅就是眞如。

現在問題來了：眞如是每一個佛弟子心心念念想要實證的，可是不論遇到哪一個大法師，我若是問他們說：「你要不要證眞如啊？」當然回答說：「要啊！」「那麼印順法師講的眞如，你接不接受呢？」「接受啊！」那我就要提出來：「那好！請把你那個大山頭送給我弘法，而且你大山頭所擁有的資財一、兩百億元全部都給我；當你都給我了以後就是滅相，滅相就是眞如，這是印順法師說的，你要不要這個眞如？」保證他們這時又不答腔了。這時他們一定不答腔的，所以他們都是口說眞如、想證眞如，其實都不想證，口是心非。

原來眞如不是他們講的那回事，眞如二字有時是說第八識如來所顯現出來的眞實如如的法性，但《大品般若、小品般若》中有很多經文所說的眞如是指第八識心體自身。所以這裡就說這個眞如自性眞實，也就是說眞如不只是一個名詞，不只是一個概念，祂是眞實存在的，而且祂有自性；若是沒有自性的法，可以是想像的言說，只是名詞。但眞如既然有自性，祂就是眞實法，所以點出來說「自性眞如」。

眞如心的自性是眞實的，既然自性是眞實的，大眾可能會聯想到：「**那大概就像我們意識心這樣有自性，或者像我們六根這樣有自性，像我們這個色身一樣有自性。**」不！這一切法都與三界諸法、或與諸有情有諍，可是眞如永遠無諍；無始劫以來如此，盡未來際依舊如此，現有當然也如此，所以「**以無諍故說名眞如**」。因爲祂於一切境界之中，於三界六道之中，於過去現在未來際中永遠都無諍，所以祂眞實而如如：「**以無諍故說名眞如**」，這告訴大家說：眞如不是一個名詞而已，祂有眞實的自性，但是永遠無諍，所以說祂是眞如。

由於怕眾生不太瞭解，接著又繼續解釋說：「如實知見諸法不生，諸法雖生，眞如不動；」這是直接告訴大家眞如是有自性的，但不是自性見那個識陰的自性。以前我曾經與昭慧法師有信件往來，你們從《正覺電子報》中都看過了；這些信件往來中，我好意告知她說：「應該要依止如來藏，要實證如來藏。」她卻說：「你主張有如來藏，那就是自性見。」我當然得要說明：「眞如的自性不是六識的自性，不是五蘊、十八界自性，不是三界萬法的自性，祂的自性是外於三界萬法的；而自性見外道說的自性都是識陰的自性而已，那眞如這樣的自性怎麼可能是自性見外道的自性呢？」於是她就不能回答了。

現在這裡又爲我們點出來說：「如實知見諸法不生，諸法雖生，眞如不動；」這是說：「身爲菩薩應該要如實了知、如實看見諸法不生，」這跟《阿含經》講的好像顚倒是不是？《阿含經》都告訴你說：諸法有生有滅。結果菩薩竟然說：「要如實知、如實見諸法不生。」好像是有矛盾。凡是依文解義而不能如實理解經教的眞實義者，他們都會覺得矛盾，這就是達賴喇嘛與釋印順等凡夫的見解；達賴在書中就說：「如來前後三轉法輪的法義互相矛盾。」實際上，從我們親證三乘菩提的立場來看時，卻沒有絲毫矛盾。因爲當你證得眞如時，你就看見一切諸法都由眞如所生，而眞如所生的一切諸法當然要攝歸於眞如，因爲全都依附眞如而存在或變異、消滅，全都不能外於眞如；所以一切諸法攝歸於眞如時，所見的一切有生諸法就變成無生，因爲一切諸法會在眞如心體中不斷地生住異滅永無休止；一切諸法的生住異滅本來就是無生的眞如的一部分，那你就不能說一切諸法有生。

就好像上週我們講一面明鏡，明鏡中的影像如果把它抽離——外於明鏡而不談明鏡，單說鏡中的影像，你就說：「這些影像有生有滅。」鏡中的張三來了就說張三的影像出生了，當張三離開了就說張三的影像滅了；然後換下一世的李四來了就說李四出生了，當李四死後離開了，李四的影像不見了就說李四消滅了；鏡中的張三和李四都是有生有滅，明鏡中永遠都有影像。當張三離開時鏡中還會有別的影像，那鏡中的背景影像還是在的，並沒有消失；當下一世的李四來時，李四又跟鏡中的背景影像同時存在著。明鏡中的影像，你如果不談明鏡而單說鏡中的張三李四影像時，就說是有生有滅；可是當你看到明鏡而不是只看到鏡中影像時，你就說：「原來張三李四等一切影像都是明鏡所有的，而那明鏡無生無滅，所以這些影像當然也無生無滅。」於是從實相法界來看時，就成爲「如實知見諸法不生。」這個譬喻講完了，諸位大約就瞭解阿含與般若所說並沒有矛盾或牴觸。

回到眞如來說，當你看見眾生時，依二乘菩提說：「你看眾生都是有生有死、有生有滅，所以一切諸法都有生滅，所以無常、苦、空、無我。」可是當你親證而看見眞如時，你剛才所見跟現在所見的就有點不同了，你把一切眾生有生有滅的現象回歸到無生無滅的眞如時，你就說：「因爲眞如始終存在不滅，所以才有張三、李四、王五、趙六、王二麻子……等人的五陰影像，永遠不斷地一直變壞又一直出現，然後一直死亡又一直出生，可是都不會中斷，那三世的他們是屬於眞如的一部分，就同於眞如而無生無死了。」你不能把前後三世的他們跟眞如心剝離開來，所以每一個有情其實都是他們自己的眞如所有之法，不能外於他們的眞如而說有有情存在。既然這樣，顯然每一眞如無始以來都有每一世的五陰身心不斷生死、生滅，可是你把有情都攝歸到各自的眞如來看時，只是眞如中不可分割的一部分；而眞如不生，三世有情等一切諸法當然就變成不生的了。

當你拿到一面從來無生的鏡子時，你有沒有辦法去推溯說：「**鏡子中的影像是什麼時候開始出生的？**」有沒有辦法？有沒有誰有辦法？請舉手，我今天送一份大獎金——一百萬元臺幣。誰都沒有辦法的，因爲明鏡在時影像就在了。有沒有辦法去推斷說：這本來就在、本來無生的明鏡中的影像，是昨天生的、去年生的、前年生的？般若的意思就在這裡。所以明鏡中的影像本來就是明鏡的一部分，而明鏡一直都在，所以影像就是不生的，只是不斷變異而已。

接著就說：「**諸法雖生，眞如不動；**」諸法雖然有生，是由誰所生？由眞如所生。諸法雖然生了，可是眞如對諸法從來不動心。當你證悟之後，去看眞如出生諸法，也許你現在當爺爺或是當奶奶了，你們看見媳婦生了孫子孫女，你來看看他的眞如出生了孫子或孫女的五陰等一切諸法，這一切諸法雖然出生了，可是他的眞如依舊不動其心。孫子或孫女的眞如並沒有動心說：「**我這一世生的這個五陰不錯咧！她還蠻漂亮的，我應該讓她長壽一點。**」祂可是全然都不動心。也許出生了這個孫子病歪歪的，才一出生就得要動手術，你看了覺得他可憐：「爲什麼我家生的這個孫子竟然如此？好可憐喔！」可是你再看他的眞如，祂一點都不動其心。所以說「諸法雖生，眞如不動」。

接著又告訴大家說：「眞如雖生諸法，而眞如不生，是名法身。」所以《佛藏經》中說第八識「無名相法」「不在心」。若是想要證得眞如這個法，不能在世間人所知道的心上面去追尋。正覺同修會弘法之前，所有道場想要證眞如時，都是在眾生所知心上面去求證，總是開示說：「大家要努力修禪定，坐在那邊修到一心不亂、如如不動。」有人說這樣叫作開悟，也有極少數人說這樣叫作證眞如。那就是想要把已生之法變成無生的眞如。

也有人說：「我們應該永遠放下煩惱，只要什麼都放下了，心就如如不動，這樣叫作證眞如。」可是這仍然是意識心，原來他是想要把第六意識修行變成第八識眞如，那他們是否曾經在書上、在演講、在說法時，表示過他們已經證悟了呢？都有！都表示過。可是問題來了：當我們把書寫出來證明他們說的法錯了，他們爲什麼要起瞋？這个正是意識心的境界嗎？於是私下放話告訴徒眾們說：「這正覺是邪魔外道。」他們爲什麼要這樣？那時的離念靈知心起瞋了，還叫作眞如嗎？既然他們意識已經變成眞如了，就應該像星雲法師講的：「**從此以後過著幸福快樂的日子。**」永遠如如不動應該是很快樂的，可是爲什麼會起瞋？爲什麼會因爲生氣而謗正法是邪魔外道？顯然不是如如不動的心，證明他們都動心了，就不是眞如。

因此說，眞如是識陰之外的另一個法，不在六識心中——「**不在心**」，學禪的人應該想辦法求證第八識眞如，而不是第六意識修行轉變之後可以成爲第八識眞如。我們弘法之前佛教界都是如此，臺灣如此，大陸學禪教禪的人更是如此，都是要把已生的生滅法變成本來無生之法，都是要把不眞不如的第六意識藉由修行轉變成第八識眞如，然而第六意識與第八識眞如是同時同處的，不是由第六意識修行來變成第八識眞如的。

在《大般若經》中告訴我們說：「**眞如雖生諸法，而眞如不生，是名法身。**」眞如爲什麼是法身呢？因爲眞如雖然出生了諸法，而眞如本來不生、永遠不生，從來沒有出生過，這樣的眞如才叫作法身。我們弘法之前那些大法師們都是想要出生眞如——意識轉變後眞如出生了，可是經中明明說眞如不生。他們是要怎麼樣出生眞如呢：「**因爲我這個覺知心本來不眞也不如，那我現在藉由打坐一念不生，證得離念靈知的境界時就變成眞如。**」那這樣的眞如就是有生了，是由本來不眞不如的意識修行後現在變成眞如，這樣的眞如是有生的，就違背了聖教量說的「眞如不生」。那他們的眞如是有生的，依據這一句話說：「眞如不生，是名法身。」而他們證得的離念靈知所謂的眞如，還能叫眞如嗎？還能叫法身嗎？當然都不行！

接著又說明祂的自性「清淨不變，如虛空，無等等」，說這個眞如心本來就是清淨的，而且這個清淨性永遠都不會改變，又是猶如虛空一樣。猶如虛空是說祂無形無色不可把捉，「無等等」是說沒有任何一法可以和祂相提並論。

接著又把祂作個更清楚的說明：「一切三界無有一法所能及者，遍有情身無與等者。」如果找到如來藏了——找到自心如來了，雖然還沒有讓我勘驗通過，你也可以拿這些經文來印證看看：眞如是清淨不變的，猶如虛空，無等等。不但如此，在一切三界諸法中，你找不到任何一個法可以超過祂，所以說「一切三界無有一法所能及者」。换句話說，祂的境界是祂的境界，你可以證得祂的境界，但你不能說你住在祂的境界中，因爲祂的境界是祂的境界，你可以轉依但你不能變成祂的境界，永遠無法進入祂的境界中，所以

「一切三界無有一法所能及者」。

但是祂有這麼偉大，祂是不是遍滿虛空？因爲香港已經過世的月溪法師寫了一本《大乘絕對論》，死時說是「遍滿虛空大自在」。我有時私下裡笑說那叫作「絕對狗屁論」，因爲他書中都胡說八道；還用托拉斯來形容這個眞如，那就是外道大我的邪見。這個心他完全不懂，所以他以爲是遍滿虛空的，因此他死時爲了要籠罩大眾，講了一首偈，那四句中有一句叫作「遍滿虛空大自在」。一般人讀到這一句時都被他嚇住了，誰敢評論他？可偏偏這個蕭平實不識好歹，當有人用月溪法師的法來說蕭平實的法不對時，這蕭平實就把他說的一一破盡，才會有《護法集》一書流通。

《護法集》的立名有一個目的，其實《護法集》的內容是「正法眼藏」——很適合當代人的正法眼藏，懂的人讀了《護法集》時就說：「唉呀！太妙了！」不懂的人則說：「這書中到底在講什麼？」眞的讀不懂。不應該像月溪法師那樣亂想就說是遍滿虛空，你五陰又不是虛空，爲什麼眞如要遍滿虛空？如果你的五陰遍滿虛空，他的也遍滿虛空，大家的五陰都遍滿虛空，那是不是你儂我儂（大眾笑…）？把兩個泥偶打碎了再和了水揉一揉，重新再塑造起來時就是你儂我儂，我泥中有你，你泥中有我，是不是這樣？那諸佛眞如都要重疊了。

他知道這樣有問題的，所以才提出扦拉斯的理論，把眞如講成大我了。托拉斯的意思懂嗎？有一點類似控股公司：一個總公司下面設了無量無邊的分公司，這無量無邊的分公司都歸這個總公司所管；眞如就好像是這個總公司一樣，一切有情就是眞如分出去的無量無邊分公司，這叫作托拉斯，就是把眞如說成大我。讀過經濟學的人就懂這個，沒讀經濟學的人不懂；因爲他知道遍滿虛空有互相融合的問題存在，不符合「唯我獨尊」的正理，所以他建立了這個托拉斯的理論，寫在他的《大乘絕對論》中，所以月溪法師的見解應該叫作「外道謬論」，沒有資格提大乘，也沒有資格提絕對論；因爲他那思想是相對思惟而產生的虛妄見。

所以說，不能像他那樣想成是遍滿虛空，否則就要向虛空中去尋找。向虛空去尋找的外道見，有證據的人就有兩個，一個是盧勝彥，另一個是達賴；他們兩人在書上都曾說過是在虛空——說眞如在虛空。既然眞如在虛空，你每天都在虛空裡來來去去，那你應該早就證眞如了不是嗎？可是又爲什麼都同樣不懂眞如？這次盧勝彥又花錢買了節目播出，還說他出版了兩百多本書；但那兩百多本書有什麼用？我們老師隨便一本書就贏過他兩百多本書了（大眾笑…），因爲他兩百本書全都言不及義，那有什麼用？懂的人只要一本就好，不懂的人寫兩百多本書也沒有用。

我這一世剛學佛時也讀過他的書，他的書中一開始都是寫得很令人尊敬讚歎的，但每一本都是到了要緊的地方，比如他說要教人如何實證時，都是到了要緊的地方就沒有了，那本書都沒講出來就結束了。原來他也不知道要怎麼證，可見他也沒有實證。後來他又寫了一本書說眞如是在虛空，所以我們早期布告欄曾經摘錄他的書中文字貼出來，證明他是虛空外道，曾經貼過公告。那麼達賴在書中也說過要向虛空尋討，那癡迷不悟、沒有智慧的陳履安還幫他出版。

所以整個佛教界大家都弄錯了，其實眞如不在虛空，這裡的經文也告訴大家「遍有情身」，是說眞如遍在每一個有情身上，所以你的身上有你的眞如，他身上有他的眞如，天人身上有天人的眞如，螞蟻身上有螞蟻的眞如。每一有情的眞如都能生諸法，有時生了天人之身，有時生了地獄身，有時出生爲畜生身。祂生了諸法，可是祂對諸法永遠不動其心。每一個人都有唯我獨尊的眞如心，每一個人、每一個有情的眞如各自出生了諸法，可是眞如自己不曾有生。

然而眞如都在每一個有情的身上，遍全身都有。這樣又有一個方向依循了，對不對？大家找來找去，想要知道祂在哪裡，有人往山河大地去找，他們爲什麼往山河大地去找呢？因爲禪師說了：遍山河大地莫非不是。其實他們都著了禪師的道，但禪師沒有騙人，只是他們誤會禪師的意思了。我也告訴你們：「**眞如遍一切大地。**」你要不信的話，在臺北這裡看看有沒有？如果你看不見，那你跑到高雄去，高雄一定也有；如果高雄看不見，再跑到大陸德山去看，大陸德山也一定有；如果大陸德山也看不見，去美國大峽谷看也有。也許你說：「**我知道了，因爲這地球上到處都有人，當然有啊！**」不然這樣好了，我讓你一個人去月球；但我告訴你，去那邊看時一定也有眞如，也可以看得到。

那你說：「**是不是遍滿十方世界？**」可是你如果只是聽我的文字，你就著了我的道。禪師講的並沒有錯，只是你別落入他的閑機境中，換個方向回來參比較親切。因爲禪師手頭很儉，而我的手頭奢，很寬鬆，所以我告訴你們；今天特地取出這段經文來講解後，你們就該要有受用。這段經文中告訴你們「遍有情身」，那你們是不是有情？是！那就是你們遍身都有。那你說：「我的眼睛長在身上，看不到自己。」那你看別的有情也行！看別的有情身，他們也是遍身都有，從頭頂到腳底都有，只是你有沒有慧眼去看見而已，所以說「遍有情身」。

雖然遍有情身可是「無與等者」，沒有任何一法可以和祂平等的相提並論。因爲任何一法都是祂所生，你身上有很多法，例如五蘊、十八界加上心所法等，如果以《百法明門論》而言，那就有一百法，如果依《瑜伽師地論》來講就有六百六十法，那如果依「無生法忍」來講，譬如說《大乘本生心地觀經》說有「百法明門」、「千法明門」、「萬法明門」，無量無邊法都在你身上，可是你身上所有的任何一法「無與等者」——沒有任何一法可以跟祂相提並論。因爲任何法都由祂所生，雖然「無與等」可是遍有情身，那你就不要長他人志氣、滅自己威風，其實「唯我獨尊」才重要。

接著說「清淨離垢本來不染」。修行到底是修什麼行呢？修正意識心的行為：我意識心這樣對不對？那樣對不對？修行改正自己。那你證眞如以後還是要修自己，為什麼要修自己？因為自己有時清淨、有時不清淨，就無法成佛，所以修行要修自己。可是這個眞如祂是清淨離垢的，祂是本來就沒有汙染，不用你把祂修行。祂不必修行，這也是正覺同修會弘法以後才提出的說法，以前大家都說要修行、修自己，然後把自己變成眞如；同修會說的是眞如不修行，眞如是你所證的對象，你證了祂以後，修行還是修你自己，不是修祂；可是你證得祂以後就有智慧，你有智慧就懂得如何修行。

所以說，修行還是要修覺知心的自己而不是修祂，你不能說：「**我找到眞如了，現在換你眞如來修行。**」對不起！祂不理你，祂完全不會接受。可祂也不會跟你拒絕，因為祂根本就不會理你；你說什麼祂聽不見，你寫什麼祂看不見。你每天禮拜祂、朝禮祂，祂不看你；因為祂是君王、你是臣下，你每天得要來朝見祂，而祂不看你；因為祂是君王，禪師說「太尊貴生」。所以祂是本來離垢的，本來就是清淨的，本來就無染的，因此祂的自性是光明而清淨的，而祂的自性是本來無生。而且祂的自性本來就不會現起後消滅，意識心等諸法才會是自性現起然後消滅；祂的自性是永遠存在，所以無起可說，因此叫作「**自性不起**」。

而這眞如「**在心意識非心意識**」。心意識有兩種說法，第三轉法輪中，譬如《解深密經》別譯《深密解脫經》，說第八識是心，第七識叫作意或者叫意根末那識，前六識叫作識，因此說有三種能變識；可是在二乘法中講的「心意識」，過去的意識稱之爲心，現在的意識稱之爲識，因爲正在了別；未來的意識稱之爲意，因爲祂的作意存在著，未來一定會繼續出現；所以二乘菩提中說的心意識，是說過去意識、未來意識、現在意識。

那麼經文中說「**在心意識非心意識**」是說：這個眞如心，不論你從大乘菩提的心意識來講，或是從二乘菩提心意識來講都通。如果依大乘菩提來講，這個眞如在第八識心上，也在意根上、在識陰六識上，可是卻不是這個第八識心，不是意根，不是前六識；那爲什麼不是第八識心？因爲祂顯示出來的眞實如如法性，這眞如法性並不是第八識心體本身。就好像花的美麗，你不能說美麗就是花；誰能說美麗就是花？不能啊！因爲「美麗」也有別種，譬如有人戴個髮簪，做得很漂亮；或者一個配飾，做得很漂亮，也是美麗；那美麗就是花？不是的，美麗只是花的所顯相。因此說眞如「**不在心**」——

不在第八識上。

眞如只是第八識顯示出來的法性，但眞如這個心祂和意根也在一起，祂和前六識也在一起，所以你如果把自己的識陰六識給中斷了說：「**那我把這些都排除掉，那剩下的就是眞如了。**」但是有個問題，你把意識等六個識排除掉時你就不在了，那你要叫誰來找這個眞如？是不是呢？所以還得要這六識也在，眞如跟你六識心在一起，跟你的意根在一起，可是卻不是心意識，所以《佛藏經》中說「**不在心**」。如果你從二乘菩提來說，過去意識在時眞如也在，現在意識在時眞如也在，未來世的意識在時眞如也在，雖然心意識都在，眞如都跟心意識一起存在，可是心意識並不是眞如，所以「**在心意識非心意識**」。

「**性即是空、無相、無願**」。空、無相、無願這三三昧，從實證的意識來講，空、無相、無願是一個層次；可是從眞如來看，眞如本來空無所有所以是空，祂本來就無相而沒有任何相，三界萬法之相全然不存在；祂也從來不曾起願，所以祂的法性就是空、無相、無願。而這個眞如心「**遍虛空界諸有情處一切平等**」，遍於虛空界的有情。只要有情有十二處，祂就存在；不一定要有六識存在，只有十二處時祂就存在。譬如有情睡著了，正當睡著無夢時就沒有意識等六識，可是十二處還在——六根、六塵還在；由於六根、六塵在，所以祂就存在，因此遍虛空界一切有情的十二處中祂都在。

可是不管是哪一種有情（先不談遍虛空界，因為遍虛空界的有情太多了，還有世界海等無數有情，談不完的），就談地球上的有情，例如臺灣現前可見的就好了，你在路上走著總會看見狗吧？不管是人家養的寵物狗，還是流浪的癩痢狗，然後你再回頭來看看自己：牠是有情，我也是有情。對面有個人走來也是有情，而眞如遍於一切有情的十二處中。眞的遍於一切有情十二處，單單你在臺北市街上看到的就已經這樣，擴而及於虛空界一切世界海，一切有情的十二處莫非如此，都有眞如。

也許有人講：「那狗還是高等生物呢。」不然就把泥土挖一挖，挖到了蚯蚓，蚯蚓總不是高等動物了吧？那你看蚯蚓，蚯蚓有沒有眞如？依舊是有。這時你可以觀察狗的眞如、別人的眞如、癩痢狗的眞如、蚯蚓的眞如，一切平等沒有差別。只是因為業報的關係，往世或者殺人放火，或者造作謗法的大惡業，或者大妄語，或者破壞正法等，所以牠們下墮成為癩痢狗乃至成爲蚯蚓，可是牠們的眞如功德並沒有減損，只要牠們的業報受完了，回來人間，牠們的眞如依舊會爲牠們變生出此世的人身。假使牠們回來人間以後懺悔，造作善業然後死了，他們的眞如又爲他們變化出一個欲界天身，乃至盡未來際爲他們造就佛身。雖然如此，不管在佛身乃至地獄身或人間的癩痢狗身上，眞如於一切有情處都是平等的，祂沒有高下之分。

所以說，我們以前跟人家借場地打禪三，有一位女眾菩薩找到眞如之後，她突然覺得說：「脖子好癢。」用手一撥下來，原來是蜈蚣，她當時卻沒有驚慌，她看著就說：「蜈蚣菩薩跟我一樣是眞如，平等平等。」如果是換了平常時，她一定驚慌就喊：「媽呀！」要大叫了。可是那時她完全沒叫，因爲那時只看見牠的眞如，所以蜈蚣倒變成她口中的菩薩了，恭恭敬敬稱牠是蜈蚣菩薩，因爲眞如「遍虛空界諸有情處一切平等」。「平等性智」就是這麼來的，看見一切有情的眞如與自己的眞如平等平等，無有差別沒有高下；正因爲這樣，意識有這樣的妙觀察智以後，意根接受了就產生「平等性智」。

接著說「無量、無邊、不異、不別」，眞如有什麼量？眞如沒有量，所以眞如又叫「沒量大人」，沒量就是沒有量。沒量大人之所以沒量，是因爲祂沒有量；無量，一般人都誤會說：「無量就是眞如非常多，無法計數。」不然！不然！無量是說祂沒有量。有量的是可以計數的，譬如幾個，或者多重，或者幾才，就是有量，而眞如沒有量；眞如心不能說祂是一個、兩個、三個，你不能說：「我們這講堂坐滿了大概三百來人，所以我們現在講堂中有三百來個眞如。」眞的不行，只有五陰可以算數，而眞如無形無色，怎麼可以算祂一個眞如、兩個眞如呢？所以眞如無量。

你也不可以說：「鯨魚的眞如大概重一千斤，人的眞如重一百斤，螞蟻的眞如可能重零點零幾斤。」眞如無形無色怎麼能稱重？以前有一位大法師神通很好，他有一次開示說：「一萬隻螞蟻的眞如合併起來成爲一個人的眞如，一千個人的眞如合併起來成爲一條大鯨魚的眞如。」他就是壞在這個地方，死後才會墮落到鬼神道去，幾乎是要當鬼神去了；他當然知道這不是好的果報，想要繼續回來當人，要再好好修行；所以他捨報後，回來臺灣找一位姓楊的師姊，當她正在無相念佛的拜佛時連著三天示現，都是顏容慘淡。她來請問，我們親教師告訴她說：「那妳就爲他迴向。」她說：「我沒有開悟，用什麼迴向？」親教師告訴她說：「妳有無相念佛的功德，這個淨念相繼的功德已經很偉大了，不一定要開悟的功德。」確實如此，就好像經論說的：若人靜坐一須臾，勝造恆沙七寶塔。浮屠就是佛塔。一須臾是很短的時間，靜坐一念不生的很短一段時間，功德就這麼大了，親教師說：「妳會無相念佛，時時刻刻都是淨念相繼，用這個功德迴向給他就行了。」於是她開始迴向，迴向之後有一天晚上，似乎是沒幾天，再兩三天他又來示現，很光彩的樣子，顯然他脫離鬼道了。你們看，這就是錯說第一義佛法所導致的因果。

那麼像他那樣持戒清淨的出家人，又是有神通的人，爲什麼會有這樣的果報？就因爲把第一義錯說了。第一義勝妙法是不可以錯說的，如果說一般的佛法，就講一般的法，不會有過失；但第一義諦的勝妙法，若非親證，最好少發揮，最多只能依文解義；除非實證了，你可以從現觀之中演繹出來爲大家說明。眞如其實是不可合併的，因爲眞如與眞如之間有排他性；諸佛的眞如不能互相合併，諸佛與眾生的眞如也不能互相合併；眾生與低等生物或是與高等生物之間的眞如，都不可以合併，沒有任何一個有情眞如可以合併的。不能合併就表示也不能分割。

但密宗假藏傳佛教的法義中說：「你要觀想自己本身爲子光，然後觀想出來以後，確實光明無量；然後再觀想阿彌陀佛是母光，也是光明無量，然後觀想自己子光跟阿彌陀佛母光合併，要融入阿彌陀佛的光明中。」那不是合併了嗎？確實是合併了。如果可以合併，就表示也可以分割，那麼諸佛應該可以像耶和華一樣：我分割出來—分靈—給很多泥巴做成的泥偶，所有的泥偶就會變成人。才怪！眞如是不可分割，也不可合併的；既然是這樣，又無形無色，當然祂就沒有量，你不能把祂拿來稱重，你也不能拿來計算祂的體積到底有多少，也不能拿祂來量多長多短，都沒有這回事，所以祂沒有量——無量。那祂也沒有邊，也許有人說：「怎麼可能沒有邊？既然在我身上，我這個色身就這麼大而已，當然就是依這個色身爲邊。」如果眞是這樣，如果行善之後未來世生到天上去，那天人色身很廣大，越往上去的天界就越廣大，那你到底是以哪一個作邊？所以無形無色之法不能說祂有邊，因此祂「無量」也「無邊」。

又說祂「不異」，到底眞如和有情身心是異或者不異呢？是異或者不異？如果你要說眞如跟有情身心無關，那你就可以說是異；但如果眞如跟有情的身心無關，那眞如憑什麼出生你的身心？又爲什麼要出生你這有情身心？既然出生你這有情身心了，怎麼可能跟你無關？就好像媽媽生了個女兒，女兒說：「媽媽跟我無關，我不叫她媽媽行嗎？」不行，你若不叫她媽媽，就得叫她mother（大眾爆笑…）；但是不管你怎麼叫，媽媽永遠都是媽媽的本質，只是叫法不同而已，所以不能那樣講。因為你有情身心其實就是眞如的一部分，所以這裡就告訴你「不異」。可是不要一聽到「不異」，認為眞如與五陰身心「不異」，那就是二者沒有不同，可就錯了。也不要只說「不異」就夠了，還要說「不別」與「不一」，再強調一次，沒有分別、沒有差別，也就是說你要找眞如時，不要往外去找，要往自己身上來找；但找到以後，又覺得眞如與五陰身心並非完全是一，因為眞如是眞如，五陰是五陰，各有不同法性。

接著又說「非色、受、想、行、識，不離色、受、想、行、識」。眞如不是色蘊，也不是受蘊、想蘊、行蘊、識蘊，可是眞如不離這五蘊，因為同時在一起。所以禪師實證了以後為弟子們開示說：「夜夜抱佛眠，朝朝還共起。」因為跟你五蘊身心同在一起。但眞如卻不等於五蘊身心，因為五蘊身心只存在一世，可是祂可以離去，因為你仕世所造的業行在這一世該享受一百歲，一百歲到了祂就離去了；除非你有特殊的任務，所以讓你延壽，否則就是依照你的壽算來執行因果；壽算到了眞如就離去，眞如離去時這個人要叫什麼人？叫作死人。意思就是說祂其實跟你五蘊身心同在一起，但眞如卻不是色受想行識。

那麼這個眞如「**非地、水、火、風大，不離地、水、火、風大；**」眞如絕對不是地大、水大、火大、風大；你五蘊這個色身的組成不外於四大，可是這四大並不是眞如。眞如不是這四大，如果眞如就是這四大，有一天捨壽時四大分解了，眞如不就壞滅了嗎？所以眞如不是四大，可是眞如卻跟你身中一切四大同在一起，不離四大。又說眞如「**無生、不離生**」，眞如不曾有生，永遠都無生，可是眞如不斷地出生諸法，所以每天有細胞不斷出生，表示眞如不斷地生諸法；每一世都有五蘊不斷地生，所以眞如不離生。

眞如固然「**不離生**」，可是眞如本身卻是無生，祂是恆常而不壞滅，也不曾中斷過，所以祂無生卻不離生，因此說「**雖逆生死，不順涅槃**」。眞如雖然與生死違逆，但是祂卻不順涅槃；諸位沒聽過這一句，我們正覺弘法以來也沒講過這一句，今天就告訴諸位了：眞如「**雖逆生死，不順涅槃**」，但眞如爲什麼是逆生死？因爲有生有死就不眞不如了，可是第八識眞如心永遠沒有出生，所以祂就永遠沒有死，有生的才會有死。所以眾生無不死者，因爲眾生就是不斷地在出生，所以眾生一定有死；可是本來無生的，祂就永遠不會有死。那眞如就如此跟生死相違逆，因爲祂從來無生、永遠無死，所以祂「**逆生死**」。

「**逆生死**」就表示甚麼？依照二乘菩提來講就表示祂順於涅槃。可是入涅槃是什麼道理？是一切法永滅；但眞如卻不滅，祂繼續在運作不斷，所以說祂不順涅槃。當不順涅槃的祂使一切法永滅而不受後有時，就叫作涅槃。聽起來好奇怪吧？其實不奇怪，可是等你現證時一看，就覺得沒什麼，本來就是這樣而已。這是現成的，不必你去修行變更祂，你只要證知祂就夠了，所以說祂「**不順涅槃**」。

二乘人執著於涅槃，所以他們捨壽後不受後有，就是畏懼生死，因爲想要隨順涅槃。但是證眞如的人，證得本來自性清淨涅槃而永遠不入涅槃，所以「**不順涅槃**」。雖然不順於涅槃，可是在無量的生死，在利樂有情永無窮盡中，眞如卻依舊不生不死。不生不死就是涅槃，這就是菩薩的涅槃不可思議之處，二乘聖者所不能思也不能議，因此說眞如雖「逆生死」，卻是「不順涅槃」——永遠不必入無餘涅槃。

接著說的更怪了：「眼不能見，耳不能聞，鼻不能嗅，舌不能嘗，身不能覺，意不能知。」好奇怪喔！對不對？眞如既然在你眼根，可是有眼不能見；眞如也在你的耳根啊，有耳卻不能聞；眞如也在你的鼻根、舌根、身根、意根，乃至竟然在意根時意根卻不能知，眞的好奇怪喔！這段經文中一句句看起來各不一樣，其實都沒有矛盾。回到前面講的那個故事，那個國王悟後突然間，妙吉祥菩薩不見了——文殊師利菩薩不見了，諸菩薩全都不見了；回到皇宮時皇后也不見了，宮女也都不見了，所以他對誰都供養不了；爲什麼呢，因爲眼不能見，耳不能聞乃至意不能知。這就是眞如。好怪、好怪的眞如，可是等你證悟了以後現觀，一點點都不怪，祂就是這麼自然、這麼現成，所以祂在你六根之中時時刻刻都在分明顯現。

可是祂「不在心意識，不離心意識」，跟你五蘊身心都同在一起。祂跟你心意識都在一起，可是卻不是在心意識之中；你如果要從心意識之中把祂找出來，永遠找不到，因爲三世的意識中沒有眞如。眞如是跟三世意識同在一起而不是在其中，所以「不在心意識，不離心意識」。而祂有眼不見，有耳不聞乃至有意而不能知，有身而不能覺，有舌而不能嚐，有鼻竟然不能嗅，不離心意識卻不在心意識中。然後作了結論說：「天王當知！是名法性。」所以法性是在講什麼？講眞如的自性。可是眞如「不在心」——不在眾生所知的心中，而眾生愚癡，都是修行以後想要在六識心、覺知心、意根作主的心中，要去找出眞如來，永遠也找不到！因爲眞如「不在心」。眞正的佛就是這樣，眞正的佛「不在心」。今天講到這裡。

《佛藏經》上回講到第五頁第三行，今天要從「無有性、性本空」開始講。世尊說這個「無名相法」祂沒有性，祂的性本來是空。這個說法好像有點奇怪，然而這個奇怪是針對凡夫大法師們而說奇怪，對咱們來講沒有奇怪可言。那麼「無名相法」這個眞如心，爲什麼沒有性？假使是凡夫大法師，他們會想：「就是緣起性空，一切都空了；是一切法空，所以沒有法性可說；因此所謂的如來藏，所謂的眞如只是一個方便說，就是緣起性空的別名。」有沒有讀過一位大法師書中這麼講？他的名字鼎鼎大名叫作釋印順，所以他說：如來藏是假名施設，其實就是緣起性空的別說。

所以我說他們不懂，依文解義的結果就變成這個樣子。然而 佛說的不是這個道理，佛說的「**無名相法、無分別法**」沒有三界有的法性，所以叫作「**無有性**」。無就是沒有，無有這個「有」是指什麼？就是無「三界有」；「性」就是三界有的法性，所以「**無有性**」就是沒有三界有的法性。雖然沒有三界有的法性，但不等於空無，因爲祂有能生萬法的自性，而且祂是配合著一切有情的五陰身心、時時刻刻不停在運作著。所以祂沒有三界有的法性——也就是沒有五陰的法性，祂沒有十二處、十八界以及六入的法性，所以祂「**無有性**」。

假使，這「**無名相法**」第八識眞如有五陰的法性，而祂出生了五陰，那諸位想一想，咱們在人間會變成什麼模樣？絕大多數人沒想過這個問題；如果祂也有五陰有的法性，顯然祂出生了我們這個五陰有以後，祂自己仍然保有五陰的法性，那我們「每一個有情」是不是應該以後都要自稱「我們每兩個有情」，因爲有兩套五陰。當祂也有五陰的自性，被出生的我們五陰也有五陰的自性，那以後不能夠說：「**我一個人去。**」以後應該說：「**我兩個人去。**」不管作什麼都要兩個人去，因爲是兩個五陰，那就天下大亂了。祂出生了我們以後，祂何必要有五陰的有性？祂不需要了，否則就是重複，而重複是不必要的。譬如你去買一輛車，如果你買車時，那車子是頂上再疊著另一輛車，或者旁邊或者前後再黏著一輛車，那你這車子能用嗎？要怎麼樣開上路？不能用的，也從來沒有人製造這樣的汽車。換句話說，法界中不必要重複，重複會造成問題。

這個「**無名相法**」眞如既然出生了我們三界有，也許在無色界幫我們出生了受、想、行、識；也許我們有一世在色界，祂幫我們出生色界的色、受、想、行、識；此世在人間幫我們出生了人間的色、受、想、行、識。那祂出生了我們以後，有這個五陰在人間可以運作，已經不需要祂也擁有五陰的法性了，祂根本不需要，所以祂沒有五陰這三界有。所以說祂和我們五陰同在時，祂自己沒有三界有的法性。

作一個假設：被祂出生的我們具有五陰的法性（不必談到五陰的全部，單單談到五陰中的意識就好，因爲五陰有很多內容，其中的意識拿出來談就好），祂如果也有意識的法性，我們五陰也有意識的法性，這樣恐怕每一個人都要變成精神分裂症患者，然後都去找精神科醫師，而精神科醫師也會是精神分裂症患者（大眾笑…），因為大家都有兩個意識。然後，我們一天到晚有兩個人都稱呼為某甲——兩個人都自認為某甲，兩個人都自認為最正確；然後這邊的某甲說應該這樣，那邊的某甲說應該那樣，每天不管作什麼都要先由兩個某甲自我商量；萬一商量不來時怎麼辦？就猜拳吧，看剪刀石頭布或者日本拳。那麼麻煩就大了，天下大亂！所以法界中沒有重複這件事情，重複的都是不正常，都要處理掉。如果你肩膀上長了另外一顆頭，那就要處理掉；雖然處理掉這顆頭是殺生，因為他沒身體就活不了，但還是得處理掉；不然兩個人每天要商量，除非變成好朋友否則很麻煩。

所以「**無名相法**」祂既然是生一切法者，我們前面引述別的經文也說「**真如雖生諸法，而真如不生**」，意思是說這「**無名相法**」雖然出生了諸法，可是祂從來沒有出生過，祂是法爾而有、本來如是；既然如此，祂出生了我們以後就不需要重複再有我們五陰的法性。那我們這個五陰是三界有之一，不需要重複。如果有兩個重複的三界有存在時，問題很大；也許這一世出生了人身，可是也許過去世也曾經造作了一件畜生的業，因為造作人身的業比較大所以先受報為人身，那個畜生業怎麼辦？祂變個畜生身出來，跟人身連在一起好不好？不好！所以重複另一個五陰的事情不可能存在的。因此祂出生了我們以後，我們五陰有三界有的法性，而祂不需要保留三界有的法性，所以祂「無有性」。不論是地獄性、畜生性、餓鬼性或者人性、欲界天性、色界天性、無色界性都一樣，都只有同一種眞如法性會顯現出來；但眞如法性永遠都不顯現三界有的法性，所以祂「無有性」。

那麼祂是「無有性」，接著講「性本空」時，那些六識論的凡夫大師們正好把祂連在一起，然後就說：「你看啊『無有性』，我說的沒錯，就是一切法空啊！所以根本祂不存在！接著不是告訴你性本空嗎？說祂的法性就是空無。」還說得振振有理，那你如果沒有熏習正理，同樣被誤導或者同樣落在六識論中的人，去學應成派中觀，結果就會聽信他的話。不但聽信，而且對方是很有名氣的大師，所以你會聽到耳朵這樣，叫作「服服貼貼」對不對？（大眾笑……。）

對啊！好多人到現在對印順著作中的邪見依舊服服貼貼，你怎麼樣都度不了他們。因爲他們看見的是人家印順導師穿著僧服、剃了頭、燙了戒疤，你們正覺算什麼？還穿著居士服呢！他們是這樣想的，好像有僧服就是有智慧。果眞如此，好極了，大家都去買僧服先來穿一天再說，出家一天就穿上一天，有智慧了就還俗，一樣有智慧，對不對？所以那都是愚癡人，不可與語，所以他們誤會誰是有實證者就變成理所當然，因爲他們愚癡到很像如來藏的「**無有性，性本空**」。但他們對經中說的「**性本空**」全都誤會了，「**性本空**」是說：祂雖然沒有三界有的法性，可是祂的自性本來就是空性。只是講得很簡略——祂本來就是空性，不是把三界有透過修行以後去轉變成爲空性，而祂本來就是空性。

那麼佛經中很多地方不跟你講空性，只講一個「空」字。可是這個空字有時是講諸法的空相，有時是說：「**諸法背後有個空性。**」所以空有二法：一者空相、二者空性。也就是說祂雖然空無形色，然而祂有自己的法性所以叫作空性——能生萬法；相對於祂而說被生的三界有等一切法叫作有性；若是沒有有性而祂的自性本來即是空，就說祂是空性。但很多人沒有辨法理解這道理，因爲他們一開始學的基礎知見就錯誤了，所以就說一切法緣生性空。但他們無法自我簡擇，沒發現到自己所說的法是自相矛盾的，邏輯不通，早就違背了因明學。

例如他們都主張所謂佛法就是講緣起性空，緣起性空就是佛法，所以認爲阿羅漢就是佛；但既然說一切法空，全部都是緣起生滅無常故空，而說一切法空；接著是不是要簡擇一下：這樣是不是和斷見外道一樣？印順自己也知道有這個問題存在，所以他爲了解決這個問題，自己去翻禪宗的公案，然後認爲說：禪宗開悟的祖師們所證得的眞如就是直覺。於是他認爲這個直覺不是一般的意識。他又不想把祂稱爲第七識意根或者第八識如來藏，因爲他主張只有六識，那怎麼辦？又不能說是意識，所以只好說：這個直覺就是細意識。因此他就倡導意識細心說。

可是他其實並沒有解決自己的問題，而自己也不知道問題還在。我們就要問：這細意識是不是意識？是啊！而且聖教中也講得很清楚，特別是在《阿含經》中說：粗意識、細意識、近意識、遠意識，一切都是意識。世尊早就下了註腳在等他了，這是兩千五百年前已經下了的註腳等著他；所以世尊又說「**諸所有意識**」，「所有意識」加上個「諸」字——不論是什麼樣的種類所有的意識；就說：「**諸所有意識，彼一切皆意法因緣生故。**」但印順竟然會笨到去忽略這句聖教。既然「**諸所有意識**」全部是意根和法塵作爲因緣來出生的，如果細意識是常住法、是實相，憑藉那兩個來出生的是不是更有資格叫作實相？因爲細意識是一樣要藉根、塵來出生，那細意識還沒出生之前，人家意根、法塵就先在了，那麼意根和法塵是不是更有資格叫作實相？完了！現在有三個實相了，印順對此也沒有能力解決，老實說他根本就沒想到背後有這問題存在，他不知不覺。

「實相無不相」意思就是說：凡是實相就能出生諸法，一切法相是由實相所生而歸於實相，所以實相無不相——一切相都是實相。那問題來了，細意識依印順的說法—他是追隨宗喀巴的—細意識就是生命的根源，那麼「實相無不相」，意根和法塵更有資格出生萬法了，那就有三個實相。糟糕了！這時應該是每一個人都有三副五陰。所以他們自相顛倒，而他們完全不能理解到自己有很多的問題，所以層出不窮的問題在他們提出錯誤的說法、錯誤的主張時，就跟隨著他們存在了，可是他們渾然不覺，我們只好說他們是「不覺位」的菩薩。

《大乘起信論》說學法者有本覺、不覺、始覺、相似覺、隨分覺、究竟覺，對不對？剛證悟的人名爲始覺，悟後進修尚未成佛的人叫作「隨分覺」，那宗喀巴與釋印順就是不覺位的菩薩。不覺位的菩薩層次最高、還是最底呢？是最底層的人。現在這個不覺位的菩薩自認爲成佛了，所以他的傳記書名叫作《看見佛陀在人間》。他有一個弟子比丘尼也認爲自己已成佛，所以叫作「宇宙大覺者」，因此她們年年五月浴佛時——在大陸、在臺灣都一樣——浴佛時用的聖像是什麼？是她的雕像。自己雕像膽敢放在公眾場合讓人家浴佛，那不表示說她成佛了嗎？我說：「將來要是誰雕了我的法相去浴佛，我就算死了之後還要從墳墓爬起來打他好幾棍！」（大眾笑⋯⋯）這不是栽贓我嗎？要陷害我啊？

所以你們看，問題就出在這裡，也就是說他們這一派人什麼法都不懂，偏偏裝得很懂的樣子，藉著各種方法造勢，造勢的結果就會引來一大群只看表相的愚癡人盲目追隨，不會有佛弟子應有的本質。別以爲那樣的浴佛只在臺灣，她們在大陸也這樣搞。參加佛事展、佛教文物展時，她們都會有很大的攤位，就弄了她的法相懸起來，大家在那邊唱〈讚佛偈〉。只有一點她們還沒有作到，就是讚證嚴佛如何如何偉大，但現場掛的就是她的相片。這也是末法時代才會有的比丘尼成佛，女性成佛還得先轉男人，例如《法華經》

中的龍女轉身成佛還是要先變成男人。所以我說他們佛法不通，佛教的事相也不通，就這樣自己隨便亂弄起來，最後只好等著人家拈提，被人拈提以後當然是將來流傳千古——眞的叫作千古。人家辦喪事時通常會掛上布做的橫幅——流芳千古，有沒有（大眾笑…）？我們把她拈提了將來整理在書中，他們將會流臭千古，至少流臭一千年。但是我看不會只有一千年，因爲我們的著作不會很快就消失，一定會繼續流傳的。

這就是說，不能依六識論去建立佛法的宗旨，否則他們一定會出大紕漏。而且，一旦出了大紕漏，怎麼樣都沒辦法改正，因爲沒有退路也沒有進路。如果他們要求生路，只有一條，別無他途，就是公開懺悔，回歸八識論。可是這一條路很難走，對我們來講是一條坦途，平坦而又寬廣、無邊殊勝的風光，但對他們來講是沒辦法走，因爲他們的心態還不如世俗人。

舉個例子，西洋古時有一部小說叫作《紅字》，不曉得有沒有人讀過？喔！女眾有人讀過。你們男眾都不讀西洋文學，有喔？對啊！有個女生因爲邪淫，人盡可夫，後來被抓到以後判她的刑，要她每天穿著一件白長袍，再用紅色的布做成很大的A字，縫在她長袍的前胸，處罰她要穿著每天去街上行走給人看。後來她羞愧到沒有辦法過日子，直到有一天想通了，就承認那個過失，然後徹底改變，每天反而出門去懺悔，看見有什麼事她可以作的就盡力去幫別人作，每天都在作善事。她一直作善事作到老，後來那個ㄙ字的意思被她改變了，那個ㄙ字變成善行的代表，壞事就變成好事了。

但是那需要多大的勇氣？我認爲印順他們沒有辦法學到她那種精神，所以他們不如一個世俗法中的女人，我這話說得夠重，將來照樣整理在書中流通出去。因爲如果不這樣下針砭，不會有人覺醒；如果她們去告我，我又輸了官司，那我準備進去獄中坐牢，成就她們這一場惡業。這意思是說初學佛時要擇定一個正確的方向，解脫是往這一邊走的，結果她們反方向而走；走了一、兩百公里以後，人家刻意倒退回去告訴她們說：「妳們走錯路了，方向相反了，要往那邊才對。」偏偏她們知道是往那邊才對，可是又想：「我已經走了兩百公里，這兩百里算是我的成績，你叫我再回頭，我放不下。」這叫作愚癡人。

但這種愚癡人不是現在才有，古時就有了。所以童女迦葉大菩薩——佛世就有這麼一位童女迦葉，她是以在家身的形像出家，不受聲聞戒而只受菩薩戒，她遇見一個小小國的弊宿婆羅門時，就曾經講了這個道理，因爲那個婆羅門說：「我是個斷見論者，我信奉斷見論已經幾十年，所以我現在沒辦法改變。」這迦葉童女就告訴他：「譬如有一個人約了另一個人出遠門，要去尋寶，先到了一個村落都沒人住了，又看見一堆麻；這麻跟一般的麻不一樣，有價值的，於是兩個人每人各挑一擔，」先拿了再講，因爲前途不知道有沒有好東西，「兩個人各挑一擔往前走，又到下一個地方，看見這邊的物品比較好，因爲已經把麻再磨、再洗，製成很細而又編成麻縷了。這比以前的麻更好，某甲就說：『我還是換這個好。』把以前挑的麻丟了換成麻縷。就勸某乙：『你也換了吧。』某乙說：『不！我已經挑過這麼遠的路，從那一村到這一村，我不要換了。』就不換。兩個人又一直走，走到一個地方更好，因爲這裡是用麻縷去織成的布，叫作細麻布，某甲說：『那我就換這個。』某乙還是不換：『我又已經多挑兩個村的路，我怎麼可以換？好可惜。』兩個人又一直走。就這樣一村又一村，某甲是一個地方又一個地方一直換，換到最後，某甲挑了一擔的珍寶回家，而某乙始終不肯換，他覺得捨棄麻太可惜了：『我都挑這麼遠了。』所以他繼續挑著那一擔麻，兩個人一起回到故鄉。回到故鄉時，人家遠遠的看著：某甲的親朋好友大家都湧上來，因為都有好處，可是某乙沒有一個親朋好友要來看他。」

童女迦葉又說了許多譬喻，然後就告訴那個弊宿婆羅門說：「你就像那個挑著麻回來的人。」講了這個譬喻，那婆羅門倒是聰明，他說：「其實我聽妳第一次說法講的月喻、螺喻……等，就已經知道妳的說法正確，我只是想要看看妳多麼有智慧。」（大眾笑……）於是他就拋棄了邪見，成為佛弟子了。可是我看印順派他們這些人是不如那個婆羅門——不如那個斷見論者，他們是不會改變的。套句一神教的話說：「他們永遠也不會悔改。」就是這樣的人。

這意思是說，經文很容易被誤會，因為太深了。「無有性，性本空」，依文解義時又是依六識論的邪見來理解的，那他講出來就變成說：「『無名相法』就是什麼都沒有，所以連名相都沒有。既然什麼都沒有，那祂的法性就是空無。」印順的書中不都是講「無有性，性本空」嗎？而且講得振振有辭，殊不知他完全誤會了。因為完全誤會，所以後來正覺同修會出現，《楞伽經詳解》第三輯開始評論印順時，他只好終其一生閉嘴。他是個眼裡容不下一顆小小小灰塵的人，別說沙子；連小灰塵都容不下的人，結果竟然能容忍蕭平實對他寫這麼多書評論而沒有回應過一個字；他這個轉變還眞大，值得讚歎，可是不值得爲他浮一大白，因爲他是愚癡人而不懂得公開懺悔滅罪。

這就是說，這個「無名相法」沒有三界有的法性，假使祂也有三界有的法性，就不應該有三界六道的五陰、四陰等有情存在了；因爲祂若眞的自己有三界有的法性，那祂自己運作就好了，何必再出生我們的五陰、十八界呢？所以不能像他們那樣亂解釋。解說了這個道理，有這正知見配合前面所引述的其他經文，諸位可以瞭解：這「無名相法」又名眞如、如來藏、阿賴耶識、異熟識，而這個眞如沒有三界有的法性，祂的法性本來就是空，不能說之爲有，《佛藏經》中說的「無有性，性本空」的眞實義，諸位就懂了。

現在我們來引用補充資料，這是《大般若波羅蜜多經》卷三百九十六〈勝義瑜伽品第七十五〉：【具壽善現復白佛言：「世尊！若一切法皆以無性而爲自性，此中何謂法平等性？」佛言：「善現！若於是處都無有性、亦無無性，亦不可說爲平等性，如是乃名法平等性。善現當知！法平等性既不可說，亦不可知，除平等性無法可得，離一切法無平等性。善現！當知法平等性，異

生聖者俱不能行，非彼境故。」】

這就是釋印順不肯承認《般若經》是 佛說的原因。他說：「《般若經》雖然不是佛說的，但是後代菩薩說的道理跟佛說的一樣，也可以說它是佛法，就是佛經。」他的大意是如此。這個人就是這樣扭曲的，所以除了正覺以外，誰都拿他沒辦法。那我們回到經文來，須菩提向 佛陀稟白說：「世尊！如果一切法都是因為空無之性而說為自性，那麼這一切法中，到底有什麼可以叫作法平等性？」這是一個基本的定律，是說「一切法」一定是有法性，才能說是平等性的；如果「一切法」是無，就是沒有任何法存在，那就不能說是平等性。

譬如虛空，你能說虛空平等平等嗎？不能！假使你要施設虛空平等平等，那你得要說明東方虛空與西方虛空都有自性而且平等平等，也就變成兩個法——兩個虛空。但這個邏輯能不能成立？不能！因為虛空無法，「無」不能切割成兩個法。你即使要勉強說：「虛空只有一個，哪能比較？」連這樣的施設都不能成立，因為虛空不能說一個，既是沒有東西才叫作虛空，是沒有法才叫作虛空，你怎麼能說虛空是一個？如果無也可以說是一個，那好極了，今天我開一家銀行，利率高達百分之十，大家都來存；存上一個月以後，人家來領錢，我說他如果要領五百萬，我就給他一個「無一百萬元」，給他五個就是有給五百萬元了。可不可以這樣？不行！無就是無，「無一百萬元」就是沒有。

即使你說是「無一千萬元」，這依舊是沒有；不管數目多大，「無」冠在前頭就是沒有；沒有時就不能說：一個無一千萬、兩個無一千萬、很多個無一千萬元。因爲即使是一千萬個無，連一塊錢都沒有，何況是一千萬元。有兩個一千萬元才能說是平等平等，無是空無，有什麼平等性可說？所以「無」不能夠說有平等性。而虛空是無，因爲虛空是色邊色，虛空是依於物質的邊際沒有物質的地方，來施設爲虛空。而虛空無邊無際，不能施設爲一個或兩個。爲什麼虛空無邊無際？因爲是無，既然是無就無邊無際。既然是「無」，會有什麼平等性可說？一定是有兩個或以上的幾個互相來評論，才有平等性或者不平等性可說。如果是無，其中有哪一個法可以說是「**法平等性**」？因此不能說一切法皆以無性而爲自性。

但「**一切法**」一定背後有一個法性存在著，被生的一切法都依於那個法存在，而一切法攝歸於那個法時，才能說一者是平等性。如果一切法都是空、都是無常，最後都歸於空無，怎麼能說二者有平等性？例如一個人生存在人間，一定六識具足；除非眼根壞了或耳根壞了……等，否則一定是六個識具足。這六個識後面有一個俱有依以及根本依，俱有依就是意根以及五色根；而根本依是「**無名相法**」第八識眞如心。

現在先不談眞如心，只從我們這五陰的部分來講；這五陰中六個識，能不能說：「**這六個識中的眼識不重要。**」能不能這麼說？不行。因爲眼識跟意識是平等平等的，因爲是同一個五陰。也許有人說：「**眼識很重要，不然什麼事都不能作。所以我想舌識應該不重要，舌識最差，不可能跟意識平等。**」但這樣想，有個大問題，如果舌識不重要，那你吃什麼東西都沒味道，你就會變成食不下嚥，一個月後渾身虛弱快要死了，那時才知道說：「**原來舌識還是很重要。**」人都是這樣，沒有經歷到時就不知道祂的重要，所以我說六個識平等平等。

就好像身體，不是有個寓言嗎？說一條蛇的蛇頭說：「**我最重要。**」蛇尾說：「**我才重要。**」頭與尾在那邊爭；後來身體說：「**你們最重要，我不重**

要，那麼等一下看你們想要去哪裡時，我就不動。」結果牠們兩個才恍然大悟知道說：「原來大家都平等，沒有誰最重要、誰不重要。」因爲這是一個整體性。如果手跟腳在那邊爭執說：「我最重要，你不重要。」那試試看吧，不必眞的砍掉，綁起來就好。如果手說：「我最重要。」腳說：「我既然不重要，那沒關係，我就把自己綁起來，讓你試試看怎麼過日子？」那腳如果說：「你看！我最重要吧？你手不重要。」那手就說：「我自己綁起來，那你試試看怎麼生活？」全都一樣，所以一定有手與腳並存，才說兩個平等平等，這兩個都是有法性的，不是空無。

同樣的道理，識陰六個識也因爲有六個，各自都有法性，才能互相說六個都重要；既然大家都同樣重要，就是平等性，這是從事相的層面來講。可是一切諸法既然都是生住異滅，既然一切諸法都沒有自體性，也就是一切諸法沒有自己永恆常住不壞的自性；既然都是這樣，都是緣起性空，那你要說這其中有哪一個法或哪兩個法、哪三個法是有平等性的？全部沒有平等性可以說了。

現在須菩提就從這個層面來爲眾生請問，因爲知道眾生誤會　世尊的法，以為一切法緣起性空、無常、苦、無我，所以一切法空，世尊就說到「**一切法平等性**」。那麼到底要怎樣說一切法的平等性？難道一切法都變成無以後是有平等性可說嗎？如果真是這樣，那麼一切都無以後、要以哪個法來說祂有法性而且是平等性？須菩提是為眾生提出來請問的。當然他知道這個道理，因為他很早就悟了。這時 世尊開示說：「**善現啊！如果在這個處所，**」「處」例如十二處，那就是根對塵兩個合為一處，十二處合起來就叫作六處，如果分開來就叫作十二處，「**不管是在哪 處的所在，如果在這十二處之中，每一處的法都沒有『有』的法性，也沒有『無』的法性，這樣也不可以說有平等性，**」為什麼呢？因為你如果都沒有「有」性，也就是說如果都沒有三界有之法性，那就是空無；空無時，要拿什麼法跟什麼法來比較說：它們是**法平等性**？當然不可以說。其實也沒有無性，沒有無性是說沒有空無性，又如何能說有平等性？反過來，如果同樣都是三界有之法而沒有一個總源頭，顯然就是萬象森羅；萬象森羅時就有差別性：眼比耳重要，耳比舌重要，舌比身重要……等現象可以互相比較，既然有各種事相上的差別而能互相比較，怎麼可以說它們叫作「**法平等性**」？也不可以說了。

所以如果落於三界有而沒有法界實相眞如心「**無名相法**」，或者落於一切法空、斷滅空之中，同樣都沒有**法平等性**之可言。所以 世尊就說「**亦不可說爲平等性**」。也就是說：既要有三界有，還要有三界有背後的一個根本法，祂統攝著一切三界有，而且和合似一，這樣才可以叫作「**法平等性**」。

平等性智不也是告訴我們這個道理嗎？總是說菩薩證得眞如心「**無名相法**」以後，看見螞蟻、看見蜈蚣時都說：「**牠們跟我平等平等。**」既然平等平等，就有了平等性智，這才能叫作「**法平等性**」。爲什麼平等呢？要有一個根據，不能從五陰來看平等；如果不是那個「**無有性，性本空**」的「**無名相法**」，就談不上「**法平等性**」，因爲蜈蚣是蜈蚣，菩薩是菩薩。如果從「有性」也就是相對於「**亦無無性**」來說，也可以講平等性的話，這時菩薩應該容忍蜈蚣住在他家裡，因爲平等。既然平等，你沒有權利趕牠出去；拿個掃把把牠掃出去就已經不對了，因爲平等，怎麼掃牠出去？如果他把牠掃出去，人家就說：「**你看這個菩薩不平等，到底悟個什麼？還敢自稱菩薩。**」這是免不掉的責難。

可是菩薩才不管這個，看見蜈蚣或是蛇都一樣，拿了掃把或大畚箕就把牠掃出去了：「這不是你住的地方，你該哪裡去就哪裡去。」菩薩不管這個，因爲沒有人可以質疑。菩薩的所見是這樣：「蜈蚣是蜈蚣，我是我；那蜈蚣的眞如無分別法、無名相法，跟我的眞如無分別法、無名相法一樣，所以是平等的。那是從法的實際來說是平等性，可是事相上、果報上就是不平等。」所以如果有一個人說：「經上說，一切有情全都平等，所以那條雨傘節跑進家裡來平等平等，就讓牠住。」（大衆笑…）好了，讓牠住，住到晚上牠覺得冷跑到你身上來取暖，你一翻身不小心壓著牠，牠把你咬了，這時還平等嗎？不平等了！成爲你對牠平等，牠對你不平等。如果是這樣的人被蛇咬死了，我就說他活該；因爲他眞的活該，笨得太足夠了；他是笨到一百一十分了，不只是滿分。

也就是說，在法界實相來說才能永遠都是平等性；可是法界實相本身不可以說有平等性，一定是法界實相出生了諸法，而諸法都依法界實相而存在而攝歸法界實相時，才可以說諸法有平等性。可是如果拿你的眞如心跟我的眞如心來說：「這兩個眞如是平等性。」那就錯了，因爲眞如自身無有世間上的法可以互相比擬。要從意識的立場來說：「他的眞如跟我的眞如平等。」

是這樣才對。所以眞如本身也不說：「我所生的諸法與我平等。」眞如本身也不說：「我所生的諸法，那些諸法平等平等。」眞如不作此想，不作此了知。但是我們這個意識心證得眞如以後，由意識心的立場來看眞如，再從眞如的立場來看眞如所生的意識、前五識、一切諸法時，就說：「原來這一切諸法同樣都是眞如心中的一部分，但是爲了在三界領受果報及繼續造作新業，所以我們諸法都依祂而有——依眞如心而有，而這些諸法都不可或缺，這些諸法都從眞如心而生，所以一切諸法平等平等。」這樣才能夠說「法平等性」。

那麼如果單單有個眞如心，而眞如心沒有出生一切諸法，譬如二乘聖者入了無餘涅槃；你們現在都知道無餘涅槃就是剩下眞如心單獨存在，離見聞覺知而沒有六塵、沒有六識、沒有六根，就只有祂單獨存在，懵然無知，我們可以給祂一個中國話的名稱叫作「渾沌」，因爲祂對六塵全都不知道，祂就這樣單獨存在，叫作涅槃。假使眞如心處在無餘涅槃中，有沒有「法平等性」可說？沒有了。因爲祂這時沒有任何諸法可以與祂相待，而祂自己也不了知自己，祂成爲孤家寡人了。但一個人能稱爲孤家寡人嗎？不行，孤家寡人是因爲面對一群老百姓，才能說孤家、說寡人；如果天下只有他一個人，稱什麼孤家、稱什麼寡人？眞如也是如此，雖然祂出生一切法，祂是諸法的君王；可是當一切法全都泯除、都不存在時，剩下祂單獨存在，既不反觀又不了知一切法，這時有「**法平等性**」可說嗎？沒有了，因爲沒有萬法了。

所以，一定是兩個都存在於同一時同一處：這個空性也存在，但空性存在時同時又出生了諸法，不能夠落於一切法空之中；這樣兩個同時存在時，依於眞如心「**無名相法**」來看待一切諸法時，就說一切法平等平等，才有「**法平等性**」可說。所以 世尊開示說：「**若於是處都無有性、亦無無性，亦不可說爲平等性，如是乃名法平等性。**」有個問題是，還沒證到如來藏時，聽起來這一堆的邏輯好抽象。是不是這樣的感覺？啊？眞的沒有人這樣感覺？你們眞的好厲害。但我想一定還是有人這樣感覺的。

但是當你實證時，我一面講解你就一面現前觀察是不是如此？你將會爲我證明：「**確實是如此！**」如果我今天晚上講了這麼多法，是我一個人堆砌一堆名詞出來的，不是依現觀而說，那麼所有被我印證的人一定會在講經以後抗議，或是大家互相打電話，打來打去：「**今天老師又胡說了。**」可是不會啊！因爲我是依著法界的實相一面現觀一面就這樣子講出來，所以不用打講稿。這就是說，這不是虛言假語，也不是《紅樓夢》中的「賈語村言」。也就是說，這是實相，但是從實相來說一切法的**法平等性**時，一定是依實相而出生了一切法，由這個實相來看待一切法平等，才說是「**法平等性**」。所以必須實相存在——也就是空性存在時，所生的一切法——無常、苦、空、無我的一切法也同時同處存在，才有「**法平等性**」之可說，否則就沒有法的平等性可說。要像這樣子證，像這樣子觀察，像這樣子說，然後才可以如實演說「**法平等性**」。

世尊接著又說：「**善現當知！法平等性既不可說，亦不可知，除平等性無法可得，離一切法無平等性。**」先來看這兩句中的前兩句：「**法平等性既然不可說，也不可知，**」一般人讀了會怎麼樣說？若是印順派的人，他們就會亂講，例如禪宗開悟者互相心知肚明，可是印順他們會評論說：「**禪宗那個所謂的開悟，全都是自由心證。**」問題來了，爲什麼那麼多證悟的禪師互相之間心有靈犀一點通？而錯悟的凡夫大法師們卻是心無靈犀，每一點都不通？問題出在哪裡？顯然不是自由心證。爲什麼同樣是錯悟的人，都會被同樣是證悟的人一一拈提？而證悟者之間爲什麼都不被證悟者所拈提？顯然不是自由心證。所以不能看文字表面。

佛說「**法平等性既不可說**」，爲什麼是不可說的？如果是不可說的，顯然諸佛無法幫助菩薩們證悟「**法平等性**」，因爲既然不可說，那要怎麼樣幫人家實證？一定是可以烘雲托月說出來的，例如我今晚不是講了一堆「**法平等性**」？怎麼會是不可說呢？所以 佛陀講的「**不可說**」不是這個意思，而是說：這個「**法平等性**」，不可以從三界有之中來說祂，必須要依「**無名相法**」——依眞如心來說。並且還不能單單依「**無名相法**」眞如心來說，還得要相待於三界有來說，才能講得出來。所以法的平等性，法就是指背後那個「**無名相法**」，祂的平等性確實是不可說；但是依於三界有，來實證這個無名相法之後，就可以方便宣說「**法平等性**」。而這個「**法平等性**」依舊不可說，因爲說出來的已經不是眞正的「**法平等性**」。

接著說「**亦不可知**」。從世俗人的所知與所見，永遠都不可能知道「**法平等性**」，所以你們看印順這個人聰明絕頂，還有那些佛學學術研究者各個都是博士，有的人甚至於頭上戴著好幾頂博士帽子，有的人甚至是博士的指導教授，但爲什麼他們也不知道？以前咱們說他們不知道，他們不承認，他們認爲自己知道；至少在正覺弘法之前，他們都認爲自己知道。所以他們認爲：所有出家人都應該來讀佛學院，都來聽我們的教導。他們一向都是如此，從來不把佛教中的僧團看在眼裡。

還有日本人松本史朗，還有一個是誰？袴谷憲昭，他們二個人都是這樣子；霍巴德爲他們出了一本書《修剪菩提樹》。好大膽子，佛也不敢修剪菩提樹，佛只是把三乘菩提這棵菩提樹，從根、幹、莖、枝到葉、花、果、種子，一一爲我們講清楚，祂也不敢修剪。他們幾個凡夫好大膽子，敢修剪菩提樹！當他們自稱修剪了以後，怎麼樣都沒料到後來出了個蕭平實，就公開把他們拈提了。他們都懂中文，所以我們的書他們也都能讀到；前年大陸有個單位要爲松本史朗他們再印那本書，他說：「**不要再印了。**」就婉謝了，還算有自知之明。

這道理在說什麼？說這個實相法界是凡夫們永遠「**不可知**」的。凡夫們怎麼樣去猜測、怎麼樣思惟，永遠都無法瞭解這「**法平等性**」的道理。因爲這必需要先親證法界實相——必需要先證得「**無名相法**」第八識眞如；然後用意識所有的智慧轉依這眞如心的立場來看待一切諸法，當這眞如心面對一切諸法時，禪宗牢關一句話叫作什麼呢？如什麼覷什麼？啊？不知道啊？如井覷驢。就好像水井看著驢子，剛下手時就不懂。剛開悟時是如驢覷井，井是不動的；可是眞正悟進去以後，得是從井的立場來看那一頭驢子。當你這樣看時，驢子確實是存在的，可是井不了別驢子。這個境界沒有證得第八識眞如的人都無法了知，所以說他們對「法平等性亦不可知」。

必須證得第八識眞如時，有了這個智慧，可以觀察了，就可以生起更深的智慧；從你觀察法界實相的智慧來看一切法時，結果你發覺：「我的眞如不看待一切法，我的眞如也從來不觀察任何一法。」當眞如不看任何一法時，還有法平等性可知嗎？沒有任何的「法平等性」可知了，所以「亦不可知」。

有人問禪師說：「這心王爲何都不接見臣下？」禪師說：「太尊貴生！」意思是說尊貴到這個程度，眞的太尊貴了！所以只有臣下每天來看君王，君王永遠都不看臣下的。君王絕對不去面見臣下，請問：如果群臣每天早上來朝見，那群臣是不是都看見君王了？對啊！你眼耳鼻舌等六識每天都來朝見君王眞如心，意根也不斷地來朝見君王。當你證悟了就是每天來朝見，每天早上醒來時都知道：「**我的如來藏在這裡。**」那你不是朝見君王了嗎？朝見了喔？可是你仔細留意看看，君王有沒有回應你說：「**你們來了。**」你們所有證悟的人說說看：有沒有？沒有！君王絕不看你們的。但為什麼君王不看你們？洞山禪師說：「**太尊貴生。**」但祂既然不看你們，祂會不會說你跟祂平等，祂跟你平等？都不會的，所以從實相境界來說：「**法平等性亦不可知**」。

可是 世尊馬上又回過頭來說了兩句看起來好像有矛盾的話，前面這麼講了後面接著就說：「**除平等性無法可得，離一切法無平等性。**」你看，從文字表面上看來又好像互相顛倒，似乎是顛三倒四；其實一點兒都不顛倒，因為實相法爾如是。也就是說「**法平等性既不可說，亦不可知**」。可是除了平等性以外，沒有任何一法可得，那你如果要依文解義時能怎麼樣解釋祂，永遠也解不開。這就是說，其實三界宇宙中一切萬法，除了平等性以外沒有任何一法可得，而平等性從哪裡來？（有人答話，聽不清楚。）對啊！就是從「**無名相法**」如來藏而來的。除了這個平等性以外沒有一法可得，連一法都不存在了，還有什麼法可以叫作平等性？

接著這一句又掉過頭來，從另一個方向拐回來講：「**離一切法無平等性。**」

佛法就妙在這個地方，佛法之厲害也就在這裡，叫那些凡夫大法師們抱頭苦思成爲煩惱無量，永遠也無法解開。剛剛說除了平等性以外沒有一法可得，可是反過頭來又說：離開一切法也沒有平等性可說。譬如說，假使哪一天你入了無餘涅槃時（你假設自己眞的入了無餘涅槃），自己的五蘊完全不存在而剩下如來藏時，這如來藏此時離一切法而剩下如來藏自己時，如來藏既不看、不了知一切法，那要如何去說一切法的平等性？當然不能說了。

當如來藏自己單獨存在時，已經沒有一切法，又何來一切法的平等性？所以你看 佛說的妙不妙？「**除平等性無法可得，離一切法無平等性。**」完全沒有矛盾，完全沒有牴觸。可是從凡夫意識境界來思惟時問題就來了，因爲他是以意識爲中心，用意識爲中心來思惟這個法時，就會互相矛盾、互相牴觸；不然就是前後矛盾、前後牴觸，都沒辦法解決。諸位想想看，打從你們學佛以來，有沒有聽過這樣的法、讀過這樣的書？沒有。我早知道你們要答「沒有」，因爲我學佛和弘法這麼久了，也沒有聽過說誰這麼講過。如果有人這麼寫過、這麼講過，一定會有人拿來很歡喜告訴我說：「**老師！老師！您有知音了。**」可是到現在一個也無，只有你們才是我的知音。

這就是說，般若確實甚深極甚深，不單方廣唯識諸經等增上慧學。即使是三賢位中應該要修學完畢的般若就已經太深了，因爲這都是唯證乃知的。凡是沒有實證眞如心的人，不懂祂是「無名相法、無分別法」的人，即使證得無餘涅槃成爲三明六通大阿羅漢了，他依舊不懂。如果等而下之，連初果都沒有實證的人，都還落在識陰中的人例如釋印順、證嚴比丘尼，以及再等、等、等而下之的密宗假藏傳佛教外道，他們連五陰的內容都不懂，那這樣的人就叫作「異生凡夫」——不但是凡夫而且是異生；因爲前者是錯說佛法的謗法者，同時也是謗佛者，謗法、謗佛也一定同時謗勝義僧；至於後者那些密宗假藏傳佛教外道，他們不只是謗，他們還破壞三寶，當然更是異生。這些異生一定更不懂，他們想要在其中措心—想要在其中去思惟觀行—根本不可能。

所以 佛陀作了一個結論說：「善現！當知法平等性，異生聖者俱不能行，非彼境故。」最後這個結論是說連阿羅漢等聖者都不能懂，這是印順派的人最不喜歡讀的，因爲他們認爲「阿羅漢就是佛，那阿羅漢一定能懂」，沒想到 世尊直接說聖者也不懂。印順他們把解脫道建立爲佛菩提道，用解脫道來取代佛菩提道；而他們所謂的解脫道還是錯誤的解脫道，竟然自稱成佛了；可是自稱成佛以後讀到《般若經》這些字句時全都不懂，所以他們不願意承認《般若經》是 佛之所說，因此 佛所說完全是至誠語。

大家都應該知道法的平等性，異生位的凡夫不懂，連二乘聖者也不懂，因爲他們無法在「**法平等性**」的智慧中去運行。他們的智慧無法運行在這當中，因爲 世尊說：「**非彼境故**。」這不是他們所證的境界。

這樣子，這「**無有性，性本空**」的補充資料還沒全講完，先講到這裡就好。今天假使你有觸證了，雖然還沒有拿到我給的金剛寶印，至少也可以聽懂，如果拿到金剛寶印了當然更沒問題。想想看，今晚這些法該不該聽？當然該！即使你證悟了也得要聽，因爲你若是想要完成三賢位的智慧，就得要這樣學；只是說，佛陀講般若系列的經典講了二十二年；這樣來使往昔多劫以來跟隨 如來修法的大弟子們，各個都能回復往昔所學，成阿羅漢之後又能入地，就這樣把三賢位完成，各個都入地去了。假使你今天已經明心，是不是也要把這部分趕快吸收起來，然後消化變成自己的？當然應該是這樣。而且我說的是從各個不同的層面來講，不是從單一層面來講解。你們讀經文時很可能只有理解單一的層面，但是我從不同的層面再來講，那你想要通達時就會更快，當然要聽。今天來到這裡值回票價了，不管你是什麼票。（大眾鼓掌…）都值回對不對？即使是機票錢也值回了，但是這個鼓掌可別白鼓了。

實證了「**無名相法**」第八識再來聽這些經，眞的其樂無窮，滿心歡喜，這才是眞的法喜充滿。所以我有時說：「**我寧可說法，不要主持禪三**。」因爲說法很快樂，無量無邊的法左右逢源多好，而家裡人齊聚一堂，天倫之樂無過於此，天下還有比這個快樂的事嗎？都沒有啦！可是主持禪三，那眞是太苦了！爲什麼苦呢？因爲到第三、四天時，一下子這位同修來問，一下子又是那位同修來問，我都說：「**噓噓噓……**」（大眾笑…），然後有的人硬是說：「**導師！我問一下就好**。」我說：「**不行！我不能侵犯監香老師職權啊！今天的小參你得要跟監香老師談，不能找我，我不能違規**。」眞的好苦欸！特別是有的人已經眼淚都掉下來了。

你看到兒子掉眼淚、女兒掉眼淚，心裡不苦嗎？當然苦啊！但是不能違背規矩。所以主持禪三苦，而且得要熬夜，睡眠老是不夠，現在又上了年紀，怕血壓太高，真的沒辦法！所以寧可說法，不要主三。以前人家叫我：「阿叔！阿叔！」我都覺得還好，現在都叫我：「阿伯！阿伯！。」（大眾笑…）越叫越老了，沒辦法像以前那樣陪著大家熬夜，沒辦法了，血壓一直往上竄。可是爲了要用人，也只好咬著牙根和大家一起撐四天三夜。人家說人生七十古來稀，我如今也七十了。可是有的人幫我潑冷水說：「您不能嫌辛苦，人生七十才開始。」唉呀！真是無所適從啊，只好繼續挨著主三吧！

現在回到這句「性本空」來談。剛才談到「無有性」，你說無有三界有的法性，所以法平等性一定是要有種種二界有，而且這個實相法也同時同處，而這實相法沒有三界有的法性，才能談「法平等性」。接著要來解釋這個「性本空」，這是《放光般若經》卷十八〈信本際品第八十〉說的：

【須菩提白佛言：「假令諸法性本空，眾生亦不可得，亦無有正法，亦不見非法，云何菩薩逮得薩云若慧事？」佛告須菩提言：「如是，如是！如汝所言，一切諸法性皆空。空法中，亦無有眾生，亦無有正法，亦無有非法。若諸法性不空者，菩薩不於空性中成阿耨多羅三耶三菩；爲空性說法，說五陰性空，是故菩薩行般若波羅蜜說五陰性空。」】

須菩提照例為眾生請問：「假使諸法的法性本來都是空，那麼眾生也不可得，也沒有正法，也看不見非法，那菩薩如何去證得大乘法中的智慧？」「薩云若」有時翻譯作「薩婆若」，就是大乘；有時翻作「摩訶衍」，同樣是大乘。這就是說，他為那一些凡夫從文字表義、語言表義上聽聞，所產生的錯覺的立場，來為眾生提問。因為很多眾生聽聞 佛說的般若以後，往往總是認為說：「原來佛說的就是一切法都空了。」都是這樣誤會。

不但一般眾生如是誤會，釋印順派下那些人不都是這樣誤會的嗎？好了，現在須菩提就站在他們的立場來看，然後再來提問。所以他們那些眾生站在自己凡夫的立場，聽到 佛說的般若聽不懂時，就誤會說：「眾生也不可得，一切法法性本來都是空，所以沒有正法也沒有非法，所以叫作一切法空。」釋印順就因為這樣把第二轉法輪判為「性空唯名」。意思是說：一切法其性本空，講來講去都是只有名相而已。就認為般若不過是阿含解脫道的另一種說法罷了，所以他這樣判般若系諸經中所說的道理。但「性空唯名」就等於戲論，就是無病呻吟；他的言外之意等於指責 世尊裝病來呻吟，是指責 世尊宣說的般若諸經都是戲論。所以我說他完全誤會了，他的看法跟凡夫眾生其實是一樣的，都是想一想就說懂般若了，所以當他把第二轉法輪判爲「性空唯名」時，其實是向眾生宣告：「我是一個凡夫。」只是印順派那些法師們不懂而已。

現在須菩提站在釋印順一類凡夫法師們的立場，來向 佛陀請問：「假使說的是諸法法性本來就是空，本來就是無常空，因此眾生也不可得，那就沒有正法，也看不見有非法可說了，這樣菩薩是要如何去證大乘法的智慧呢？」這在事相上是無法修的，因爲既然一切法空，那要怎麼樣證得大乘法的智慧？無從實證了。那他就是站在眾生不懂的立場來向 佛提出這個問題。佛當然知道他是爲眾生而問，因爲須菩提早就悟了，怎會不懂這道理？佛陀就告訴須菩提說：「正是你說的這樣子，正是你所說的這樣！一切諸法的法性都是空，可是在空這個法中，也沒有眾生，也沒有正法，也沒有非法。如果諸法的法性不空的話，那麼菩薩們就不能在空性中成就無上正等正覺，爲了這個空性而說法時，才說五陰的自性是緣起故空；由於這個緣故，菩薩行於智慧到彼岸時，說五陰的法性是空。」

我這樣語譯一遍以後，已經拿到金剛寶印的人一聽就懂了。那我們再來說說看，因爲不是每一個人都已經有金剛寶印了。佛陀告訴須菩提說：「如汝所言，一切諸法性皆空。」很多人都錯解這個意思，應該這麼說才對：「就像你所說的一樣，一切諸法的法性其實都是空性，沒有一法不是空性。」譬如一面明鏡，明鏡中有很多影像，鏡中的影像，每一個影像全部都是明鏡所有；既然影像是明鏡的一部分，你不能說那影像不屬於明鏡。意思是說，五陰只是明鏡如來藏中的一部分，就不能說五陰不是如來藏（當然五陰也不等於如來藏，所以非一亦非異）。鏡子存在的目的是什麼？就是爲了顯示影像。眞如「**無名相法**」存在的目的是什麼？是讓眾生有永遠用不完的五陰。所以五陰本來就是眞如中的一部分，五陰怎麼可以說不是眞如？從眞如本身來看五蘊時，當然五蘊就是眞如；可是你單從五蘊來看五蘊時，五蘊卻是生滅法，不能說是眞如。這叫作法無定法。所以當你實證了般若以後，東說也通、西說也通、南說也通、北說也通，不但如此，上通下通都由著你說，因爲你是從不同層面來說。

「**一切諸法法性都是空性**」，因爲一切諸法：你的五蘊諸法，十二處諸法，六入、十八界諸法，乃至再衍生出來的無量無邊法，莫非是空性。假使不是空性就不會有這一切諸法，有人也許想：「眞的嗎？我不太相信，例如我是個花道專家，我很會插花；插花時，我這樣構思出來，或者我那樣構思出來，每天插不同的花，難道插花這一些法也都是眞如的法性嗎？」我告訴你：「就是。」因爲插花這些法是由眞如輾轉出生的，如果不是出生了你這個五陰、十八界，你連看都看不見，你連知都不能知，要怎麼樣去構思說：「我今天要怎麼樣插花。」而你今天構思一個很獨特、很有風格的花藝出來，結果還是你的意識構思出來的，但你意識在運作時的一切功能差別全都是眞如心供應給你的，那你說插花這個法是不是眞如？還是要攝歸眞如。

也許有人又想：「那你說的都是自己身心裡的事，我來講一個身心外的事，看你有沒有辦法講得通？」於是提出來：「那我請問，我們每天在人間來來去去、吃喝拉撒作很多事情，都要有人間各種物資，這些物資難道也是眞如中的法嗎？」我告訴你：「它還是。」因爲如果不是每一個眾生有八識心王在這邊運作，就不會有那一些物資存在，包括所有原料都如此。然後，由原料去採集出來製成各種物資，那些原料是哪裡來的？要從泥土中去挖。但這些原料存在泥土中，是因爲眾生八識心王的運作所以需要這些物質，於是如來藏共同變生出這些物質成爲原料，然後大家去發掘，才有這些原料可用也有那些原料可用，才能拿來製成很多物資。物資製造多了就有人開始設計、開始組合，又再次的製造，於是有飛機、汽車……等。推究到最後的結果，都是從眞如空性而來。假使沒有眞如空性心，這一切都不可能存在，那你說有哪一法不從眞如而來？所以「**一切法的法性皆空**」。但這個空不是指空無，而是「空性」。

世尊先把這一句的前提說了，接著說：「**空法中，**」（現在不談被生的一切法，現在轉到空法了，是轉到空性這個法來說了），「**空法之中也沒有眾生，也沒有正法，也沒有非法。**」也就是說，從空性這個法本身來說，不談祂所生的一切諸法，「**在空性這個法本身之境界中沒有眾生，沒有正法，也沒有非法。**」當你證得如來藏時，看如來藏本身的境界中沒有這一些法，當然全部都不存在，眞的叫作「一切法空」。這時你又可以說「一切法空」了，印順不能來跟你抗議。

因爲你這時說的「一切法空」是指眞如心本身——是空性本身，但印順講的是現象界一切生滅諸法的「一切法空」，那根本不一樣。就好像一句俗話笑人家說：「他只要看見兩個輪子的就說全部都一樣是自行車。」但一個是腳踏車，一個是五百西西的 BMW 摩托車或是哈雷摩托車，同樣是兩個輪子，但一樣不一樣？根本就不一樣，不能相提並論的。所以不能看到「一切法空」四字時就說：「那你講的還不跟我講的一樣？」「就是不一樣！我講的『一切法空』是眞如本身含攝一切法，你講的『一切法空』明明就不空，全都是三界有；你成日裡口中說空，但一切行都落在有中。」這就是釋印順的寫照。當你從眞如本身來看時，沒有一切法可說，所以眞如空性本身中沒有眾生、沒有正法、也沒有非法。

接著 世尊就說：「如果諸法的法性不空的話，」也就是說各類諸法的法性如果是眞實而常住的，「那麼菩薩就沒有辦法在空性中成就無上正等正覺；」因爲既然諸法都是常住的，怎麼還可能再去尋覓那個空性「無名相法」呢？既不能證得「無名相法」時，又如何成就無上正等正覺？所以一定是一切諸法無常皆空，然後菩薩由這裡來觀察說：「爲什麼一切諸法都會無常皆空？既然無常皆空爲什麼又會有一世又一世不斷有一切諸法現前？然後不斷現前毀壞、現前毀壞就這樣輪轉生死？一定背後有一個空性。祂不是三界有，所以祂是空性。」那這個空性出生一切諸法，而一切諸法全都無常而歸於空性；正因爲「一切諸法性皆空」，所以菩薩才能於空性中成就無上正等正覺。

明心就是第一次成就無上正等正覺，這是從理上說而不是究竟說。爲什麼開悟明心、智慧發起而不退轉時，就叫作「無上正等正覺」？因爲開悟明心這個法是無上之法，三界中沒有任何一法可以和明心這個法相提並論，所以無上。且不說三界，就說出三界法、出世間法好了，比如二乘菩提，二乘菩提等一切法中也沒有任何一法可以和開悟明心這個法相提並論。剛才經文也說過了：「異生聖者俱不能行，非彼境故。」連二乘聖者的智慧都無法在這法義上面運轉，那你說，還有什麼法可以跟開悟明心這個法相提並論呢？當然沒有！所以這是無上之法。

那爲什麼稱爲「正等」？因爲祂是眞正實證之法，而且所有人之所有實證，都不能外於這個範圍，而這個法函蓋所有一切法，無一法不包，所以叫作「正等」。如果有人實證是可以超出這個範圍之外的，那你所證的這個法就不叫作正等，因爲他所證的法是超出你所證這法的範圍以外。但不管誰所證的法界實相所謂的眞如，都不可能超脫於這個範圍，永遠都是這個「無名相法」，或是悟錯了而在祂所函蓋的一切法之中，永遠不可能超脫於這個範圍之外，所以叫作「正等」。

既然是無上的，也是正等的，這樣的覺悟當然是正確的覺悟，所以是正等正覺。我們所證正是如此，合該名爲正覺。可是我們名爲正覺同修會，其實是因禍得福，因爲我們同修會本來的名字用得很客氣、很內斂，我們以前叫作「內明同修會」，不敢稱爲正覺，我們只說是內明。因爲是眾生的自內法我們已經明白了，所以稱爲「內明」。內明是五明之一。可是內明共修會成立以後，都被別人獨自運作，我們都無法插手，所以大家說：「**那就離開吧，離開以後要成立一個同修會時該叫什麼名字？**」有人說：「**正覺！正覺最好了！**」我那時也沒想說到底用什麼名稱？那時我一聽就說：「好啦！好啦！你們說了就算，**那就用正覺**。」就這樣去市政府登記，那時好像是游老師去辦登記的，就這樣辦出來，沒想到正覺是最好的名字。

因爲以前我們不敢用，覺得我們有這資格嗎？那現在看來還眞的有資格，因爲我們弘揚的這法是無上之法、是正等之法，當然可以叫作正覺同修會，所以現在「正覺」變成金字招牌。我們沒想要建立名牌，沒想到現在變名牌了，現在有人說我們是第五大山頭：「唉喲！正覺這麼厲害！」可是我回答說：「**怎麼說我們是第五大山頭？我們是第一大山頭！**」（大眾笑…）因爲我們是「無上正等正覺」，我們法大啊！既然是正覺，當然是第一大山頭，怎麼會變第五？他們聽了有點不好意思，但我說的是實話。當然，這只是開個玩笑，我們什麼都不爭，爭什麼第一呢？

但因爲這個「**無名相法**」實證之後，你會發覺所生的諸法一定是緣生緣滅其性是空，正因爲如此，所以菩薩才能探究到背後的眞如，於是證得這個空性，才能在空性之中成就無上正等正覺。可是既然成就無上正等正覺，爲什麼跟二乘法一樣又來說五陰性空？因爲五陰的法性本來就是空，五陰無常無我，苦故無我，所以五陰的法性當然是空。那麼菩薩證得這個無上正等正覺，其實就是爲了要告訴大家第八識空性；是爲了演說空性這個法，所以來說五陰性空。

菩薩正因爲這樣，所以，菩薩的心運行在智慧到彼岸之中來說明五陰性空。可是五陰性空，「**無名相法**」就不是性空嗎？一樣性空。**無名相法**的法性空無形色，當然也是性空，但是性空同時也要叫祂作「空性」，因爲空而有性，不是空而無性。這樣講解後就瞭解「性本空」的道理。因爲這個性空不是修行以後才變成性空，而是祂本來就性空；可是祂空而有性，所以經中又說祂叫作空性，才會說是「爲空性說法」。既然空而有性，表示空不是無性；既然是空而有性，這個空一定是心，不可能是緣起性空那個空。所以這空性是空而有性，但是祂這個空不是修行而變空，是本來其性就空，不是修行而成的。今天講到這裡。

《佛藏經》上一回講到「無有性，性本空」，那麼今天要從下句開始：「能降伏魔」。「降伏魔」這三個字讓我們很容易想起一般學佛人說的「魔考」，關於魔考，不曉得有沒有人眞的遇見魔考？大部分都是自己誤會。其實天魔來考人的機會很難得，想得還不一定有。一般來說，其實都是自己五陰在搞鬼，那魔不是外來的，叫作「五陰魔」，不是天魔來考。關於五陰魔其實不能叫作魔，都是自己胡思亂想以及誤會了所以叫作魔。那麼五陰魔：色、受、想、行、識，每一陰各有十種魔，其實是同一種魔。那魔境其實不叫作魔，就是自己胡思亂想，自以爲是，所以產生各種狀況，所以「能降伏魔」所說的「能降伏」一定是有原因的。一般所謂的降伏其實也不是眞正的降伏，只是一個壓制或者抵抗，是作協調之後和平共存，沒有眞的降伏。

那我們先來談談魔到底有幾種？受菩薩戒時，常說受了菩薩戒以後就「**過度四魔**」，也可以減少三大劫無量生死。四魔表示魔有四種，最基本的其實就是「五陰魔」，然後是「生死魔、煩惱魔」，最後一個才說「天魔」。五陰的每一陰都各有不同狀況會出現，在什麼時候呢？在你修證佛法的過程之中就會出現。但這五陰各有十種狀況，所以產生五十種狀況，學人因爲對於那些狀況的本質沒有如實理解，因此以爲那樣就是證得聖境，就被錯誤的認知所牽引，接著產生了自以爲是的狀況，然後就是自以爲證得聖人的境界，隨後開始自己想了認爲怎麼樣是對的，他就去作了，因此一步一步走入外道法中。關於五十陰魔的事，因爲我們在《楞嚴經講記》中也講得很清楚，這裡就不需要再重複，有興趣的人可以請《楞嚴經講記》自己去讀。

「**能降伏魔**」是因爲「**無名相法**」第八識有功德，祂的威神之力可以降伏魔。但不是由「**無名相法**」眞如心來替你降魔，而是你證得「**無名相法**」眞如心以後，你產生了智慧，用那個智慧來**降伏五陰**的各種境界，而瞭解那一些都只是一種暫時而有的境界，並不是眞正的諸地菩薩聖者境界。也就是說你從「無名相法、無分別法」的實際理地，從祂的本來自性清淨涅槃狀況，來觀察到祂確實是眞也是如；然後你由這樣而產生的智慧，可以觀察到五陰每一陰的各十種狀況全都只是三界中法，最後仍以你的無生法忍作爲依歸，所以你不會被那五十種陰魔境界所迷幻；不被迷幻就能以那個境界作爲一個體驗，而不必當作是眞正的實證；接著你在修行的路上繼續往前邁進，就不會有任何的問題。

所以能降伏五十陰魔不是小事情，因爲降伏五陰魔是入地以後的事了。所以想要遇見五陰魔的境界還不太容易，但是那些境界不一定都是魔境。絕大多數也眞的不是魔境，而是因爲自己的錯誤認知，執以爲實，所以就產生了問題。但是如果你有無生法忍的智慧，用這個智慧來比對那些狀況，加以檢驗、分析、思惟，最後你作出正確的抉擇，那麼五十陰魔的境界對你就無可奈何。但這無生法忍的智慧卻是從很久以前證得「無名相法」而來的。所以這「無名相法」可以讓你來降伏五陰魔。

那麼接著說「煩惱魔」吧。煩惱其實也不是魔，煩惱其實只是自己的無明。那就看是什麼無明？修學佛法最基本、也是首先必須要面對的就是見惑與思惑，也就是我見的煩惱以及我執、我所執的煩惱，這是所有的學人——不管他學的是三乘菩提中的哪一種——一旦想要如實修證，首先面對的就是這個見惑與思惑煩惱。而這煩惱不過是對於五陰的全部，或者對其中的局部或少部分究竟眞實，或者究竟虛妄，有沒有具足的觀察，有沒有具足的了知。能具足觀察、具足了知全部都虛妄以後，他就是斷了我見，煩惱魔中的第一個部分就斷除了。

斷除之後接著就是我所的煩惱，我所的煩惱分爲外我所、內我所。「外我所」是對自己一世所擁有的財、色、名、食、睡能不能捨，這是外我所的煩惱；這煩惱不能斷除就稱爲煩惱魔，因爲被它牽著走了。內我所的煩惱能抑制或者能捨離，也就是內我所的煩惱捨離了。在末法時代這二十幾年來，我們可以看見的臺灣許多學佛人，他們對外我所眞的可以放下，雖然不是眞正的捨離，但至少可以放下。但放下以後卻是一天到晚跟正覺同修會爭執說：「**我們離念靈知就是眞如佛性，離念靈知是沒有執著的。**」這就是內我所的執著。因爲他們不懂離念靈知只是五陰所攝的心所法。這離念靈知存在時就是五受陰，依於五受陰和心所法的運作所以產生離念的境界，但它連六識心都不是，只是六識心離念的知覺而已，所以我說它是內我所，尚且不是五陰。

那麼這邪見不能捨離，就表示他在見解上對內我所無法捨離。這內我所無法捨離，雖然已經捨離了外我所，結果我見還是無法斷除，這是很可惜的事情。直到我們正覺開始弘法以後，不斷地從各個層面來提出，來討論、分析、辨正，終於臺灣佛教界現在沒有人再主張離念靈知就是眞如佛性了。臺灣的學佛人改變之後，漸漸地大陸的學佛人也開始跟著改變，不再像以前那樣不斷地堅持說：「離念靈知就是眞如佛性。」那麼這內我所，有的人在見解上開始捨離，有的人還無法捨離，還在掙扎中；其實都同樣落在煩惱魔的境界中，這屬於見惑。這是聲聞法中初果人見道之所斷。

而眞實見道的人，雖然見地上離開了內我所，可是內我所的執著依舊存在——對五受陰的自己依舊是執著。但這屬於聲聞法中悟後修道的事，他要透過思惟觀行才可以斷除，所以又名思惑。這其中的內涵蠻多的，我們不必在這裡講，因爲《阿含正義》已經講了不少。雖然說《阿含正義》只是提綱挈領來講，也沒有具足講到八十一品無明，但因爲在正覺中學法的人算是比較利根的，不必一一細說，舉一而反三自然可以漸次斷除。如果要一一講到八十一品的思惑煩惱，統統講完然後具足觀行而斷除，那已經是鈍根人，表示他根性很遲鈍。

這見惑、思惑也是煩惱，但仍然是跟自己的外我所、內我所以及五陰的執著或見解有關；可是煩惱魔不只如此，因爲都還有習氣的種子需要斷除，這也是煩惱。所以入地一直到七地滿心前，都會跟這個煩惱魔相應，是因爲習氣種子的問題。也許有人想：「**那八地起沒有煩惱魔了。**」是的，八地起沒有煩惱魔，因爲那不能叫作魔，那是無始無明相應的法；而且八地起全部都是「上煩惱」，不是見惑、思惑這種「下煩惱」；也不是思惑相應的習氣種子「下煩惱」。既然稱爲「上煩惱」表示它不是魔，因爲它不障礙任何人流轉或出離三界生死。因爲無始無明上煩惱只會障礙成佛，不障礙人流轉或解脫生死，所以它不會使人們因爲這個上煩惱沒有斷盡就繼續沉淪生死，因此說那不是魔。煩惱魔只能說到跟煩惱障相應的部分，也就是見惑與思惑；然後就是三界愛的習氣種子，這才能稱爲煩惱魔。而這個習氣種子煩惱魔直到七地滿心時才會究竟斷盡。

接著有問題了，爲什麼說證得這「無名相法」眞心如來藏就可以降伏魔？這跟煩惱魔有什麼關係？當然是有關係，比如說《阿含經》中說有的人因外有煩惱，有的人因內有煩惱，或者說「因外有恐怖，因內有恐怖」，這就是說凡夫眾生們，對外法五陰以及五陰所擁有的內我所、外我所有執著，因此聽聞到佛法中說：五陰的每一陰全部虛妄不實，全部無我而無眞實我。因此心中恐怖，對於外法五陰將來解脫時必須要滅除的事，他心中覺得有所恐怖，恐怕落入斷滅空中，這就稱爲「因外有恐怖」——因於這個外法五陰必須壞滅而產生的恐怖之心，所以他不敢斷除我見與我執。如果你已經證得「無名相法」眞如心，就會觀察到說，你的這個五陰全部都從「無名相法」中出生，而「無名相法」如來藏常住不壞，才是你眞實的自我，這才能叫作我，而五陰是無常故無我的。這樣子就可以降伏這個煩惱魔——煩惱魔中的見惑。

那麼這樣降伏以後接著繼續進修，也許往昔多劫以來對五陰的執著習氣很深重，一時難以斷除，那也沒關係；經過一個晚上，在山洞中、樹下坐，閑靜之處內自思惟，然後一個晚上把我執滅除了，於是第二天成爲阿羅漢。因爲這樣的緣故他就降伏了思惑這個煩惱魔，那他是從證得**無名相法**而作觀察比對，得到這樣的智慧，所以把這個煩惱魔滅除。至於入地之後他要滅除三界愛相應的習氣種子，而這個習氣種子的滅除依舊要依憑「**無名相法**」才能斷除；如果沒有證這個「**無名相法**」，連斷除我見都難，更何況能斷除習氣種子。所以這個煩惱魔的斷除還是要依「**無名相法**」，只有依「**無名相法**」才能眞的降伏這個煩惱魔。

「**因外有恐怖**」的人，由於實證了內法如來藏「**無名相法**」，所以他能「**降伏魔**」。可是有的人「**因內有恐怖**」，《阿含經》說：「**雖然身內有這個內法，而我不能證得。**」所以他心中恐怖，不敢斷除我執，導致我見過一段時間以後又復生起。這表示他的信根雖然發起了，可是他還沒有信力，他的信有根而無力，所以即使　佛陀已經說過有內法如來藏，有這個內法本識能生名色，但他心中信不過，還在懷疑。他得要親自實證以後才能相信。那麼這樣的人到底好不好？到底好不好？（有人答話，聽不清楚）不好？有沒有人說好？請舉手！有，不錯。但兩個說法都「對」，我不要說都是「錯」，這樣比較圓滿一點。

先來說「不好」，「不好」是爲什麼不好？因爲他要證聲聞果很困難，根本沒機會；但沒機會證聲聞果就有個好處，他會繼續輪迴生死，將來成爲菩薩，那就是「好」。所以每一個事情有兩面，不能單看一面，因爲他信不過，就只好繼續在初住位中繼續修學，修學到後來他把布施度完成時，他的信力就起來了，這時不再只有信根。當他有信力時就願意努力去修行，持戒也沒問題，不再害怕。以前聽到受戒時心中都會想：「**這個也不行，那個也不行，那我會多痛苦？我什麼都被綁死了。**」可是這時他不怕了，願意去受戒，努力精進修行，於是不再只有信力，於是精進力、念力、慧力、定力都開始出現了，最後他就來到第六住位熏習般若。有一天終於實證了，再也不會去當聲聞人，所以若從實證聲聞果上來講是不好的。

「**因內有恐怖**」是不好的，他信不過，他得要親自實證才能信；從聲聞果的實證來講不好，可是從菩薩道來講是「好」，讓他慢慢輪迴生死有什麼關係？一般人都說：「**我要趕快實證。**」那就正好讓印順罵對了：「**急證精神的復活。**」可是反過來看，釋印順他自己是什麼？是「不證菩提的凡夫」。

這樣倒也好，他死後去領受謗佛謗法的惡報完了以後，未來幾百劫、幾千劫後回來人間時，就會乖乖學佛了。這至少比讓他證阿羅漢果入涅槃要好，雖然他要受很多苦，但那也是必經的過程，焉知我們每一個人過往無量世沒有經歷他這種過程，都是正常的事。所以沒有誰可以自命清高，在佛法中大家都一樣，該犯的過失大概都犯過才會進到正覺來，以後就不再犯了。這都是正常的事情。等你們未來有如夢觀時，看見往世某一些事情就說：「原來我以前幹過這種見不得人的事。」也是正常的，每一個人都曾經歷這個過程。

這就是說他「因內有恐怖」，心想：「雖然有這個常住本住的眞實法，而我不能證得，所以我心中有恐怖。」這是說：「世尊告訴我有這個法常住，我可以滅掉五蘊外法而不是斷滅空；但究竟是眞的或是假的？我不能證得就無法證明眞假，就有煩惱，心中就有恐怖。所以我不敢斷我見，我不敢斷我執。」這倒也好，他就以後慢慢去當菩薩，但他永遠成不了聲聞人，自然也是好的。這種多疑的人有沒有？有啦！祖師堂 克勤大師那個手刀就是砍那種人用的，他砍的就是這種多疑的人。

這種多疑的人不會入涅槃去的，因爲他這個人「因內有恐怖」。雖然如此，他將來一定會走上佛菩提道；等他將來實證了以後，「因外有恐怖」的事情就與他無關，「因內有恐怖」的事情也與他無關，因爲他實證了這個「無名相法」，所以見惑煩惱、思惑煩惱、習氣種子煩惱，對他而言不再罣礙。他當然知道：「我現在是證悟實相了，可是我還有很多的習氣種子。斷習氣種子的事情不急，我家裡深愛的老婆還要繼續愛，我寵愛的孫子還要繼續寵，我心愛的父母也得繼續愛，每天好好供養。因爲我不是要當阿羅漢，當了阿羅漢也不是完全無情啊！」所以他就一步一步慢慢地走。反正如果想要在七住位中待一大劫也行，我們也只能隨喜。

你可不能說：「你在七住位好幾世了，爲什麼還在這當中？」你不能這樣責備人，因爲正常的菩薩道，從初住位到第三十心的第十迴向位，就是要一大無量數劫。如果他悟了以後，在第七住位待個一大劫也不爲過。有過失嗎？沒過失啊！不是每一個人都像諸位這麼精進的，你要想一想：如果他們每一位，從初住位到十迴向位，總共三十位之中，每一位都待一劫，不過三十大劫就過完第一大阿僧祇劫了，這不夠快啊？夠快了！所以不要常常罵人：「他悟了老是在那裡原地踏步，他是要整整一大劫才能過完第七住位嗎？」但我告訴你，這也算是很快了，他已經是化長劫入短劫了！三十大劫就能完成第一大阿僧祇劫，還不夠好啊？已經很好了，對不對？回頭想一想說：「**我自己有沒有辦法一大劫過完第七住位？**」心中先對自己秤一秤，先掂掂看有多少成功的可能，這樣看來也就不必一天到晚責備別人說：「**你老在第七住位原地踏步。**」因爲這三十心的過程都不容易過。

想想看，假使這一世從初住位過完又到第十住位眼見佛性，這是一大阿僧祇劫的三分之一，你叫會外一般學佛人能想像嗎？不敢想像啦！但是諸位聽到我這麼說時就想：「**那我大概在第七住位可以待上十劫、二三十劫。**」也不用這樣想，你應該換一個念頭：「**爲什麼人家讀到正覺的書，讀那麼多了還走不進正覺講堂來，爲什麼我才剛讀完一本馬上就進來？**」這表示什麼？表示你已經學過很多很多劫了；那些走不進來的人，他們得要繼續在外面逛，這是正常的事。所以也不要抱怨說：「**唉呀！我進同修會明心十年了，到現在眼見佛性這一關都還沒有消息。**」也不用這樣想。只要你依止這個「**無名相法**」按部就班去走，因緣成熟時就是那四個字——水到渠成。想要勉強還眞勉強不來。

所以早期有些同修們想：「我已經悟了，現在就跟蕭老師您的證量一樣了。」我就說：「你不錯啦！你有雄心壯志，我們這個法就不怕後繼無人。」但實際上卻不是那麼一回事。我從來沒有抗拒人家那樣想，我是到後來才開始開導說：「不要那樣想。」後來禪三結束我都會說：「你雖然開悟了，你的親教師也開悟了，但你不可能追得上你的親教師。」我是後來才這樣講。可是早期人家說他跟我一樣時，我都會接受。眞的好奇怪，我這個人腦袋好像有問題；一般人不會這樣想，一般人會說：「你是我拉上來的，你來跟我比什麼？」但我沒有這樣想過。我以前想的是：「如果有人比我更好，我就輕鬆了，可以歸隱山林去也。」我在家鄉買了兩塊地，那都是可以蓋二樓住宅的；有一塊是住宅區用地，有一塊是農地。但那農地現在報銷了，因爲被蘇嘉全競選的事一搞，現在農地都不能蓋農舍用了。以前是超過八百五十坪就可以申請蓋二層農舍，那是題外話——廢話。

意思就是說，在佛菩提道中不是只有無始無明的事，在佛菩提道中仍然有煩惱魔你必須要對治。因爲佛菩提道含攝二乘菩提斷除三界愛的現行，並且還含攝二乘菩提所不能斷的三界愛習氣種子現行，所以這煩惱魔也跟「無名相法」有關。因爲佛菩提道的實證就是這個「無名相法」如來藏，又叫作「金剛經」，又叫作「妙法蓮華經」。爲什麼能對治這個煩惱魔？因爲不論外我所煩惱、內我所煩惱，或是見惑、思惑煩惱，或者煩惱障所攝的習氣種子煩惱，都在遇到這個「無名相法」時就會漸漸冰消瓦解。只要依這個「無名相法」繼續修行，依止於祂，一定可以讓你到達最後究竟成佛。而且成佛之後，盡未來際所示現的每一尊佛，佛壽都是無量的。

所以你從這個現觀，或者從聖教量上去作觀行、去作思惟，最後你產生了一個抉擇：「不論什麼煩惱都到達不了『無名相法』的境界；『無名相法』中沒有任何煩惱可言，雖然我有煩惱，這是我應該修行的事，與『無名相法』是無關的，那我就依於這個『無名相法』好好修行，把這一些煩惱斷除，包括煩惱障的習氣種子也一一斷除，最後依舊是這個『無名相法』。既然我要轉依的是這個『無名相法』，而『無名相法』的境界中沒有任何煩惱可說，所以煩惱魔到不了『無名相法』的境界，當然就可以依『無名相法』來斷除這個煩惱，最後完全斷除而不再現起。」

現在講過「五陰魔」「煩惱魔」兩個，再來說「死魔」。死魔是一切三界有情都逃不過的，可是菩薩很奇怪，菩薩們明明有死卻說無死，明明還在生死卻說：「我沒有生死。」死魔也奈何不了菩薩。好奇怪，因爲所謂的死魔，是說現象界中有情的五陰有生必有死，這是一切有情都無法超越的現實。不管是欲界的五陰、色界的五陰、無色界的四陰，全都免不了一死。所以世俗老人家看多了以後也會這麼說：「**有生則必有死。**」然後自我寬心：「**我也七老八十了，活夠了。**」所以看開了，隨時準備著接受死亡。可是看不開的人——沒有世間智慧的人，他不但把自己五陰抓得牢牢的，還要把外我所，特別是他所珍愛或者他收藏的寶貝，或者說他最珍愛的眷屬，全都抓得牢牢地不肯放手。所以那個老人臨死時，家屬的手都被抓到瘀青，因爲那老人抓得很牢啊，又不敢去動他的手，因爲那不是孝順的作法；只好等到他完全靜止了，然後一個手指一個手指慢慢去扳開。

這表示，他對死非常非常恐怖。他認爲死就是一切別離，對於自己這個五陰的愛別離倒沒有警覺，他警覺的是：「**我親愛的眷屬都要離別，我最喜歡的所有寶物都要離別了。**」他都落在外我所上面，眞的沒辦法！雖然他怕死，可是不怕也得死，怕也得死，所以到底自己將來走人時，是要平靜地走、快樂地走，還是恐懼地走、痛苦地走？或者灑脫地走說：「莎喲娜啦！」對啊！我們臺中詹欣德師兄就是這樣輕鬆走的，他都已經走了十幾年；如果投胎再來，現在想來也應該十幾歲了。他躺在床上該走時剩下最後一口氣時，舉起手來揮一揮說：「再見、再見。」然後垂下去就走了，很灑脫。因爲他知道來世還會再見，所以就跟大眾說再見，菩薩本來就應該這樣。

所以說，對於死無恐怖一定有原因，是因爲他把死魔降伏了。死魔是在自己心中不在外面，因爲死不是誰給你的，天魔也不能給你死，煩惱魔也不能給你死；而且說句白一點——煩惱魔是給你求生之欲而不是給你死。不管是我見煩惱、我執煩惱，或者習氣種子煩惱，都是給人們想要長生的；可是有生必有死，這個死魔會跟著生一起來；就好像《大般涅槃經》講的功德天跟黑暗女，兩人是一體的兩面；你把功德天迎請進來，黑暗女就會跟隨進來。所以說「有智之人二俱不受」。有智慧的人說：「黑暗女我不要了，連功德天也不要，因爲妳們是一體的兩面。這兩姊妹是分不開的，所以我都不要。」省事多了。意思就是說，凡是有生皆必有死。

這樣看來好像死魔誰都逃不過，因爲單從表相來看，究竟解脫的諸佛來人間八相成道，示現過了還是得要示現滅度，看來應身佛一樣會死的。可是實際上不一樣，因爲都度過兩種死了：第一種死叫作「分段死」，第二種死最難斷，叫作「變易死」。分段死容易斷，只要你具足聲聞性，煩惱也少，又遇到眞正的善知識，分段死這個死魔的降伏可以一世成辦，並不爲難；但因爲你是菩薩，不必急著越度死魔，只要能降伏就夠了。那麼降伏死魔是怎麼降伏的？先從現象界降伏，也就是對死魔的境界要能看清楚，到底死魔是怎麼來的？而死魔不是外來的，因爲我們有生才會有死；生是什麼生了？生不是一個眞實法，生一定是有個什麼生了，叫作五蘊生，正因爲五蘊出生了才會有後面的死。那這個死要怎麼超越？只要可以斷除我見以及思惑煩惱——把我執斷除，這兩個都斷除了，外我所、內我所的貪愛也全部斷除了，那麼三界中的分段生死你就超越了。超越了就是證得二乘菩提的無生。換句話說，下一世不再受生，所以叫作「**我生已盡、不受後有**」——永遠不再接受後有。這樣就是第一個層次的超越死魔，死魔奈何不了你了。

然而這只是超越了分段生死，既然咱們走的是成佛之道而不是羅漢道，那麼成佛之道還得進而斷除變易死；那變易死就有兩個函蓋的範圍：第一是說，過了分段生死以後，還有煩惱障的習氣種子存在，七地以下菩薩藉著這個煩惱障習氣種子，所以發了願繼續受生在人間；明知人間有苦卻也知道人間還是有一分樂，不如就苦中作樂繼續邁向佛地。這不是像臺南的度小月，因爲苦中作樂時，他有法樂無窮而不用度小月，日日是好日。雖然日日都作得很辛苦，雖然爲眾生不斷地作，沒得休息很辛苦，然而卻說：「**日日是好日**。」這樣從初地一直走到七地滿心時，把煩惱習氣種子斷除，這只是第一個部分的變易死斷除，因爲三界愛的習氣種子變異都滅盡了，不再有三界愛習氣種子的變異與更換。

可是初地開始還有一個是他同時要修的，就是無記法的種子異熟變異仍然要斷除，而這一些種子異熟變異性的斷除很困難，從初地斷習氣種子時就要開始分斷，一分又一分一一去斷除，一直到成佛；一切無關於善惡業行的種子，也就是無記性的異熟種子經由修行—無生法忍的修行—一直到成佛，成爲一切智者，一切種智具足了，這時種子不必再變異了，因爲三界法已經具足了知，所以種子不再變異，這樣才叫作「種子的變異」階段已經度過了，這就叫作「**度過變易死**」。這樣是超越了第二個死魔，究竟降伏。

可是去探究降伏分段生死這個死魔，以及去探究降伏變易生死這個死魔，所憑藉的是什麼？依舊是這個「無名相法」。假使沒有這個「無名相法」，別說什麼分段生死，連斷我見都不可能成功，何況能夠斷除分段生死？因爲「因內有恐怖」就導致「因外有恐怖」，所以 世尊破斥斷見外道說他們都不是阿羅漢。爲什麼破斥他們？理由是說：「既然你主張一切人死後斷滅空，至少會有兩個過失，第一、既然有此世出生了，而你主張沒有未來世，這就是無因生。可是無因不能生任何一法，任何諸法都不可能無因生，那你主張無因生，應該你這一世也不可能存在，因爲無因不能生諸法。可是你明明這一世存在，也現見每一個人這一世都存在，而且人之不同各如其面，心性不同各如其行，顯然不是無因而有這些差別，一定有往昔的原因。這些差別的存在，顯示原因就是往世的種子帶過來的，雖然你口口聲聲認定沒有未來世，死了就是解脫生死成爲阿羅漢，但問題是你死了以後沒有未來世，無有任何一法存在，這就是斷滅空。斷滅空不可能是解脫，這就是第二個過失。」

這兩個過失，斷見外道永遠逃不出來，所以說，所有斷見外道都會繼續輪迴生死，沒有一個斷見外道可以是阿羅漢。因爲那是邪見，我見沒斷以前我執就會繼續存在，無法解脫生死。而邪見依意識有，既不能超脫於識陰的範圍，顯然他會繼續輪迴生死，因爲他們的我見與我執決定斷不了。雖然他們口口聲聲說：「我不執著我自己，我死了就成爲斷滅空，這樣就算了。」可是他們這樣子死了以後，中陰身又會生起，到那時候才知道：「原來，我死了不是斷滅。」於是只好乖乖再去投胎。但是會去投什麼胎？驢胎馬腹中，不然就是豬狗之中去投胎，因爲他們的斷見誤導很多人去作更多的邪謬說法，那他們就不可能超越死魔。所以，超越死魔一定要依於正知正見，才有辦法把我見、我執滅除而得超越。

降伏第一個死魔叫作「分段生死」，然後依於無生法忍的修行再去降伏第二個死魔叫作「變易生死」。那麼這樣看來，死魔顯然不是外來的，也是因爲有五陰或者無色界的四陰，才會有死。正因爲這五陰或者無色界四陰出生，既然有生，將來一定有死。可是菩薩無妨在世世不斷的生死之中，卻自在於成佛之道；明知山有虎，偏向虎山行：明知不入無餘涅槃就是會繼續生死，又要遭遇生的痛苦，然後要遭遇老病死、求不得等苦，也要遭遇五陰熾盛之苦，於是最後仍然要跟死魔見面。可是每一世都跟死魔照面時卻無所謂，因爲：「我可以離開生死，而我故意來你死魔面前晃一晃。我每一世都來晃一晃，你也奈何不了我。」菩薩就是這樣子。其實死魔存在嗎？不存在。是因爲這個五陰有生則必有死，所以施設它叫作魔，其實沒有一個叫作死魔的有情存在。

那最後一個叫作「天魔」。「降伏魔」，尤其降伏天魔並不容易。因爲對一般學佛人來說，連見都見不著，何況能降伏他。我以前也講過一個比喻，說天魔就好像一個大富長者，買了一大片平原山林數萬公頃，然後就這樣圈起來，讓牛羊等動物在其中生活；這些牛羊終其一生都不會走到最邊界，因爲邊界沒什麼好吃的，生活不易，最好的都在中央這個部分，而且四周都是高山峻嶺；其中有清甜的流水，豐盛的青草，茂密的樹林長了許多香甜的水果。但是邊界峻嶺外是光禿禿的荒原，沒什麼可愛的地方，所以大家都在這裡生活，都在其中繼續繁殖後代。繁殖後代其實也是以後讓自己可以再來投胎，因爲如果沒有後代就沒有辦法投胎了，所以繁殖後代也是爲牠們自己。

大富長者就是這樣不會來接觸這些動物，而動物們也不會想要超脫這個範圍。那你想，這個大富長者會去管你、會來給你考驗嗎？一定不會的！一直到其中某一頭羊、某一條牛、某一匹馬想清楚了：「不行！我不能在其中輪迴生死，我一定要超脫。」於是牠開始探索怎麼樣可以超脫這個範圍。那三界中最有趣的是哪裡？是人間。到欲界天時欲就淡薄一點，到色界天就沒有欲了。對一般人而言是有一點無趣了，那如果到無色界天，連人都沒有，只剩下心—受想行識—存在，也沒有辦法跟人家互相往來，那更無趣，所以一般人不會想要出三界的境界。

就好像中央潺潺流水，水草豐盛果實豐足好生活，這譬如欲界；如果到外面一點，只剩下樹葉可以啃，譬如色界；再外面去就剩下沙子石頭，譬如無色界，沒什麼人愛去，除非有心要超脫那個環境。現在，終於有一隻領頭羊：「我就不當領頭羊了，你們要怎麼樣生活就讓你們自己選領頭去，我要出離這山谷。」所以牠往最沒趣的地方一直走、一直走，當牠到了欲界邊界時，以牠的能力已經可以超過峻嶺了，就能看見解脫的境界了，那大富長者要不要管牠？要了：「怎麼可以讓你出去。」大富長者這時候才會出現。所以其中所有的牛羊馬匹等都不會見到大富長者，道理是相同的。

那天魔管的是什麼？管的是欲界，他管的是他化自在天以下，包括人間、三惡道，當大家都在這當中輪迴生死，娶妻生子，奮鬥事業、博取名聲等，甚至有的人想：「我要加上行善、樂善好施，我要生天享福，因為我在人間大不了娶個一房二房三房，五、六、七房；就算當了皇帝，也不過一后二妃三宮六院七十二嬪妃，也不到兩百個女人。那不算什麼，聽說生到天上去有五百個天女奉侍我，各個都比我的皇后嬪妃等漂亮多了。而且每一個天女還有七個婢女，這太棒了，連皇帝都比不上，所以我要加修十善，我要生天享福。」那天魔管不管你？不管的：「你生天享福也好，更接近我。」只要你不超脫於他的境界，他才不管你。

但有的人，譬如那一隻羊，一直走到那個最邊界，看看說：「這邊什麼都沒有，最無趣了，這就是沒貪著者才能到的地方，就是沒有生死了。」那天魔也不管你，那譬如哪裡？剛才說是無色界啊！牠那裡也去不了，因為牠的能力也到不了那裡了。我們再換個譬喻吧，就好像他化自在天，都不必自己作什麼，想要什麼時，人家化樂天變了，他就把它拿來用。可是這樣不會覺得無趣嗎？很多事情都要自己動手才有趣，老是有人為你作得好好的，你不會覺得無趣嗎？所以有的人這樣也會反抗的，最後就發脾氣：「爸爸！您不要再來管我，我什麼都可以自己作。」結果爸爸還罵他：「你不識好人心。」原來他希望可以親自動手，這樣可以有成就感。

這一隻羊來到這個地方，譬如來到他化自在天時，牠想：「我再超越一點過去，好像什麼都沒有了，就好像是斷滅了，那我不可以過去。」他不曉得還要再過去，再過去以後牠就超越欲界了，但牠不知道，誤以爲是什麼都沒有了：「那裡沒得吃、沒得喝的，什麼都沒有。」牠不知道到了色界天本來就沒有什麼吃喝的，因爲都以禪悅爲食。牠想說：「再過去都沒得吃、沒得喝，那不行。」就停在那裡逛一逛又回來了。那大富長者也不會管牠啦。可是有一頭羊如果覺得說：「我想要翻過這個光禿禿的山頭。」牠就繼續翻過去，當牠翻到那個山頭到頂時，可是站不穩，這時有可能過去了，但是力氣又不很夠，又有一點回跌，就跌回來。那時大富長者也不會理牠。

可是如果牠眞的越過那個山頭，就開始走下去，這時大富長者就跑出來，在山頭想要再把牠拉回來，這時才會出現。也就是說：你超越欲界了，再也不想回頭了，天魔可受不了：「這個人又要離開我的掌管範圍，他一離開會不會影響很多人又離開？這可不得了！」他就來管了。可是他來管時能怎麼管？就好比說那一頭羊翻過那個光禿禿的山頭下去，大富長者要怎麼樣把牠拉回來？就拿最豐美的水草去引誘牠：「你看！這麼好吃，這些都可以給你。」通常就是：「你看！我帶來一頭母羊，好漂亮，你看牠好美好溫柔，你趕快回來！」（大眾爆笑……）但是能不能把牠引回來？不能了。因為牠已經看清楚了。如果在那邊爬著爬著老是爬不過去，有時又回頭望望：「這邊其實也不錯，我真的要過去涅槃那邊嗎？」那大富長者就不會理牠了，因為牠一定還會再回來。

所以當你初禪堅固，一次就全部過去時，天魔馬上就來了，很快的，一週之內一定會來，這才叫作天魔的考驗，才能稱為「魔考」。被考驗過的人聽到人間有誰說很美的女人：「那個明星多美、多美。」我說：「這有什麼美？」因為再美也美不過天魔的女兒，他那三個女兒真的好美；但是奇怪，天魔的女兒怎麼也會有白皮膚、黃皮膚、黑皮膚的？我也搞不懂。真的是美。可是自從看過以後，天下美女就看不進眼裡，因為都要看如來藏，一個一個有情的如來藏這才是最美。這意思就是什麼？是說：一般所謂的魔考其實都不是魔考，若是一般人，天魔才不理你。

他哪有時間理你？他每天在那邊享樂都嫌時間不夠了，哪有時間來管你、來考你什麼？你都還在欲界中貪著五欲，他才不會來管你。因為他很清楚知道：「你根本不會超脫於我的掌控之外，我愁什麼？」你儘管在那邊嚷嚷說：「我要離開天魔的境界了，我已經離開了。」他聽了只是笑一笑就算了，才不理會，因為末法時代那些大法師們所謂的離開天魔的境界，其實都還是欲界人間的境界，就像幾隻羊大嚷說已經離開那個水草豐盛的山谷了，大富長者知道了只是笑一笑，才不理牠。所以一般人說的魔考，不是魔考，是自己胡思亂想，然後鬼神來跟他搗蛋，哪裡是天魔？天魔在欲界中是鼎鼎尊貴的人，哪有隨隨便便示現的。這個就是說四魔中的天魔。

可是一般人能超越天魔境界其實不容易，只好把層次拉下來說鬼神魔的境界。鬼神魔可就多了，所以一般人都遇見一些——特別是喜歡打坐境界的人，如果有遇見了魔考都是鬼神的境界。可是鬼神能稱為天魔嗎？沒資格。鬼神就是鬼神，從魔的境界來看那些鬼神就像跳梁小丑，上不了檯面。而一般人所謂的學佛，就是修定、就是打坐，打坐是有境界之法，既是有境界之法，當某人打坐到一心不亂時，鬼神就有機會入侵，如果在散心位中會攀緣諸法，鬼神沒機會入侵；那麼他一心不亂時又偏愛境界，於是鬼神就來化現一些境界引誘。最常見的鬼神化現境界是什麼？是什麼？忘了嗎？最有名的啊！就是密宗假藏傳佛教的空行母。你們竟然把它忘了，那都是鬼神，於是就被鬼神牽著，最後死了就往生到羅刹國度去——密宗假藏傳佛教所謂的鳥金淨土，其實就是羅刹鬼國。但那一些都談不上天魔，只是鬼神境界。

鬼神的福報遠不如人類，雖然他們能變現成美女、變現成俊男等，可是他們正因爲沒有福報才會受生在鬼神道中；他們如果想要得到比較好的享受，就來干擾人間的修行人，才有機會領受到供養，所以就來搞鬼。可是如果你已經實證了「**無名相法**」，就會觀察這些所謂的法王、勇父、空行母，或是什麼天主，他們每一個人都不曾明心，他們完全都沒有般若，乃至完全不曾斷我見，你會看得很清楚。當你看得很清楚時，他們說了一些法義出來，聽了你可能會告訴他們說：「**好在你跟我講這些東西時，我不是正在吃飯。**」否則你是會噴飯的，因爲你已經看破他們的境界了。

他們的境界不過是世俗凡夫的境界，在這個「**無名相法**」面前，那些境界全部微不足道，於是你對於這個鬼神魔就可以一笑置之，連計較都懶。根本不想與他計較，因爲不值得你跟他談論。如果是天魔，沒什麼機會遇見，除非你證得這個「無名相法」之後，又發起初禪而超越欲界的境界，他才會再來想方設法把你拉回來；但你將是一去不回頭，他再也無可奈何你。這是說，在你剛剛離開他所管轄的欲界境界時，他會馬上來拉住你；可是他用來拉住你的只是五欲，所以釋提桓因打贏了阿修羅時怎麼綁他的？用五欲之繩繫縛他。問題是你已經超越五欲境界，那五欲之繩綁不到你；這時他用五欲之繩來綁你時綁得住嗎？當然沒用的，他只是徒勞其功。

也就是說，天魔這時才會出現。即使他眼看著五欲之繩綁不住你，再想要來跟你說法誤導你時，你用這個「無名相法」比對他所說的法，然後就一一把他辯駁回去。他會被你辯駁到無法回嘴，因爲他不知道你到底在說什麼；而你說得頭頭是道，又都有道理不可推翻；而他不懂你在說什麼？那你當然就能降伏天魔。這樣看來「五陰魔、死魔、煩惱魔、天魔」你全部都降伏了，就憑這「無名相法」如來藏，所以這「無名相法」「能降伏魔」。

有時禪師會說：「這一把利劍，猶如干將、莫邪一樣，斬一切法，剖一切命。」所以，有的禪師乾脆就說：「魔來魔斬，佛來佛斬。」聽過沒有？

都聽過嘛！但爲什麼？就像《般若經》說的：一切諸法，不能來到無名相法的境界，所以來到這個境界中，無佛也無魔；如果有人說他到了般若智慧境界中時卻還有佛有魔，那當然要佛來佛斬、魔來魔斬，所以說這一個法「能降伏魔」不是無因。那麼降伏煩惱當然更不用說了，即使有的人在善知識幫助下證得這個「無名相法」，但沒有事先仕次法上用功，所以他的般若實相智慧是無根而生——沒有根據，就沒有能力「降伏魔」。也就是說善知識直接白話告訴他，就是白吃而不必付出對價。

不必付代價的吃就是白吃，人家吃那一餐飯一定要付出七十元、一百元、兩百元，有對價的，但他吃的那一餐飯是善知識白送給他，他沒有付出對價，所以他不珍惜，也沒有證悟的實質；既沒有實質就是無根而得，因爲他沒有基礎，所以他那一棵小樹看來有幹有枝有莖有葉有花有果，可是沒幾天它就死掉了。根就是應該修的次法以及親自參禪的過程。他是人家從一棵大樹上連果實一起砍下來插在土裡送給他的，這樣的人表示應該要修的法沒有修，那個智慧《楞嚴經》中說爲乾慧。

乾慧有一個特性，就是不能用。譬如人家把稻米晒乾了給你，你沒有辦法立刻吃，還必須把皮去掉然後泡了水，再用水來煮過才能吃，道理是相同的。又譬如有人把稻米或者麥磨成粉，全乾的讓你吃，你也得要有口水潤滑，如果沒有口水時吞都無法吞，不要說消化它；乾慧就像這個意思，空有智慧的表相而沒有根基——沒有基礎的條件，那個智慧就不能產生作用，就無法把煩惱降伏，更別說「能降伏魔」。

再說「降伏煩惱」，煩惱依什麼而有？依五陰而有，可是「無名相法」中沒有五陰可說，當你依「無名相法」有根的實證而不是乾慧，那麼一定會發覺：成佛之道或者阿羅漢的解脫生死，其實都以這個「無名相法」作爲根源。如果不是以這「無名相法」作爲根源，根本不可能把煩惱降伏。因爲除掉「無名相法」時，五陰就是成爲無因生，也成爲無根而存，將成爲只有一世的存在；假使只有一世的存在而不是因爲往世的因緣再度受生來到這一世，那麼這個人這樣的認知就是邪見。由於這邪見的緣故他就敢造惡業，所以耶和華就大膽了：「這些異教徒不相信我，崇拜動物偶像，我就降下天火把他們燒掉。」耶和華自己造惡業，渾然不知有一個「無名相法」在記錄他的惡業。又看見那些異教徒：「他們不信我，我要把他們剪除，所以我降下

大水把他們都給淹死。」於是他淹死了多少人？不是只有人，還有很多畜生，還有很多泥巴中的生物，太多了！你看耶和華造了這個大惡業。但為什麼他敢這樣肆意而為？因為他只看到有這一世，沒有能力看到過去世。他不知道每一個有情都有過去的無量世，他連自己的上一世都不知道。

諸位有沒有想到一個問題：一個全能的神而不知道自己的上一世，那他是全能的嗎？他連宿命通都沒有，不知道有過去、現在、未來三世，而說這樣叫作全能？怪不得人間出了一個蕭平實對治他，他都不知道，懵然無覺，這樣的神可怕嗎？不可怕。你可不要說：「**他會降下大水淹死人，會降下大火燒死人呢。**」我告訴你：「**那叫作神話。**」別信啦！因為如果他有那個能力，表示他一定會看見自己的前世幹了什麼，他也一定會看見眾生上一世幹了什麼，那他就不會主張說有情都是他出生的，只有一世；然後又主張說：「**信我的，可以到我天堂來永生。**」因為既然可以去到下一世，顯然就是從前一世來的，而他連這個道理也不懂，顯然他沒有宿命通、也沒有天眼通；這兩通都沒有的人，會有大神通可以降天火、降大水嗎？不可能的，所以那個天火只是自然界的大火，只是自然界的大水，然後愚癡的人編造了神、創造了神，就說：「這是神降下來懲罰惡人，你們若是跟我同一陣線，相信我所說的這個神，那你們就不會遭遇這一些。」相信的人究竟是信神還是信那些編造神的人？有智慧的人想一想就通了。我說所謂的《舊約》或者是修改過的《新約》中有非常多的矛盾，但他們自己完全沒有知覺；愚癡的人，總統就職典禮時捧著《聖經》：「我發誓如何如何……。」（大眾爆笑…）那是無效的發誓，對人民發誓才有效。

這意思在告訴我們什麼？當你有這「無名相法」時，從這「無名相法」來看一切法界的任何事，連宗教上的煩惱都不會存在了；為什麼呢？因為你會發覺，什麼《標竿》、什麼《荒漠甘泉》講的就更微不足道了，因為連《舊約、新約》都微不足道哉！所以連那種信教的煩惱你也可以滅除了。這時你對於修行的煩惱、對於信教的煩惱、對於世間的煩惱等種種高低層次的差別就一目了然。於是縱使有外道說得長篇累牘天花亂墜，其實一花也無，都是自己想像的天花供養，那你就可以清楚看見他們的落處。於是從世間煩惱到外道宗教的煩惱，乃至出世間的煩惱你都看清楚了，因為這一切都不外於「無名相法」。從「無名相法」之中來看世間一切法時，一切法都不存在了，一法不立；然後連一法不立這個法也不立，因爲根本沒有一法可言；這時沒有我、沒有你，還立什麼法？

譬如外道有人說：「當我見了釋迦牟尼佛，我會講到祂沒話說，因爲我一法不立，祂沒有辦法推翻我，而我能夠推翻祂，因爲我沒有法。」講得振振有詞。佛聽了弟子報告後就說：「知道」。」隔天提早下山托鉢，去找那個外道；祂見了外道，先把他責備一頓再說，說他是釋迦奴種、卑賤種姓；外道弟子們氣得要死，大聲喧譁，佛陀說：「請問你們的智慧有沒有比你們師父智慧高？」「沒有。」「既然沒有，讓我跟你們師父講，你們不要插嘴。不然就請你的師父讓我跟你講，因爲你的智慧比師父高，那你就上來。」結果沒有人敢再開口了，佛陀最後問外道說：「那我問你，一法不立這個法你立不立？」這外道沒辦法了，答不上來。只這麼一句話他就答不上來了，因爲「你就是立『一法不立』這個法，才能夠說『一法不立』，那你既然立了這個法，這個法你立不立？」如果說「立」，就違背自己的主張；如果說「不立」，既是不立，你就不能說「不立一法」。於是外道無言了。爲什麼 佛陀一句話就這樣把他破了？因爲依於「無名相法」。

在「無名相法」中無有一法可立，連「不立一法」這個法都不立。於是一切諸法了然分明，因此就可以把一切煩惱給降伏。所以佛世有許多外道宣稱說他可以用 釋迦牟尼佛說的法，把 釋迦牟尼佛辯駁到啞口無言。這叫作七月半的鴨子。就好像以前我們剛開始弘法時，佛教界有的人說：「蕭平實什麼都不懂啦！」但是如果有一個人的實證是「無名相法」，就應當知道這個人是具足三乘菩提的。因為「無名相法」的本身是函蓋三乘菩提的，既然函蓋三乘菩提就能具足了知一切諸法。那麼剩下的，只是要不要去深入瞭解、要不要去辨正而已。

諸位已證的人都可以現前去觀察，當你用這個「無名相法」去檢查一切三界萬法時，就會發覺：「三界萬法只會引生有情的煩惱、而不能讓有情得解脫。」三界萬法以世間的我所諸法來說，二十一世紀全球紛紛擾擾不都是因為我所嗎？好些國家互相在抗爭也是為了我所；而美國不斷的打壓中國，中國不斷竊取美國的知識，又不斷打壓宗教活動，也都是為了我所啊！所以你詳細去觀察，全都是因為我所。由這一切的我所造成了煩惱，才有紛紛擾擾之可言。由於這些紛紛擾擾諸事的起源就是我所的煩惱，當我所的煩惱不能夠獲得滿足時，就會不斷去造作各種業；看來造作各種業時依舊是源於煩惱，所以都想要在我所上去獲得滿足。因此有非常多、非常多的業就是在這一些煩惱上面造作出來的。

但如果從「無名相法」來看那些煩惱時，其實煩惱是不存在的。煩惱之所以能存在都是因爲五陰而有，所以你可以在國際上各種紛紛擾擾中，看到比較大群人的煩惱或一小撮人的煩惱，只有這個差別。那麼爲眾生而起煩惱的絕無僅有，到目前爲止只有一家正覺是爲眾生輪迴生死起煩惱，爲了眾生走入邪道起煩惱；這樣起煩惱是自己沒有煩惱，但是爲眾生去惹來煩惱，吃力又不討好，這是傻瓜。只有傻瓜才幹這種事情，那爲什麼正覺要當傻瓜？因爲「無名相法」是傻瓜！當你依止於「無名相法」，而「無名相法」就是傻瓜，什麼都不懂，永遠不會計較利害，那你就只求究竟的解脫。自己得解脫，所以也要尋求大家的究竟解脫，那就去當傻瓜。

誰叫你要依止「無名相法」？這就是菩薩的宿命，不是憂鬱而是宿命。所以你如果要當菩薩，就離不開這個宿命，因爲你要依止於「無名相法」。而「無名相法」是天下、天外最大號的傻瓜；不幸的是這個傻瓜遍十方虛空無邊世界都有，而你想要成佛，就得完全依止這個傻瓜，於是你就得要像祂而降伏自己的煩惱，然後去作這種傻事成就無繫的功德，能這樣作這些傻事而不計較自己的利益，才能說你已經降伏煩惱，也才能說你是依於「**無名相法**」而降伏了煩惱。今天講到這裡。

《佛藏經》這段時間以來，我們講了二十三講了，才講到第五頁，不曉得諸位會不會覺得太悶？不會喔？那倒還好。我偶爾會想，講這麼久才講到這裡，尤其在這幾行就好像大塞車的樣子。其實是因爲這幾行的每一句內容的檔案都很大，所以要寄到你們心中需要寄很久的時間。不管諸位有沒有覺得悶，咱們今天開始總是要講快一點；因爲內容最多的部分已經都給諸位了，今天就從第五頁第四行開始，先來講「**降伏五陰**」，然後再來講「**降伏十二入，降伏十八界**」。

五陰爲什麼需要降伏？又爲什麼不是說要把五陰斷除？諸位當然都已經知道我們是修大乘法，所以我們只**降伏五陰**，不斷滅五陰，因爲我們是菩薩。那如果是二乘人就是要消滅五陰，那麼**降伏五陰**時跟消滅五陰心境是不同的；如果是要消滅五陰那麼就像聲聞人，凡是證果的人心中大約都是灰色的，沒有彩色；譬如說阿羅漢，他們是有一個作意——隨時準備入無餘涅槃。時時刻刻都在提防著五上分結中，那個最微細的我慢會不會不小心又現前，所以他們的作意是涅槃的作意。

既然心中都是涅槃的作意，托缽時遇到了很恭敬的居士，供養了一缽色香味美的而且是食噉含消的精美食物，他心中有一點提防著：不能有一絲一毫的歡喜。因爲就怕那一點點的我所歡喜，會導致有了喜樂，於是落在我所中。因此他必須要杜絕任何的歡喜。假使今天托缽遇到一位施主，這位大富施主非常恭敬先禮三拜，至心供養以後又禮三拜，稱讚阿羅漢的果德，那他得要提防心中有沒有生起一絲一毫歡喜。所以他在人間沒有一絲一毫可樂，假使在二十一世紀，你買了一罐可口可樂供養他，你認爲是可口可樂，他認爲不可口也不可樂，因爲一不小心就無法入涅槃。那你想他剩餘的生活還有彩色嗎？完全是灰色的。就好像出家了要穿壞色衣，爲什麼要穿壞色衣？爲什麼衣服要用泥土去染？紅土染了變成紅色，黑土染的變成灰色，爲什麼要這樣？因爲不要牽掛：這衣服沒什麼價值，如果小偷要偷也沒有關係，我晚上好好睡一覺明天好好修行，爲的就是要出三界，不能有一絲一毫牽掛，這就是阿羅漢的解脫作意。

那麼三果人呢？也差不了多少。初果人比較像世俗人，可是他也很想努力像阿羅漢那樣，所以你供養了可口可樂，他說很可口、喝起來很快樂，可是喝完以後他又想：「不對！我不應該覺得可口，不應該認爲可樂。」他不是要抹煞你的人情，他的目的是想要出離三界，凡是跟三界有關的一切法他都不可以耽著，因此：「連我所都不能耽著，更得要放捨，否則還會再去投胎。」所以他把自我也要放捨。在這樣的行道過程中，或者說阿羅漢在這樣的剩餘生活中，他這一世五蘊已是最後一世了，後面剩下的二十年、十年、五年，剩餘的生活中全都是灰色的，所以有四個字形容聲聞聖者叫作「灰身泯智」。他們一心要入無餘涅槃，所以心是灰色的，連所證的解脫智慧也是要放下的。所以入涅槃時是連智慧全部都放捨，那時解脫的智慧也不存在了，因此說他們是要滅盡五蘊的。

然而，對我們菩薩行者來講不要滅盡五蘊，我們只要降伏五陰，所以菩薩可以痛苦地修道，但也可以快樂地修道。在一般道場中他們快樂地修道：心也很快樂，身體也很快樂，因爲他們不懂佛法。稍微懂佛法時就快樂不起來，是每天去為眾生作事，說那樣叫作修道；去救濟眾生，說那樣叫作行菩薩道；可是經典請出來時都讀不懂，那《般若經》請出來時，其中的字一個個都認得，但不知道是什麼意思，也不知道 佛陀與聖者之間的對答為什麼每一句都要講那麼長，無法理解。這時再也快樂不起來了，快樂不起來之後倒有個好處，如果他依舊在快樂中就沒好處，因為他會依舊不懂，然後自以為懂。若是真正懂得原因時而不快樂了，就有個好處：他會有一個動機催促著他，會推著他努力去尋找：**「有沒有什麼地方可以幫我來實證，讓我真的懂佛法。」**這就是一個好處。所以尋尋覓覓，終於來到正覺。

來到正覺以後有快樂也有不快樂，快樂就是心很快樂，可是身子很累，所以身體不快樂；又要好好聞熏正知正見，回家以後還得作功夫、修動中定，那麼多的書也得讀，還得要出去作救護眾生的義工，真的累死人。所以身體真的不快樂，有時還會跟你抗議；但心是很快樂的，因為上過一年多、兩年以後發覺：**「原來佛法就是這個道理，懂了！懂了！這一條路就是應該如此走，再也沒有別的路了。」**所以心裡很快樂：以前學佛十幾年、二十幾年，不如現在學兩年半，很快樂！可是想要實證時，很累很累，只能不斷地說累。

但是心中很快樂，驅使著自己努力往前走。

在這麼辛苦的正覺之道修學過程中，正覺不叫你們斷盡五陰，只叫你們「**降伏五陰**」。所以你們修到很累，救護眾生很累，偶爾呼朋引伴張三、李四、王五、趙六：「**欸！咱們今天放個小假，上素食館大家聚一聚，談一談救護眾生的心得。**」沒人說不好。假使有事情約人家論事，剛好也去素食館用餐談事情，剛好遇見了，我還跟你打個招呼，不會對你皺一下眉頭；因爲咱們是菩薩，我們只要「**降伏五陰**」就好，不要斷除五陰。你如果把五陰斷除了，就不能成佛了，所以我們要「**降伏五陰**」。

可是這裡講的「**降伏五陰**」告訴我們什麼道理？這是說，藉由這個「**無名相法**」可以眞正的「**降伏五陰**」。如果不是依於這個「**無名相法**」，要「**降伏五陰**」很困難，斷除五陰還比較容易些。二乘人不必證如來藏，所以能不能實證「**無名相法**」如來藏無所謂，但他一定要相信有這個如來藏是常住法，祂是眞實的自我而沒有五蘊等我性，才有可能斷我見與我執。

我們前幾回也講過，如果不信有這個眞實法如來藏——不相信這個「**無名相法**」是常恆不壞的自內我，就會像《阿含經》中說的「**因內有恐怖**」；「**因**

內有恐怖」的人馬上就會成爲「因外有恐怖」的人，因爲他想：「佛菩薩說，眞的有一個內法如來藏第八識常恆不壞，到底是眞的或假的，因爲我沒有實證，不知道是眞的或假的，那佛菩薩講的我能不能信？」他這樣想。所以當他想到這一點，對佛菩薩講的不能完全信受——意識層面信受而意根不信受；又聽佛菩薩說要把五陰滅盡才能出三界，他想：「那我把這個外法五陰滅盡以後，豈不成爲斷滅空？」於是他就不敢將外法五陰滅盡，他就成爲「因外有恐怖」的人。就因爲這個外法必須斷滅才能得解脫，他心中有恐怖，所以這個人對三寶的信不具足。對三寶信不具足的人有沒有資格斷我見？沒資格啦！如果他對三寶的信不具足，而讓他眞的斷了我見，那叫作沒天理。

單單從世間法說就是沒天理，如果從佛法來講得要說沒佛理，因爲佛法中沒這個道理。他必須要對三寶信具足——得將十信位的法修學圓滿了才行。所以，佛怎麼說、法上怎麼說、勝義僧怎麼說，他就信受，對三寶信具足的人就可以依教奉行；能夠依教奉行的人就會信受說：「果然是有這一個第八識心，而我尚未實證，因爲佛菩薩之中實證的人很多了。」那麼他有這個信，所以雖然聲聞道中不必實證這個「無名相法」第八識，但是他心中無有恐怖；既然信受了，那麼對於外法五蘊是應該滅除的，才能入無餘涅槃而解脫生死苦，他就願意努力修道斷除我執。所以斷了我見之後努力再去斷我執，成爲阿羅漢；那他就已經顯示：對外法五陰的壞滅心中無有恐怖，這樣他才能眞的滅盡五陰。

但這只是二乘法，我們大乘法中只要把五陰降伏就好。「**降伏五陰**」以後，或者名爲五陰、或者名爲五蘊，這是怎麼說的呢？譬如在大乘菩提中要先斷我見，斷我見以後還得在欲界中受生，還不是阿羅漢，所以這時仍然叫作五陰；如果依著佛菩提道繼續修行，終於完成三賢位的實證了，這時準備要進入初地，得要再加修安立諦——大乘四聖諦十六品心，以及依這十六品心而修的九品心，要實證阿羅漢果。實證阿羅漢果以後就不叫五陰了，改叫作五蘊；這時的色、受、想、行、識稱爲五蘊，只是五種法的聚集而已——由這五個法聚集起來成爲我這個阿羅漢菩薩有情。對我而言這色、受、想、行、識等五法不再有陰蓋，這時可以入地了，就稱爲五蘊而不再稱爲五陰。

但是入地以後得要一世又一世不斷地在人間受生，所以我執的斷盡是不許可的，否則就無法重新再受生於三界中修學佛道了，所以重新再起一分思惑，這時叫作「起惑潤生」。但有的人是以三果最勝妙的實證，也就是七品三果人中最上品的實證而直接入地，那叫作「留惑潤生」。不論是起惑潤生或者留惑潤生，這時又把五蘊改回來叫作五陰了，因爲又有一點點的陰蓋，否則無以受生，所以又稱爲五陰。所以，本來初地菩薩的第八識已可以叫作異熟識不再稱爲阿賴耶識，可是爲了繼續行道而不入無餘涅槃，這時又繼續回到阿賴耶識位，又稱爲阿賴耶識；既然稱爲阿賴耶識，就不能單獨稱異熟識了，此時既是阿賴耶識也是異熟識，但不能單名異熟識。所以這時的五個法又稱爲五陰了，要這樣才能生生世世繼續在人間受生，否則就入涅槃去了。所以這時我們說菩薩是「**降伏五陰**」，隨時可以把五陰斷滅而入無餘涅槃，但卻不把它斷滅，只是把它降伏而不再被五法所陰蓋，於是五陰對菩薩完全沒有影響力，所以叫作「**降伏五陰**」。

那麼談到「**降伏五陰**」就要談到：爲什麼這**無名相法**的實證可以使你**降伏五陰**？因爲，你證得這個「**無名相法**」以後，立刻會對比出來：**無名相法**第八識常住不壞，性如金剛，本性清淨眞實如如，馬上會發覺到這一點；然後你再拿來跟外法五陰相比，就會發覺這五陰每一個法都可以壞滅，不是眞我，就不會再回墮於五陰的境界中，就不會再去主張說：「我意識是眞如，離念靈知是眞如。」永遠不會了。這時經由你所證的這個「無名相法」如來藏，去比對五陰以後，馬上發覺五陰是生滅的。所以三界中，特別是人間的這個「我」，根本就是虛妄的，於是你把人間這個五陰降伏了。接著再看欲界天的五陰，然後再看色界天的五陰，再看無色界的四陰，發覺沒有一法是眞實法，所以三界五陰、四陰你都已經降伏了。這是究竟的降伏，不會再使五陰中的一分一毫重新讓你生起一念說：「也許是眞的吧？也許是常住的吧？」永遠不會了。所以你由這個「無名相法」拿來與五陰相比對時，一定會「降伏五陰」。

可是也許有人在這時想起來說：「欸！不對！那爲什麼我們同修會中有三批退轉者？他們退轉不是又落回五陰去嗎？爲什麼會這樣？」那我就說：「你問得好。」我還得要再次承認自己有過失。還是得要當眾掌嘴，因爲當初我沒有好好教導，沒有好好磨練他們，所以得的容易就容易退轉。當初我們沒有辦禪三，平常來共修時我就把他們弄出來；後來租地方辦禪三時，讓他們去打個禪三，統統有獎，把他們全部生下來；他們等於入胎還不到一個月就出生了，這叫作先天非常不良，雖然我有作後天的調養，最後還是沒用，因爲他們連成形都還沒有就出胎了。這就是我的過失，所以後來一定要先殺我見，上山前先在禪淨班中觀行作好了，先把我見殺死了才行。如果我見欲死不死、將死未死，去到禪三時再詳細殺一遍，終於殺死了，然後參禪尋找這個「**無名相法**」時，我也不隨便放手了；即使觸證到了，也是設了一關又一關的關卡，不斷地打回去，就這樣施加鉗錘成爲百鍊精鋼以後才能給予印證。

有的人心中很不舒服：**老師最喜歡刁難我**。問題是，你想不想要成爲一把好劍？有的劍上戰場一砍下去時，對方的劍好好的，自己的劍卻是斷了；爲什麼呢？因爲它是用生鐵鑄成的，鑄鐵造的劍沒辦法上戰場的，只是好看。而且鑄鐵不能打得細，一定要很厚才能用，耍起來就不方便，跟人家的劍對砍時馬上就斷了。所以眞正好劍要不斷地淬和鍊。怎麼淬鍊？那鐵燒紅了一直敲打，敲打到雜質都去掉，再燒紅後對折起來再打；不斷地燒紅以後再對折再打。而且每一次燒紅打了以後一定要下水，這叫作淬；燒紅的鐵放到冷水中是什麼景象？諸位想一想，鍛鍊正就是如此，不可能是平和而好受的。

如果你是那一根鐵，想像一下好不好受？你要想像自己就是那一根鐵，燒紅以後再敲打！敲打時好受嗎？敲打過了不打緊，放進水裡淬冷了，再送進火爐中燒，燒到火紅了拿起來再打；打完了再放進水裡！就這樣打到變薄了還要對折，再敲、再打、再燒、再淬；不斷重複地打到薄而長了，再對折而使兩片黏在一起，然後再燒打為更薄、再對折。好劍得要這樣不斷淬鍊才不會斷。不要以為劍就是一根鐵去做成的，不是的，其實是很多層、很多層的精鋼，所以有時彎了也不會斷。那樣的一把好劍一定要經過這樣的淬鍊！不但如此，還要加一點東西給你，他們叫作鈣質，若是沒有鈣質的話就不可能很堅硬。那你們來同修會，我們就是在禪淨班先給你一些鈣質，否則你軟趴趴的長不大，沒骨骼；接著就是不斷地淬鍊，過程是辛苦的，但品質卻是好的。以前那一些人會退轉就是因為沒有經過淬鍊，經不起考驗，所以就出問題了。所以早期的人平常共修，鈣片都還沒有吃到就把他弄出來了——正知見都還沒有，該修的次法也沒修就悟了，當然會退轉。可是如果這幾年來若是被淬鍊後才破參的，要說誰會退轉我可不相信。

意思是說：對於這個五陰有沒有好好去降伏？可是「降伏五陰」要有兩個內涵才作得到：第一是對五陰的內涵具足瞭解而沒有遺漏，而且能一一觀察五陰的生滅有爲；第二是證得「無名相法」如來藏，好好去觀察這個「無名相法」如來藏，再也沒有第二法可以與祂相提並論，再也找不到一個法可以把祂壞滅。能好好去觀察祂，確定祂就是這麼眞實，祂確是永遠如如不動的，眞正是眞如。有這樣好好觀行的人，也有把五陰的內涵具足如實觀行的人，他就可以藉這個「無名相法」來「降伏五陰」，再也不會退轉回去五陰之中。那麼這樣看來，要成爲一把好劍，自己先得是百鍊精鋼，那你要不要成爲百鍊精鋼？（大眾回答：要！）既然要，就得準備吃苦。吃苦要當作吃補，此世不怕苦、習慣苦了，未來世行菩薩道就可以順順利利去行。

五陰的降伏要靠這兩個條件，如果這兩個條件都沒有作到，而說他能「降伏五陰」轉世再受生來度眾生，那都是自欺欺人之談。可是，到了末法時代五濁惡世自欺欺人者漫山遍野！那究竟是哪一些人？啊？哪一些人？密宗假藏傳佛教？只有密宗假藏傳佛教嗎？（大眾回答：四大山頭。）四大山頭喔？你們好大膽，說人家四大山頭。對了！我前些時候聽臺中有人上來臺北說：

「你們都不知道，正覺在臺中，大家都說『他們是第五大山頭』。」我說：「正覺這麼差？才排第五喔！」

這道理在說什麼？是說因爲對五陰的內涵沒有如實理解，所以我見斷不了，對「無名相法」也沒有實際的親證所以無法證知眞如；這是在沒有慢心的情況來說的。我們可以觀察全球佛教，從南傳佛法開始，南傳佛法在西元五世紀覺音論師的年代就已經沒有阿羅漢了，連初果人都不存在了，因爲從佛陀傳下來之後，一代又一代的聲聞人一個個都離開了，阿羅漢入涅槃，三果人死後到色界天去，二果、初果到欲界天去，都不在人間；所以西元五百年時就已經沒有實證者了。那麼西元五百年到現在有多久了？有一千五百多年了，一千五百多年前南洋的二乘菩提就失傳了(以上指稱是聲聞菩提)。

也因此，才會使南傳佛法的出家人與在家信徒都不讀經典，只讀覺音論師的《清淨道論》，當然無法實證解脫道。可是大乘佛法不然，大乘佛法一代又一代一直傳下來時，聲聞法分裂、再分裂，不斷分裂，最後成爲很有名的十八個部派，但大乘佛法有沒有分部派？沒有！從來沒有分過部派，就這樣一代又一代傳下來。所以大乘佛法的實證教團沒有分裂過，只有凡夫們會建立宗派；那麼大乘佛法將來會不會分裂？有可能，並且有可能在我手下分裂；所以我必須很小心預防大乘佛法被某些人分裂成功，否則我這弘法功德會被打了折扣，將來捨報時怕背後老人家敲腦袋，也怕那些別有居心的私心者，死後會下無間地獄，因爲分裂成功就是破和合僧成功。

那麼大乘佛法就這樣一代一代一直傳下來，偶爾中斷是因爲時局不好菩薩無法出世弘揚，其實沒有中斷，法依舊在。那麼時局好了，清平了，可以出來弘法時，正法又站出來弘揚了。當大乘法站出來時還可以跟著復興二乘法，所以我現在打個妄想說：「什麼時候收個南洋懂中文的出家人、在家人都好，來到這裡雖然叫他要轉成菩薩，但也要叫他復興南洋的二乘菩提；只要把《阿含正義》給翻譯出來，叫他每年至少要用六個月時間到南洋去好好弘揚二乘佛法。」

但爲什麼聲聞菩提一千五百多年前就失傳了？原因是對五陰的內涵沒有具足瞭解，背後的原因則是對「無名相法」第八識心沒有信受。所以你把《清淨道論》翻出來看，沒有一句話提到第八識——無餘涅槃的本際，這樣必然無法如實理解二乘菩提。縱使有一天讀了《尼柯耶》中說色陰壞滅，受、想、行、識亦復如是，又說入涅槃是「我生已盡，梵行已立，所作已辦，不受後有」，他心慌了：「那五陰全部都滅盡，我豈不是變成斷滅空？」於是「因內有恐怖，因外有恐怖」，他就無法斷我見了。可是整部《清淨道論》沒有提到有第八識永恆長存，這一些人又如何能斷我見呢？

由此可知這個「無名相法」多麼重要！只要眞的信受有「無名相法」常住不壞，他就可以「降伏五陰」證得初果，甚至進而可以斷除五上分結成阿羅漢，都緣於信受有「無名相法」第八識如來藏常住不滅。所以這第八識法如來藏跟「降伏五陰」斷滅五陰之間，是有緊密的關聯。如果不信有這個「無名相法」常住不壞，他就無法斷除我見，想要出三界就沒機會了！

至於諸位談到說，對五陰最不瞭解的人是密宗假藏傳佛教，這個評論非常中肯。他們一絲一毫都無法抗辯，諸位可以發覺到一點：密宗假藏傳佛教永遠不會引用《阿含經》的經文。爲什麼呢？因爲他們如果引用《阿含經》的經文，等於搬石頭砸自己的腳。他們的根本教義，即使從下三部來講，什麼中脈、拙火、修練氣功、觀想等，這些都是五陰的境界。如果談到上三部他們認定最了義、最究竟的慧灌、密灌無上瑜伽，那也都是五陰境界的事情。

如果他們引用《阿含經》來說色陰虛妄，譬如達賴，他如果引用《阿含經》的經文說：「色陰虛妄，受、想、行、識虛妄。」那是不是他得再把宗喀巴請出來掌嘴呢？是啊！因爲宗喀巴《廣論》說：「五陰是眞實的，五陰這個名詞才是虛假的；當你知道五陰這個名詞是虛假的，你就是斷我見了，可是五陰是眞實的。」他必須要這樣講的，如果他不這樣講，請問他們的無上瑜伽樂空雙運要怎麼傳？就沒辦法傳了啊！但無上瑜伽樂空雙運卻是密宗假藏傳佛教的根本教法，所以他就這樣扭曲了來講。

好了，如果達賴喇嘛引用了《阿含經》的經文出來，說五陰是虛妄的，可是宗喀巴的《菩提道次第廣論》、《密宗道次第廣論》都說五陰是眞實的，那他是要跟祖師宗喀巴打對臺嗎？所以他們不敢引用，從來不曾援引《阿含經》。問題就出在他們對五陰沒有降伏，沒有降伏的原因是因爲他們信受外道邪見；從小孩子就不斷灌輸五陰是眞實的，那麼斷我見是要斷什麼？就說：「有人主張『五陰』這句名言是眞實的，但這樣的主張是虛妄的，你把這個虛妄在現前滅了，就是斷我見證初果了。可是五陰依舊是眞實的。」所以他們永遠無法「降伏五陰」，更別說要斷滅五陰。

那麼由這樣的事實來看無名相法就顯得很重要，假使他們實證了「無名相法」，並且轉依成功而不懷疑，他們就會推翻五陰，推翻五陰時他們就會離開密宗假藏傳佛教。那如果有人好心好意說：「你某甲喇嘛在密宗假藏傳佛教中混那麼久了還沒有辦法開悟，可憐喔！來！我告訴你啦！如來藏就是……。」直接跟他明講，會產生什麼結果？當然是謗法。對啊！一定會謗法，那他就能因此而「降伏五陰」嗎？不能。因爲他會認爲這是五陰的功能，所以沒有辦法救護他。想要救護他們時，要作的事情是必須從次法先學起，然後把五陰的具足內涵說明；把五陰的內涵全部具足說明以後，再告訴他們爲何五陰全部都是生滅有爲。所以救他們是很困難的，得要從最基礎的人天乘佛法來說起；因爲他們連南洋佛教中的那一些凡夫人都遠遠不及，如果要談到佛法的實證，他們更無其分。所以「降伏五陰」在大乘佛法中，要依於實證「無名相法」來作；如果單純依二乘菩提來作，就會變成斷滅五陰而非「降伏五陰」，死後就入無餘涅槃。

這個道理講完了，接著來講「降伏十二入」，諸位讀《阿含經》或者大乘經典時，大部分都說「六入」，很少讀到「十二入」的，那爲什麼這裡講十二入？爲什麼說「降伏十二入」而不是降伏六入？因爲這是大乘法。在二乘菩提中告訴你六入，不談十二入，因爲二乘人的智慧有限；可是在大乘法中就要談「十二入」，而且是要降伏而不是斷除。

我們先來談六入，六入是眼識的所入、耳識的所入，鼻、舌、身、意識的所入；眼識能攝受色彩與明暗，耳識能聽聞各種聲音，鼻、舌、身乃至意識能了別種種法，包括五塵上的細相以及種種法的差異。總而言之，六入之所入的對象就是六塵和六塵中的境界。那麼這六入在《阿含經》中都說它是虛妄的，六入虛妄是因爲這六入要依六根觸六塵才能有，而六根與六塵已經是生滅法，所以這六入當然更是生滅法。這是從二乘法來說，如果不懂得六入是生滅法，他也無法斷我見。例如末法時代，大乘法中常常有很多人宣稱開悟了，他們開悟是悟得什麼？悟得離念靈知，所以都主張靜坐到一念不生時就是開悟、就是見性了。其實都不離六入，怎會是開悟的境界？

在十幾年前一直都有很多山頭——包括大陸在內——對我們爭執：「你們正覺都說悟得離念靈知不算開悟，那是因爲你們沒有那個功夫。」（大眾笑…）諸位聽了覺得好笑，所以有時我書中會帶一點知見出來說，那一些人說我們沒有離念靈知的功夫，那麼我們要問他們：「有沒有看話頭的功夫？」他們說：「有啊！有啊！」我們就把話頭講清楚——說話的前頭。他們就不懂了。那我們說：「退而求其次吧，無相念佛的功夫就好了，你們有沒有？」「沒有。」我們就說：「只要把憶佛的淨念捨了，就變成離念靈知了。那這個離念靈知，我們把憶佛的淨念捨了，可以一個小時、兩個小時或半天、一天離念，那你們作不作得到？」他們讀到我這個說法以後，有很長一段時間不吭聲了，後來突然間又振振有詞起來：「欸！我們講的離念靈知，那是本來就有的，爲什麼本來就有的？譬如前念過去、後念還沒有生起來，在這前後念中間短暫的離念靈知，這是本來就存在的，是本有的。」那我們就說：「那你睡著了還在嗎？」又閉嘴了！所以說愚癡的人很多。

那他們的問題出在哪裡？出在不懂「六入」，離念靈知了了分明時六入具足，而六入是虛妄法。有時我們會說：「我們進入二禪等至位中連五塵都不存在了，那才能叫作清清楚楚、明明白白、了然分明，你們都還落在五塵中的離念靈知。」於是他們漸漸的不敢再說話。那我們審度他們爲何會落入離念靈知中？正是因爲不懂六入。他們在理論上都知道五蘊是虛妄的，但卻認爲離念靈知不虛妄，卻不曉得離念靈知是在六入中，都不知道離念靈知只是五陰運作時產生的結果而已；因爲離念靈知就是八識心王以及五蘊共同運作時，所產生的覺知功能而已，全都不離六塵，那就是有六入的境界，而他們都不知道這是六入的境界。因此，比較後期才突然竄起來、被陳履安捧起來的一個大法師——釋惟覺，他的口頭禪是：「**清清楚楚、明明白白、處處作主，這就叫作眞如佛性。**」好像有五、六年沒再聽他這樣講了，孺子可教啊！那麼這些人落在六入中而無所覺知，你如果要跟他們談「十二入」，豈不是太艱難！

你想要讓他們理解眞的很艱難，但是我可以與諸位談一談。這是我們十年前在增上班講過的，十五、六年前在增上班也講過，更早以前講《成唯識論》時也都講過了；既然現在經文中談到「十二入」，我當然要爲大眾講一講，總不能像布偶戲那樣「鏘、鏘、鏘」就帶過去。

爲什麼入有十二種？這就牽涉到境界受以及受陰的受，這就要分成兩個層面來說：第一個層面要從意根和阿賴耶識去領受外境界來說，然後第二個層面才能談得到識陰六識對六塵的領受。對一般人來說，領受六塵境界就是這六種入，領受了以後若是順心受，就有快樂的覺受；若是違心之境界受，就有不喜歡的覺受叫作苦受；如果是不順心也不違心的平常境界，那就叫作不苦不樂受，這是從識陰之後的覺受來說。可是「受」其實不這麼簡單，因爲一定要先有前面的過程，才會有後面受陰這三種受，或者樂受加上喜受，苦受加上憂受，總共五種受：苦、樂、憂、喜、捨。但是受陰的受已經很後面的事了，前面還有對六塵的領受。這六識對六塵的領受之前，還有「境界受」；幾百年來的佛教界都不談境界受，是因爲佛教界大法師、小法師全都不知道。

那麼先來談一談受陰爲什麼會存在，它的前面有些什麼過程。這得要追溯到源頭——「境界受」。會有這兩種受之前，先要有六根；意根是本來就存在的，然後出生了五色根時總共有六根，意根是無色根，就是第七末那識；那麼五色根：眼、耳、鼻、舌、身，先要有這五色根攝取了外面的五塵，五塵攝取進來時，附帶有種種變化，那就屬於法塵，那法塵歸意根所領受；意根，比如你睡覺時，意根還在緣於五塵上的法塵；不要懷疑這一點，現在一定有人在想：「**奇怪了，明明我睡著了以後什麼都不知道，爲什麼你竟然說**

我意根還在緣於五塵上的法塵？」一定有人這樣想，可是我要反問：當你睡得正熟完全無夢，睡到打呼聲震天時，一定算是睡熟了對不對？如果睡不熟的話會被打呼聲吵醒，因爲睡得很熟才會打呼聲震天；甚至呼聲打得很大時，同床睡的人還會感覺床板震動呢。那麼這時你都沒有醒來，表示好像無所覺知；但如果我走過來一直打你的臉頰，打到第三下時，你可能還不曉得怎麼回事，可是打到第六下時，你一定會醒來。但爲什麼你能醒來？

爲什麼你能醒來？因爲意根不停地了別法塵。如果意根沒有時時了別你就不可能醒來，因爲你不可能知道人家打你巴掌！那怎麼可能醒來？但爲什麼沒有打巴掌以前不知道？有兩個原因：第一、那個法塵很正常，意根認爲不需要作什麼回應，繼續睡覺。那麼意根此時有沒有繼續在了別呢？有！可是你爲什麼不知道自己有在了別？因爲意根不反觀自己。所以，你睡覺時不知道你在睡覺；如果你知道是在睡覺，你就沒有在睡覺。所以有人打電話去吵你時，你不可答覆說：「我正在睡覺。」因爲你已經醒了，對方會說：「你既然睡著了，爲什麼還能跟我答話？」這表示意根是有了別性的。

可是意根憑什麼來了別？憑五塵上的法塵。如果五塵上面有變化，祂在了別那些變化而不了別五塵的本身；但是五塵畢竟進來了，五塵進來時由誰領受？（有人答話，聽不清楚。）是意識喔？但你睡覺無夢時哪來的意識？是意根加上五色根來領受的，但五色根是段肉，五色根是無情，所以不能了別；但外五塵畢竟進入而有領受了——五色根已經攝受五塵進來，那五塵中的法塵變動很大而被意根攝受了，所以睡得正好時被人家打了幾個巴掌，意根說：「**法塵不正常，現在有問題了，意識趕快起來。**」可是意識帶著五識剛剛起來時，第一剎那、第二剎那的了別沒有完成，要到第三剎那得決定心時才知道是怎麼回事。

第一剎那叫作率爾初心，那根本沒辦法了別，第二剎那叫作尋求心，正在了別但還沒有辦法確定了知情況，要到第三剎那決定心時才知道：「**是人家在打我巴掌。**」終於知道了，於是眼睛張開質問：「**你要幹嘛？**」這才懂得質問。所以意識剛醒來時不知道怎麼回事，要經過一兩個剎那的了別而進入第三剎那時才會知道：原來人家在打我巴掌，要叫醒我，一定有急事，才終於知道。但這已經是後面的六入了，前面的六入中還有更深的一層，現在先不談，稍後再來談。先說前面的六入：五色根中的眼根，假使你睡前把燈全關了，眼根攝受了什麼？暗相。耳根攝受了打巴掌的聲音，同時也攝受打呼的聲音，這是同時攝受的；可是打巴掌這個事情異常，身根這個法塵的變動很大；鼻根也在繼續攝受外香塵，舌根也在攝受外味塵；但這時偏重在身根，於是觸塵上的法塵變動幅度很大，意根就了別那個法塵不對勁，趕快把意識拉上來；意識剛上來時弄不清楚怎麼回事，得要再把五識拉上來，然後才知道：「**原來如此。**」所以前面五根攝受了五塵，意根從五根所攝受五塵中的法塵大變動去作攝受，這就是六入。

但這六入屬於境界受，就是外六入，還談不上心的覺受，只是境界中的外六塵的領受。可是要說到深層一點，這個境界受根源要牽涉到背後的如來藏，如來藏藉著五根和意根攝受了六塵，可是攝受六塵後祂變現出內相分的六塵是在你的腦袋中——就是在你的勝義根中，是在勝義根中變現出內相分的六塵；但是意根對外相分的六塵也有領受，就是五塵上的法塵，對外六塵也有領受，所以意根反應很快。然後再由於內相分法塵上的變動幅度很大，喚起了意識，意識跟著再喚起五識來，然後才終於醒過來，了別完成。

那麼實際上對於境界受的覺受者是誰？是後面的如來藏與意根。因爲五色根是無情，怎麼會領受？因為五色根只是背後如來藏所用的工具。五色根這個工具是由背後的如來藏來運作，所以藉五色根來變現了內相分的六塵，於是意根可以藉著外相分與內相分觸塵上的大變動喚醒意識，意識再喚醒了五識，然後在勝義根中了別你的內相分六塵，成為內六入，才會有苦樂憂喜捨受出現，這樣才算是一個完整的人。

那麼這樣說來，是不是有兩種六入？六根攝取了六塵而沒有辦法被六識心所了別，要由背後的如來藏來變現出內相分六塵，那麼在這個階段之前就是《阿含經》講的外六入。接著如來藏變現了內相分的六塵，由六個識來一一了別，這六個識所了別的六塵都是內相分，沒有外相分，所以這叫作內六入。因此六入有兩種：一個外六入，一個內六入。合起來就是「十二入」。現在請問諸位：「你覺知心都活在什麼境界中？」有沒有人說：「我覺知心活在外六入中？」有沒有？沒有了。那你內六入的六塵是誰變生的？（大眾回答：如來藏。）是如來藏為你變生的，而這六塵都在如來藏中，沒有在如來藏外面，那麼請問諸位：「你們有沒有生活在如來藏外面？」（大眾回答：沒有！）

喔！好極了！這就是因果律的根本。所以六識心加上意根都在自己如來藏中生活著，造善業以後善業種子落謝在哪裡？（大眾回答：如來藏。）在如來藏中。造惡業後的業種會落謝在哪裡？（大眾回答：如來藏。）依舊是在如來藏中。那如果造作非善非惡業，例如麵包師傅吳寶春很厲害，麵包做得很好，這是無記業，非善非惡；有的人例如電視上常常出來講解食譜的阿基師，他到現在還騎摩托車，很節省的人，觀念很好，不隨便浪費食材；那麼他們的廚藝都是無記業；乾闥婆娛樂釋提桓因，緊那羅唱歌來娛樂釋提桓因，或者來讚佛，他們這些技能全都是無記業，非善非惡，但還是有業種的；他們所有人的覺知心所造作的一切業種都留存在各自的如來藏中，因為他們覺知心從來沒有外於如來藏。

所以每一個人都生活在自己的如來藏中，那麼問題來了，問到說：「如來藏到底在哪裡？」「不知道！到底在哪裡？」怎麼樣也找不到。就是這麼難。可是，這道理今天藉著這個「降伏十二入」為諸位說清楚了，以後就知道了：「我從這一世往前推溯到過往的無量世，原來都是活在自己的如來藏中，想當然爾，未來無量世也是如此。」這樣就瞭解因果律為什麼絲毫不爽的道理了。所以差別只有早報晚報的差別，沒有不報的道理，甚至成佛以後還因殘緣故得頭痛；因爲無量劫以前用木棍敲過那魚王的頭，到佛地了還得要示現頭痛。因果律就是這樣，因爲從來都生活在自己的第八識中，所以業種不會落在外面，這樣因果也就瞭解了，也證實因果律確實存在而昭昭不爽。

那麼這樣子，十二入的道理懂了。以前如果聽人家說到「十二入」時，心想：「**豈有此理，哪來的十二入？**」可是經典明明有講，糟糕了，不知道該怎麼答了。因爲經典中有說的，絕對不是隨便亂講。換句話說，由於有外六入也有內六入，所以總共就有「十二入」。現在問題來了，就像我們剛剛說的「**降伏五陰**」的事情一樣，有很多人參禪說開悟，有更多的人說他已經開悟成佛了，可是他們成佛的境界都是離念靈知，從各大山頭一直到密宗假藏傳佛教都一樣。密宗假藏傳佛教講的只是雙身法中的離念靈知而已，也沒什麼奇特；但人家正統佛教至少還要打坐修行，心地清淨一點才有離念靈知，他們密宗則是隨便生活就有離念靈知，那人家世俗人不也說「我也有離念靈知」嗎？不也是如此嗎？那他們的問題就是對於外六入、內六入完全不解，因爲連普通的六入都不能理解了。

那麼如果對「十二入」有眞實理解的人，表示他是有道種智的，才能自己現觀而詳細理解「十二入」，不從善知識所得。理解十二入的人一定是有如來藏作依憑，憑藉著這「無名相法」如來藏才能觀察到這「十二入」，因此《阿含經》不必人家教自己就會懂。經由「無名相法」如來藏來產生了六根、產生了六塵，最後才產生了六識，有這道理的如實現觀所以知道：不論是外六入或者內六入，全都是因緣所生法。因此對「十二入」是否眞實的事情再也沒有懷疑，這也是疑見斷。那麼這樣的人對於「十二入」就能降伏，不受十二入的影響，再也不會退轉。

所以這「十二入」的道理很深，但是如果有善知識一一加以說明，而你正在聽聞這個妙法時沒有打瞌睡——沒有跟周公說話，你就會聽懂。不是閉著眼睛叫作打瞌睡，閉著眼睛也許是入定，但閉著眼睛也許是專心在聽講；可是閉著眼睛在點頭時就表示他不認同我，他的點頭是沒意義的，因爲他在跟周公打招呼。所以藉由「無名相法」的實證後，在善知識教導下，你可以「降伏十二入」，不論是外六入或者內六入都可以降伏，就不再被十二入牽著走而迷失於正法。那麼能「降伏十二入」時，表示你不是只有大乘的見道明心的智慧而已，因為大乘見道的明心，最多只知道「降伏六入」而已。這一句聖教告訴我們的是說：經由「無名相法」的實證，你不但降伏了一般說的六入，而且是對內、外六入全部降伏，可以進入到第二大阿僧祇劫來修行了。只有五個字的「降伏十二入」，背後的意思有這麼深。

「降伏十二入」之後，接著要「降伏十八界」。十八界在外面道場他們好像不太講解。你們以前有沒有聽過大法師講十八界？有喔？但你們搖頭，是沒有。而佛學院也都教錯了，所以佛學院中有講十八界，但是全都教錯了，這都很正常，不奇怪。佛學院中教的十八界，六根、六塵、六識如果都正確，你們出家眾大概也不會來正覺學法了；因為不需要，你們自己至少可以證得初果，至於有沒有開悟那是其次，我說的是老實話。當然也許你們有的人想：「我不滿足於此。」這是當然，因為你是菩薩。

可是絕大多數的道場不講十八界，一般佛學院又都講錯了；那我們也有師姊是姊妹兩人都在佛學院就讀，可是因為佛學院大約都是佛寺辦的，一天到晚就是要求說：「妳要出家，妳要出家。」但出家以後很難得跳出來，真的很難。她們一直猶豫，後來堅持不出家，但是讀到後面真的讀不下去，因爲她們在正覺學了兩年、三年以後，發覺佛學院裡把佛法都講錯了，「如果連佛學院的老師們都會講錯，我爲什麼要繼續學下去？」眞的聽不下了。就好像一個大學生被要求聽幼稚園學生來教微積分，就好像是這個道理。那大學生聽幼稚園學生講微積分時還能聽得下去嗎？眞的不可能。

也就是說因爲她們有智慧，先弄清楚佛學院教的到底是什麼？如果教的都正確了我才跟你們出家，否則出錯了家，只是換一個家住而已，出家就沒有意義了，所以她堅持不出家，先觀察一陣子再說。後來發覺，他們上課時這也講錯，那也講錯，乾脆不讀了。一直到上一梯次禪三破參時還說：「這法好深呢！」我說：「這個叫作深喔？這是在我們會中破參的人一定要知道的內涵啊！」「這些法在佛學院都沒有教過。」我說：「佛學院要是有教過，那麼佛學院那位老師就是開悟的人。」所以，這個梯次換她姊姊來打三了。她姊姊還俗後來學法，以前都不報名，現在可能也離開佛學院了；因爲她破參以後回去讀經、讀我的書就知道更多，姊姊應該因此完全信受了。

所以十八界很難理解，我舉個例來說；我們大約十幾年前開始——十三、四年前開始，在書上有講內相分與外相分，應該是十六、七年前書上講的，講完就整理出書了。可是就有人在網路上貼文質疑：「你們正覺說有內相分、有外相分，那是你們自己發明的。」後來有人來告訴我說：「這是某某人，就是某某法師講的。」我心中立刻就生起來四個字——忘恩負義，因爲我沒有要求他來禪淨班學習，也沒有要求他應該要先修學次法，就給他一個格外之恩，直接讓他打三而把他弄了出來，竟然還寫文章來評論我。但是我想：「唉！不理他，咱們弘法正事要緊。」可是我們臺南有位小潘師兄受不了：「你這個人忘恩負義！」所以寫了篇文章貼上去，於是他就閉嘴了。所以十八界這個法義還眞的不容易如實知，因爲通常這十八界法，沒有辦法憑自己的智慧去了知，通常是要由善知識來指點。

例如六識，大家很容易理解；當然，六識中的意識就有紛爭了，所以有的人主張意識是常住的，例如宗喀巴、釋印順。應該不會有人抗議我，但外面的佛學院僧人可能就會，他們會抗議說：「我們印順導師講的是細意識常住，不是指意識啊。」我反問：「細意識是不是意識？」佛法聖教中講得很清楚：不論哪一種意識，遠意識、近意識、細意識、粗意識，包含一切意識，佛陀說：「諸所有意識，彼一切皆意法因緣生故。」說過去世很遠很遠以前的意識，未來很遠很遠以後的意識，乃至上一世、下一世近意識，或是現前這個意識，或者粗意識、細意識，「彼一切皆意法因緣生故」。你們看 佛陀這話很厲害，不但管著兩千五百多年前的外道與佛門弟子，盡未來際所有的外道與佛弟子們都管定了。

就這麼一句話：「諸所有意識，彼一切皆意法因緣生故。」那麼還有什麼意識定義可爭的？因爲只要是意識，祂就跳不開這個框框。這個框框叫作意根與法塵，意識一定是出現在這兩個法組成的框框中，意識就存在其中而跳不出框外。如果要跳出去，除非一種方式叫作斷滅。可是斷滅時不能叫作跳出去，斷滅就是斷滅。所以識陰中的意識有淆訛，很多人弄不清楚，連釋印順都弄不清楚，佛學院的老師們就更別說了。

接著來談「六塵」，我沒有讀過釋印順書中有哪一句說六塵是內相分的六塵，沒讀過。你們有沒有讀過？啊？也沒有！表示他所認知的六塵是外六入的六塵。好，現在要拉回來談那位忘恩負義的法師，他說：「這內相分是你蕭老師自己發明的。」那我們師兄反問說：「請問《阿含經》中說有內六入、有外六入，那你怎麼解釋？」他只好閉嘴了！但他爲什麼敢寫文章來公開否定我？因爲他上了電腦〈電子佛典〉搜尋「內相分」三字，結果查不到，就直接提出來質問，我想他的所悟內容大約也忘光了，因爲當年是我送他的，不是他自己參出來的。這裡面的問題是，我不會依照經文的名相來講，因爲當時並沒讀過經文，我是依法界的現觀而說出來的。我的現觀是如此，不是從經文中讀來的。

經文既然沒有講內相分，我就不會讀到內相分，那我是不是因此就不講內相分了？那麼人家來問：「有沒有內相分、外相分？」我是不是就無法答覆了？但我當場答說：「有啊！」那我就講解內相分、外相分，我不用經文而直接來談內六入、外六入，因爲我是從現觀得來的智慧，是自己從相分觀察得來的智慧，不是讀經文理解得來的。所以，他搜尋內相分時當然搜尋不到，但搜尋不到並不代表就沒有內相分；但他沒智慧，被師兄弟推舉了就很篤定出來質疑：就是沒有內相分，是你蕭平實發明的。問題是，佛祖都函蓋在裡頭講過了，佛祖說了：「有內六入、外六入。」那內六入難道還會是外相分的六塵嗎？絕對不可能！於是沒有誰能扳倒正覺，因爲正覺是正覺而不是假覺，是依法界實相的現觀而說的法。

那麼意識既然是意根法塵爲緣而生，不管是粗意識、細意識、遠意識、近意識乃至現前意識都一樣：「**彼一切皆意法因緣生故。**」佛祖就好像拿了六根鋼釘，把棺材板釘死了以後，這一些釋印順的門人全都翻不了身的。只是沒有人拿出來講，慈航法師以前對他很不滿，對釋印順放話說：「**將來一定會有人來收拾你。**」既然沒有人來收拾，就由我來，我就把他收拾了。話說回來，意識的淆訛其實 佛陀在兩千五百多年前已經解決了，全都記在經文中，但他們有眼而不見，也眞的沒有辦法；這是白紙黑字寫在《阿含經》中的，據稱印順把《阿含經》翻到快爛了，他竟然讀不懂而會建立細意識常住說，眞的很奇怪。

這意識我們把祂講清楚了：意識之前要有什麼？在六識出現之前先要有六塵，沒有六塵就不可能有六識出現。六塵，如果剛剛沒有講「降伏十二入」，現在就得把剛剛講的東西從頭再來講。但現在不用了，因爲我們剛剛講過有「境界受」也有「六識的受」，現在單說六塵。六塵既然是函蓋在十八界中，那麼請問十八界中的六塵，應該是外相分還是內相分呢？（大眾回答：內相分。）當然是內相分！因爲十八界是五陰的組成內容。如果十八界中的六塵是外相分六塵，那麼印順哪天來了，我一定開口先問他：「你怎麼看得見我？」他一時弄不清楚：「你爲什麼這樣問？」我說：「對啊！你說十八界中的六塵是外相分，那麼古時那麼多阿羅漢入無餘涅槃了，那六塵就被他們滅掉了，你如今又怎能看得見我？」這要叫他啞口無言。

他也只能當個啞巴，不然能怎麼辦？所以說十八界中的六塵不是外相分，而是內相分，每一個人各自都有十八界。以前那些不迴心的阿羅漢，包括聲聞部派佛教中的上座部中後代都還有阿羅漢，他們各個都已入涅槃去了，都是滅了十八界；可是他們把十八界滅掉時所滅的六塵，是他們各自的內相分六塵，無關於外相分。否則的話，世間一旦出了個阿羅漢，大家都得趕快把他打死，不容許他入涅槃。就趁他不注意時，在還沒有入涅槃時就把他打死，否則眾生就慘了。而且所有人的佛菩提道也要跟著滅了，因爲大家全都盲無所見、耳無所聽、鼻無所嗅，連怎麼生活都不知道，就算是被殺了也不知道，走路也沒辦法走，因爲你都沒有觸覺了要怎麼走？一定要有內覺外覺的觸覺，才有辦法走路；那麼眾生也就不成其爲眾生了，那三乘菩提也都會隨著滅亡，那我們怎麼可以讓那個阿羅漢滅掉六塵？當然要趕快把他殺掉。殺阿羅漢是忤逆，可是這種情況下我保證你是功德一件。

這意思在告訴我們說，那十八界中的六塵不是外相分，是我們各人自己的內相分。那你經由這樣來觀察以後，還要再往前推究：有六識是因為先有六塵，可是光有六塵也不能出生六識，還得要有六根。必須是眼根觸色塵而生眼識，耳根觸聲塵而生耳識，乃至意根觸法塵而生意識，所以也得要有六根，是六根最先，六識最後出生的。六根是老大，六塵是老二，六識是老三；但竟然有人說老三是常住的實相、是老大，那麼六根要怎麼定位？是老大的老大的老大？沒這個道理啊！所以這樣去觀察的結果，發覺事實上眞的有六根。可是六根在佛學院也都講錯了，特別是意根。但他們錯到多麼離譜，就只好等下週再來聽講了。

不曉得諸位有沒有看到網路上中國網的採訪？（大眾回答：有。）還沒有看的人想看，可以先下載於電腦中，然後再叫出來看，免得網路上有時塞車，會斷斷續續的。《佛藏經》我們上週講到「降伏十八界」時講到哪裡？臺灣的佛學院應該比大陸佛學院的素質高一點，可是事實上也是很差勁。為什麼說是差勁？我弘法早期，大概差不多十四、五年有了；應該不止，因為那時同修會還沒有成立；有一位佛學院的老師親口跟我說的：她們佛學院有一位教唯識學的老師是怎麼教百法明門的？

《百法明門論》那首偈不是說「一切最勝故，與此相應故……」？她說那位唯識老師是怎麼說明：「一、切最勝故。與此相應故。二、所現影故。三、位差別故。四、所顯示故。」他就二、然後才是「所現影故」，然後接著三，又一個頓號，然後說「位差別故」。他就這樣搞，那是教唯識的老師，在大約二十年前這樣子搞。我聽了很感嘆說：「佛學院也會請到這樣教唯識的老師。」很感嘆！然後她就說：「好幾年以來，佛學院中教六根時，我們大部分的老師們教五色根時，只教扶塵根，都不談勝義根。」你們知道爲什麼嗎？她們說：「五根就只是眼睛是眼根，耳朵就是耳根……等。」就是不談勝義根，因爲不能談。她們不懂勝義根是什麼。可是這不是最根本的原因，最根本的原因是因爲釋印順把腦袋或腦神經定義爲意根了。

釋印順寫書時明著講：意根就是腦神經。既然腦袋瓜已經被他說成意根了，那就不能說五色根還有勝義根了，所以她們乾脆不談勝義根。問題就在這裡，因爲她如果要說勝義根就是我們的腦袋，那問題來了，印順導師說：

「意根是腦神經。」那要怎麼解釋五色根的勝義根？這裡面有兩個衝突，眞的沒辦法解釋，就乾脆不談。所以佛學院畢業的人也不懂什麼叫作勝義根，那麼四年就白讀了。這還是基礎佛法呢！連基礎佛法都弄不懂時那就白讀了。

但他們也眞是笨得可以，都沒有想過：「**印順法師一百零一年前投胎來此世時，他有沒有帶腦神經來投胎？**」因爲意根是通三世的，是從前世來到此世而且還要去下一世的，但他們都沒有想到這一點。他們不想想釋印順本身的問題也就罷了，至少要想想自己：「**那我死時要不要請醫生把我的腦神經弄出來？因爲我要帶去投胎啊！**」竟然全都沒有爲自己想一想。既不爲自己想，自己至少爲老法師們助念時，也看過老法師們過世；但老法師們過世時，有沒有頭腦裂開把腦神經飛出去投胎？也沒有啊！唉呀！我說他們眞是笨得可以。因爲意根是貫通三世的，意根的特性是恆而不審——所以不與意識俱的獨頭意根，不能了別各種法，祂自己只能了別五塵上顯現的法塵有沒有大變動而已。既然如此，就表示祂是不審的，但祂恆，因爲無始以來永遠不中斷、不間斷。

如果是不學佛的世俗人，意根也是盡未來際永遠不中斷的；假使他不學阿羅漢法，盡未來際都是會永遠存在的，就表示他的意根腦神經要從前世來到這一世，要再從這一世去到未來世去。那問題就出現了：釋印順到底有沒有帶腦神經來此世投胎？沒有！當他說意根就是腦神經時，馬上要檢討這個問題了，但他自己顯然一點警覺都沒有。然後那些跟著他學的人也都不觀察說：「人死了，有沒有腦袋裂開，然後腦神經飛出、就去投胎？」好像人家依照小說畫某個人死了以後，一縷芳魂飄啊、飄啊投胎去了。有沒有？也沒有啊！那印順這個說法怎麼能通呢？怪的是佛學院那些學生、比丘尼、老師們，她們都很信受印順法師的邪見，眞是怪！就你們來到正覺修學，知道那個說法不可信，可是他們都很信。那你告訴他們說：「印順法師那個講法不對！」他們還要跟你辯論說：「你們不懂啦！」所以說，這是很怪的事情。

那麼要談到「降伏十八界」時，要如何降伏六根、六塵、六識？當然得要談一談十八界的全部內涵。這時六根的內涵你一定要知道，否則如何降伏？因此無妨就先從二乘菩提來說這六根。六根就是眼、耳、鼻、舌、身、意，那麼前面五根是眼、耳、鼻、舌、身，都是有色根，最後第六個是意根，叫作無色根。無色根是表示祂不是色法，既不是色法就不應該是腦神經。這五根各有扶塵根和勝義根，眼根的扶塵根諸位在禪淨班上課時，親教師都為諸位說「眼如葡萄」，所以古時—清朝之前都是如此—如果有人犯了罪，依律應判剜刑，罪刑確定了以後，縣吏就端個盤子，盤子中放一個碗加上一根調羹，就是吃粥用的瓷湯匙；然後把犯人按在地上，有一個人把罪人眼窩兩邊壓著讓眼睛突出來，另一個人就用調羹插進去挖出來；雖然血淋淋的，但證明眼根是圓的，這叫眼如葡萄。

沒有人眼球是方形或三角形、菱形的？若是的話，你就無法轉動眼睛，但這只是眼的扶塵根。因為它是接觸色塵來運作的，是與外色塵接觸的，所以叫作扶塵。你們上下樓梯用的扶手要不要接觸？若它是不接觸就能用的，就不叫扶手了；既是一定要扶手，就是要接觸。而眼球就是專門用來接觸外色塵的，可是眼球所見的外色塵並不是諸位所見的色塵。

打個比方說，記得以前我讀國二時，算一算應該是幾年前？是五十幾年前了，我們讀國二時，那時沒有國中，叫作初二，你們糾正得對；因為現在都是講國二，我就跟著講，所以應該是初二時，有一門課叫作「生理衛生」，講到人體的器官時說到眼球。它有一個圖畫很簡單，一面牆壁，中間是一個凸透鏡的側面，另一邊畫著蠟燭而且有燭臺，蠟燭上方有火，從火畫一條虛線通過凸透鏡中間往下斜到牆壁上來，呈現火向下燒的模樣；那燭臺的下方就畫一條虛線通過凸透鏡的中央來到牆壁變成在火與燭的上方；那麼中間是凸透鏡，這邊是燭臺、那邊牆壁上燭臺的影像變成顛倒的——火在下、燭臺在上。

同理，每一個人的眼球都是一個圓形的水球，就好像水晶球一樣，這眼球的前方就是凸透鏡——水晶體；瞳孔與水晶體合在一起，等於是照相機的光圈；瞳孔爲了控制光線大小而可以縮小或放大，但水晶體基本上就是一個凸透鏡；這凸透鏡浮在你眼球的前方，外面的色塵透過眼球前方這個凸透鏡，進入眼球後方映現在視網膜上變成倒影；所以你們眼球的後方視網膜上所看見的我是這樣倒立的，不是這樣正立的。但諸位現在看到的我是正坐的，不是倒坐的，我不是倒立而懸空的。有誰敢說他看見我是這樣倒立而坐的？都沒有呀！如果是看見我是這樣倒立而坐的，那你一定沒辦法生活了。

這表示另外有一個內相分的色塵存在，被你們所見，你們並沒有看見外相分的色塵。你們覺知心所看見我的影像是正立的，可是眼球中的影像卻是倒立的，這表示說：我們覺知心所看見的影像不是外相分的色塵，而是內相分的色塵。既然有情看見的是內相分的色塵，就表示另外還有一種有色根的眼根，才能顯示出內相分的色塵而被有情的眼識所看見。眼根如果只有眼球這扶塵根，那麼每一個人看見的色塵影像都應該是顚倒的，但並沒有人看見上下顚倒的色塵啊！這表示看見了影像時，並不是看見眼球視網膜中的影像。既然證明有內相分的色塵，不是直接看見外相分的色塵，眼根就一定也有勝義根。凡是有影像所在的地方，就一定是先有根，否則不能使外相分的色塵影像進入我們身中，也不能使內相分的色塵影像有個能顯現的處所。那麼我們眼球後方視網膜所得的影像既然是顚倒的，可是我們所見的色塵卻是正立的，就表示眼球這扶塵根以外，還另外有一個勝義根。但這個勝義根在哪裡？在腦袋中。

腦袋中有很多不同的部分，有的部分管視覺，有的部分管聽覺，有的部分管嗅覺、味覺以及觸覺，有的部分是讓你去作思惟分析用的工具，有的部分是讓你的意根使用的，譬如呼吸等則是以身根的勝義根爲工具。腦袋是很複雜的，所以區分為大腦、小腦、延腦，還有髓腦，還有其他細分的許多名稱，這些合起叫作五色根的勝義根。以前有醫學家作實驗，才能使現代醫生瞭解頭腦的各部分功能；現代外科醫師都知道頭腦各個部分是什麼功能，因為以前有醫師作過實驗，一一去確定了，證明人間的有情不是只有扶塵根，還另有勝義根。五根生來有殘疾的人上了醫院求治，醫師會先確定是扶塵根或勝義根出問題，若是勝義根的問題，醫師不會為他動手術的。

可是這個道理，佛法中早就講過了，所以佛法中有說扶塵根是「可見有對」，雖然它扶著外塵而運作，但因為可見有對，就表示你從外表可以看得見它存在著，也可以證實它有特定的功能；但又另外把它取一個名字叫作「浮塵根」，因為它漂浮在身體表面，可以看得見，所以大家看了，都知道說眼球是圓的，沒有人說眼球是方的。那可以面對它的功能，便叫作「有對」。「可見有對」是說你可以看見它的存在，也可以瞭解它的功能確實存在；譬如眼睛蒙住了就說看不見，表示眼睛確實有看的功能，所以有對，而浮塵根都是可見有對的。

又譬如耳根，耳如荷葉，有沒有人耳朵像紙板那樣圓圓平平的？找不到這樣的耳扶塵根，所以說耳如荷葉。荷葉的邊都會有彎曲的，耳也是如此，所以耳如荷葉。但是耳如荷葉這個耳，畢竟是扶塵根，只接觸外聲塵，是可見有對。那麼耳根另外有勝義根，是「不可見有對」；同樣的道理，眼根的勝義根也是不可見有對，其餘三個扶塵根也是一樣各有勝義根。

例如有人騎摩托車時喜歡騎快，從巷子這樣出來時也是騎得飛快，當卡車在慢車道開過來時，時速才三十五公里而已，但那個年輕小夥子……我有一次在南京東路五段的慢車道由北往南騎著，我親眼看見年輕人就直接撞上那輛貨車，就這樣「碰！」一聲就不省人事了，後來到底有沒有死，我不知道了。那我們就說，譬如這樣撞上了，當年沒有規定要戴安全帽，有的人撞了以後身體都完好，沒問題，就是腦袋撞了；腦震盪不過一兩天也就好了，但後來他清醒後就只是看不見，其他都沒問題，這是爲什麼？是因爲他眼根的勝義根壞了或是受損了。也許住院一、兩個月以後他又漸漸看得見了，表示已經修復了。所以眼球好好的都沒問題，可是爲什麼看不見呢？顯示他眼根的勝義根受損，沒辦法作用了。

由這樣的例子來證明眼根眞的有勝義根，不是只有眼球這個浮塵根；眼這個勝義根只有對腦神經外科醫師，才說是可見有對，因為他開刀時先把頭骨拿開，對他來講就是可見的；但在一般情況下，或是對我們來講，都是不可見的；但不可見的狀況下，不代表就是不存在見的功能，所以勝義根不可見有對，因為它的功能確實存在。就如那個車禍的年輕人，眼睛都沒問題，都沒有損傷，就是腦袋損傷而導致看不見；但他後來休養好了又看得見了，這證明眼根的勝義根確實存在。

眼根如是，同理其餘四種有色根也如是，所以這五色根都有扶塵根也有勝義根。扶塵根都漂浮在身體表面，都可以看得見，又名浮塵根，但勝義根都在腦袋中，外表全都看不見，但是它的功能確實存在。我年輕時看過一個醫學影片，把一個人的腦蓋打開，然後把受試者的腳拿針來刺，他覺得很痛，可是當醫生把腦袋的某一個部分麻醉了，他的腳再怎麼針刺，全都沒有感覺；麻藥不是在腳上注射的，而是從他的腦袋某部分加上麻藥，結果他的腳不會感覺痛，醫師就能確定勝義根的這部分是管觸覺的；這表示勝義根的功能確實存在，所以是有對，你可以面對它的功能；但是勝義根不可見，因為它包藏在頭蓋骨中。

這樣子，五色根都各有扶塵根也有勝義根。譬如有人生來眼盲，或者有人生來耳聾；眼盲或者耳聾有兩個情況，一種是勝義根生來缺損，另一種是扶塵根生來缺損；如果是扶塵根缺損，現代的醫學技術可以幫忙，就是爲他移植視網膜、眼角膜……等就好了，現代醫學可以克服。可是一碰到勝義根有問題時，醫生就幫不上忙了，因爲醫生沒有辦法幫你弄一個新的勝義根裝進去。如果把整個勝義根全都換了，譬如達賴喇嘛跟一個修密的西洋醫生對談說：「**人如果頭壞了，可以移植頭。**」我說他們兩人都是笨瓜，那醫生也眞的是笨瓜，因爲他們都沒有智慧。

千萬別這麼作，因爲一旦換了另一個腦袋過來而成功了，這個身體就變成別人的，不是頭腦變成自己的；因爲頭腦與六識是合在一起的，醒來時這頭腦與身體都要依頭腦附帶的精神來決定行止的。這時精神是別人的，自己的精神無法在新移植過來的頭腦中現起，當然身體就是由新移植的頭腦來指揮的，就成爲別人的了。實際上這個移植也不可能成功，可能還要再幾百年、幾千年後；但是即使成功了，不是你這個身體得到一個新的腦袋，而是新的腦袋進來以後使這個身體變成別人的腦袋所有。人家醒來以後說：「**我怎麼**

在這裡？這不是我家，我要回家去。」就動用這個身體走了。因爲所有的記憶都是另一個人的記憶，所有的六識都是另一個人的六識。結果是這個人得到新的腦袋？還是這個身體被人家的腦袋搶走了？一定是被搶走的。因爲人不是以色身爲我，是以覺知心的認知爲我，而覺知心能認知就是六識的作用，六識歸於頭腦所有，所以這個問題就出現了。

因此，不能夠說：「人只有靠著這五個扶塵根就能存在。」因爲一定得要意識隨附著運作，而意識隨附著身體和腦袋時，一定要有意根在背後支持著。那意根遍布於勝義根的每一個部分，勝義根的每一個部分中都有意根；祂就像八爪章魚什麼都攀緣，攀緣的範圍很廣，包含上一世的臭骨頭與眷屬，因此 世尊說意根「默容十方三世一切世間出世間法」，所緣眞的太廣了，所以祂就變笨。諸位試著理解一下：假使現前這個覺知心分散開來在六塵全部都去注意，那我在這裡說法時你聽得清楚嗎？只有六塵而已，還沒有像意根攀緣那麼多法，你就已經弄不清楚了。

還不必說六塵的全部，單說同樣法塵吧，當兩個人同時跟你講話，你同時聽著、也同時跟他們談著，你是不是會常常對某甲說：「等一下、等一下，你剛剛講什麼？」然後，才不過幾秒鐘又得面對某乙說：「你等一下、等一下，剛剛你講什麼我沒聽清楚。請你停一下，讓我先跟他談一下。」是不是要這樣？是喔！單單面對兩個法塵時就已經是如此。可是意根的攀緣不只如此，意根是「默容十方三世一切世間出世間法」，所以意根同時攀緣你這個身體，還攀緣一切外境，還攀緣你上一輩子的臭骨頭，還攀緣未來世的法。

別懷疑，如果意根不攀緣未來世，念佛人在極樂世界就不會有他們專屬的蓮花。意根也攀緣過去世，過去世那一把老骨頭葬得不好，出問題時意根受不了，祂就會對上一輩子那個兒子搗蛋；對兒子搗蛋覺得不夠就再搗亂他的孩子，也就是你前世的孫子。那兒子可能剛好是隔壁家那位老爺爺，一直到他們求神問卜弄清楚了：「原來是祖先的墳墓沒弄好。」去把它弄好了，隔壁這位年輕人的病也好起來了。這就是如來藏有「不可知執受」，但和意根相連在一起。意根什麼都緣，攀緣太多，所以了別的功能就很差了，甚至不能反觀自己。所以意根全部攀緣的結果，只能怎麼樣呢：「那裡有不同狀況，有奇怪的事發生了！意識趕快起來。」意識就帶著五識心一起來了別，正是這樣。所以意根了別的功能很差，因此你們睡著時不知道自己睡著了，因爲都向外攀緣，不會反觀自己。

那麼意根是無色根，祂沒有色法，不是物質，所以不能像印順那樣亂說祂是腦神經，但佛學院一向都亂教。同樣是佛學院，還有一種教法說：「意根就是意識不現行時，那時便叫作意根；意識現行以後意根就不存在了，所以人們還是只有六個識，沒有錯，哪來的第七識？意根不是第七識，意根只是意識的種子。」佛學院也有人這麼教，可怪的是他們都不讀《成唯識論》，論中早就破過了；《根本論》也是一樣講的，《唯識三十論頌》中也是這樣講的。這在其他阿羅漢寫的論中也都破過了，但他們都不讀。

意根不是意識的種子，因爲六個識的每一個識現行時，全都要有所依根，否則就不能現行乃至不能運作。譬如眼識現行以後，得要有眼的扶塵根與勝義根並行運作，眼識才能運作，否則眼識馬上就滅了——如果眼根不存在時，眼識就滅了。六識的道理都一樣，因爲六識都是藉根、塵相觸而從如來藏中出生的，都是根觸塵而生識，六識的道理都一樣。現在問題是，如果意根是意識的種子，意識現行時意根就不存在了，就應該是意識運作時就沒有所依的意根並行運作，意識就不能運作、不能存在。依他們說的道理，眼根也該是眼識的種子，當眼識現行時種子眼根就不應該存在，但是請問：「眼識現行了以後，眼根是不是要消滅？」是不是要消滅？眼根也應該是眼識的種子，眼識現行時眼根就該消滅了，對不對？

這法太深了是不是？諸位想一想，當他們說：「意根是意識的種子，所以意識現行時意根就消失了，所以一樣是六個識，沒有第七識意根，也沒有第八識如來藏。」那意思就是說，意識現付時不需要有所依根，因此眼識現行時，眼根就應該轉換為眼識而不存在了。但 世尊在《阿含經》很多地方都說：「眼、色因緣生眼識，耳、聲因緣生耳識，乃至意、法因緣生意識。」這表示說：眼識生起時得有眼根作所依，眼識才能生起；當生起時，如果眼根因為是種子而消失了，眼識將會跟著消失，又怎能繼續存在？眼識又怎能繼續運作？識陰等六個識都是如此的，佛說六個識都是如此，沒有差別。

如果他們說：「意根是意識的種子，因此意識現行以後意根就不存在了，因為種子變成意識了，所以當時就沒有意根，所以意根就是意識，意根就只是意識的種子而已，所以意識現起時意根就不存在了，當然人只有六個識。」那麼同樣的道理，耳識現行時耳根是不是也應該要消失？因為耳根是耳識的種子。那麼請問諸位，你們現在耳識在不在？（大眾回答：在）在！那你們耳朵有沒有消失？（大眾回答：沒有。）沒有消失。再問：耳根的勝義根有沒有消失？（大眾回答：沒有。）也沒有！如果有消失，那勝義根中就得空掉一塊了。所以我說：「**佛學院中這些教法眞的很荒唐，他們有很多的過失。**」即使要再講，也還有很多過失，但那得在增上班再去談，這裡不多談；這裡只講這一種就好，讓諸位聽懂。

所以他們講六根時眞的很奇怪，以前我們有一位比丘尼悟了以後，說她要繼續讀佛學院，我跟她說：「**我保證妳讀不了兩年，一定會退學。**」她說：「**我讀讀看，我再讀讀看。**」我說：「**妳去讀，沒問題，但讀不久的。**」結果不到一年眞的退學了，因爲眞的讀不下去。每一堂課她都一直發覺這位老師那裡講錯、這裡錯，那位老師這裡錯了、那裡也錯了。她都一直發覺很多的錯誤，強忍著繼續讀，但發現每一位老師、每一位教授都一樣，到最後她越上課越痛苦，只好退學了。這是我早就預料的。就好像你都考上大學了，你還去聽一個小學生爲你講數學，聽一個中學生爲你說明代數、幾何。所以她不到一年就退學。那是她主動退學不想讀了，因爲每一個老師都不如她，請她去當教授還差不多，所以她讀不下去。那麼這樣反證——顛倒過來證明，證明那些在佛學院讀得很快樂的人是什麼程度，這樣你們就瞭解了。當然我們也希望未來有機會主持一個佛學院，不過那只是個理想。

因此說，這六根，那些佛學院裡的老師教授們都弄不懂；一般老師不懂，連專門教唯識的老師也不懂，因爲他們都遵照印順法師的六識論在教，那你想他們《阿含經》要怎麼教得下去？《般若經》和第三轉法輪的唯識諸經，他們當然更不懂，所以就別提了。那麼說近一點的好了，我們臺中講堂的兩位師姊本來都讀佛學院，讀佛學院時人家曾要求妳要出家，我好像講過了對不對？所以她們學了正法以後知道那裡沒有正法，乾脆退學不讀了！也因爲老是被人家要求要出家，可是那個法到底對不對？以前不知道；但是來正覺修學以後發覺他們的法根本就不對，後來聽不下去了乾脆就離開。

妹妹上個梯次破參時跟我抱怨：「老師！我們正覺這個法好深喔，我在佛學院都沒聽過。」我說：「在佛學院當然沒聽過，因爲這個法是他們所否定的法，他們也全都無法想像，那妳在那裡怎麼可能聽得到。」那她爲什麼會學這個法呢？是因爲媽媽——不識字的媽媽竟然也可以開悟，而且開悟以後跟以前講話不一樣，然後她佛學院的同學打電話來找她們時，老媽媽都會跟她們講一些佛法，而她們佛學院的同學們都聽不懂；就這樣子，後來佛學院的同學們打電話到她家去，只要是聽到老菩薩的聲音就趕快掛掉，因爲害怕和老菩薩對話。後來知道老菩薩眞的有「才情」，因爲她可以表現出來的就是有才情，於是她乾脆退學在家自學。過沒多久姊姊也跟著退學，本來也是出家了，後來乾脆也退學回來正覺學法。

這樣，諸位可以瞭解，臺灣佛學院的水準是什麼樣的水準。因爲連六根都弄不懂，不懂的原因則是因爲印順法師亂講，然後大家跟著亂學亂信亂傳。但佛法是可以實證的義學，是可以現觀的眞實法，不是一種思想或是想像。所以當有人實證以後講了出來，他們就沒轍了，就無法回應。所以我特地爲印順法師寫了那麼多書，終其一生他不敢回應；他可以說得好聽一點是「我不屑回應」；但是明眼人都知道他是不敢回應，而非不屑回應。因爲印順師徒都是很強勢的人，眼裡揉不進金屑，就別說我幫他揉進了好多沙子。

由此可見，即使是六根都很難理解，而現代佛教界大家在實證上都遇到瓶頸無法突破，原因多半是對於基礎佛法的理解不夠。但基礎佛法是什麼？

就是五陰、六入、十二處、十八界。那我們上週也講了「十二入」，道理也跟諸位講了很多，這裡我們就談六根這部分就好，至於六塵與六識，上週講的諸位也足夠理解了，所以這一部分就不必談。

現在就來談談證得**無名相法**後怎麼樣能降伏十八界？世尊既然告訴我們說，由這個「**無名相法**」可以「**降伏十八界**」，就一定有降伏的原因。那我們從無色界說起，無色界之所以名為無色，就是沒有色法，就是沒有色身所可看見的這五扶塵根，當然更不會有五勝義根。那麼在無色界不談「**無名相法**」，因為他們不具足十八界法；現在只在十八界的範圍中談，而無色界只有意根和定境法塵加上意識；而那個意識叫作「細意識」或者「極細意識」，因為無色界的意識是三界中最細的意識；那我們把色界的意識叫作細意識，因為祂不是人間這種粗糙的意識。無色界的有情叫作天，是因為他們超越於色界、欲界諸天，當然有資格稱為天；可是他們無色，所以沒有人身，就不好說為無色界天人。不能說為人，他們無形無色怎麼能說他叫作天人？假使有一隻狗得無色界定，死了生到無色界天去，你還能叫他無色界天人嗎？你是不是要叫他無色界天狗？但實際上連狗也不能稱呼他，因為他連狗形也無，也沒有狗的意識，所以只能稱「無色界天」，不能稱「無色界天人」，因爲他們已經沒有人身了。

他們只有意根和無色定的法塵，以及意識三個法，所以他們的十八界只剩下三界，那麼這時當然要探討意根能不能單獨存在？以及意根是不是可滅的？答案是：意根不能單獨存在。因爲既然是根，就是可滅之法，阿羅漢捨報時十八界俱滅，所以意根也是可滅之法；可滅之法而可以存在無色界，表示他一定有一個所依，那個所依是「**無名相法**」如來藏。意根能不能出生定境法塵？不能！就好像你在人間，眼根能出生色塵嗎？也不能！要由如來藏「**無名相法**」來出生。同樣的道理，無色界定中的定境法塵一樣是要由「**無名相法**」如來藏出生，而意根也是「**無名相法**」所生。凡是可滅之法都不能單獨存在，一定有一個所依的本住法；然後意根觸定境法塵而出生了無色界的極細意識，那極細意識是意根與定境法塵合生的嗎？當然不是。

如果是意根與定境法塵合生了無色界天的極細意識，那麼這意識就叫作共生之法。諸位還記不記得《中論》說什麼？對喔！「**諸法不自生，亦不從他生，不共不無因，是故知無生。**」但是可怪了，印順明明是推崇《中論》、弘揚《中論》的人，他一生常常在講八不中道，而這八不中道都已經告訴他不共生、不無因生的道理了，爲什麼他還要說：「不需要如來藏、不需要第八識，只要有根有塵相觸就可以共同出生識。」他爲何要這麼講？那他到底懂不懂《中論》？眞的不懂。因爲明明告訴他諸法不共生了，那他講的剛好是龍樹所破的「諸法共生」；他又否定了根本因如來藏，但龍樹已經告訴他「不共不無因」，他又落入龍樹所破的「無因生」之中。

所以他說法時才會猶疑模稜而變來變去，講到後來就是自相矛盾。他有時說：「我弘揚《中論》，我弘揚《十二門論、百論》。」結果他又不承認自己是「三論宗」的人。這個人就是老狐狸，明明他所弘揚都是「三論宗」的法義，卻不承認說：「我是『三論宗』的人。」事相上也是如此，他明明穿著僧服燙了戒疤，結果他卻說：「我是搞學術的。」然後他把 佛陀說的經給推翻掉。這個人就是這樣，我說如果要這樣的話，乾脆脫掉僧服算了吧！惡業還少一點，穿著僧服來破壞佛法，那惡業豈不更大。所以我說他們不懂中道，才會落到龍樹所破的「無因生」中，也落入龍樹所破的「共生」中。

那麼當你證得「無名相法」時，你也可以用比量來觀察，因爲你還沒證得無色界定，但可以用比量來推究出來：意根是可滅的，意根一定有一個所依，而定境法塵不是意根能出生的。所以，一定有一個能生定境法塵的心，那一定是意根的所依；那麼無色界的意識出生是藉意根和定境法塵作因緣來出生的，但不可能是由根與塵來生這個無色界的意識，所以一定仍然是那個「無名相法」。當你證得無名相法時，你這麼一推究就推出來了，所以本來還有一點猶豫說：「我這個無色界定中的意識覺知心，難道不是眞的嗎？」那個猶豫的心馬上就破除了，於是心得決定。心得決定時，對無色界愛就滅除了，這樣就是證得解脫三昧「空、無相、無願」。因爲證得這個是由下往上證的，所以當你無色界這部分的執著破除時，下二界的十八界法也就破除了。

可是，我現在說明時卻得要從無色界往下說，其實破除是欲界先破。只是從無色界往下破、往下說，比較容易說明，因爲把意根、法塵、意識先破了，我就不必再講這三個法，到時候點一下就可以。無色界講過了，來到色界。色界有四禪天——從初禪到第四禪，五不還天就先不談它，因爲大致上所存在的十八界內的法都是一樣的。色界不具足十八界法，要扣掉六界；因爲色界天人身體很廣大，只有一層皮膚，也有眼、耳、鼻、舌、身五扶塵根，看起來都有，但只是表面上看起來都有，可是身中如雲如霧，沒有五臟六腑；正因爲是這樣才能存在色界中，否則身體將會因爲很重，只好下墮到欲界天或者來到人間。

他們正因爲這樣的身體而可以在色界天存在，那就有人的形相。而色界天人不需要聞香，因爲他們不吃食物，所以食物好不好吃都無所謂；因爲色界天沒有食物，他們都不必吃食物，他們以禪悅爲食。如果定力退失了，他們色界天身就開始衰弱；若是定力全部消失殆盡，色界天身就不見了，就是死亡。所以他們每天得要坐一坐維持定力，以禪定的喜樂作爲色界天身的食物，所以叫作「禪悅爲食」。

那麼他們沒有五臟六腑，因爲他們的存在並不需要依靠食物；而色界天也沒有食物可吃，說到這裡要問一問大家：「**那你們想不想去色界天？**」不想！因爲沒有好吃的食物，而人間有太妙的食物、太好吃了，對不對？而我們身爲菩薩，也不必羨慕色界天，除非你已經超過了四地，是到四地以上去了，那你所化度的有情大多不是在人間，當然可以去色界天，那是另一回事，不去談它。由於他們不需要吃食物，所以不需要嗅香，不需要嗅香時是否就不需要鼻子？那爲什麼還要？爲什麼還要？卡大聲一點！（閩南話。）因爲要呼吸，但這只是其中一個原因，還有另一個原因——端嚴。如果色界天人沒有外表的鼻子，像什麼？醜八怪了。但色界天人比欲界天人層次更高，應該更端嚴的，怎麼可能鼻子就消失了？所以不能沒有鼻子。因此他們有鼻根的表相，但是他們不是用來嗅香，沒有嗅香的功能，當然更不需要有鼻根的勝義根，所以色界天人都沒有頭腦——沒有大腦、延腦、髓腦，都沒有這些物質。

以前有沒有人這樣講過？沒有喔？因爲這得要有色界天身的體驗才會知道。當你親自看過和體驗色界天身了，你才能講。那這樣子，色界天人不吃食物，表示舌根就用不著了，因爲舌根之目的是要嚐味的；既沒有食物吃就沒有味道可嚐。那麼這樣生在色界天好嗎？也不好。但這只是人類的想法，不是色界天人的想法。現在問題緊跟著來：色界天人既不需要吃食物，所以不需要嗅香、不需要嚐味，不需要嚐味時是否就不需要舌根了？還是有舌頭的。因爲剛剛問鼻根時你們就想過了，他們也得要舌頭，因爲要互相溝通時得要講話。雖然不嚐味道，但需要講話時仍然需要舌頭，所以依舊有舌的扶塵根，但沒有舌的勝義根。

所以當人家罵一個人說：「都不用腦袋，你這個人腦袋空空如也。」可是你如果到色界天說：「你的腦袋空空如也。」他說：「你不是跟我一樣嗎？」因為大家都是這樣。那這樣看來空空如也到底是罵人還是稱讚？是稱讚他有禪定證量，就好像在人間說：「你不是人。」到底罵人還是稱讚？在人間這是罵人的話。是說他沒有人的格，也許言外之意是他變成狗的格、蛇的格了。可是無色界天人本來就不是人，如果是遇到菩薩呢？菩薩以如來藏為我，但如來藏是人嗎？也不是人。所以你罵菩薩說：「你眞不是人！」他可能會答覆你說：「對啊！我本來就不是人。」這個觀念都要弄清楚。

現在來看我們在人間有鼻根、舌根時，就表示有香塵、還有味塵，有這兩塵也有這兩根時，根塵相觸就會有鼻識也有舌識出現；可是在色界天沒有這六界：沒有鼻根、舌根的勝義根，沒有香塵、味塵，也沒有鼻識、舌識，十八界中的這六界在色界天並不存在，表示人間的這六界，他們不是必要的——只有在人間才是必要的。因為在色界天是可以滅的，所以到了色界天就不存在。那麼這樣從無色界開始比量推究而來到色界時，十八界中有一半砍掉了，知道這九界是可生可滅之法，也就降伏住了。因爲色界也有的意根、定境法塵，加上意識是到無色界還存在著，但是出三界時就滅掉了。所以我們說明無色界時，就說祂們是虛妄的，這已經否定十八界中的三界了，來到色界時再否定十八界中的六界，結果是已經否定九界了。因爲這色界六界的生滅道理是一樣的，跟無色界那三界的道理一樣的——一定要有一個所依，但仍然是可滅的。

這樣把九界都否定了，那我們人間有十八界，這十八界法扣掉九界以後剩下的呢？是眼根，還有我們的耳根、身根。有這三根就會有相對的色塵、聲塵、觸塵，有這三根三塵時就會生起我們的眼識、耳識、身識；這三聚法一是根、一是塵、一是識，那麼根、塵不能合生識——不能共生識，而根與塵二法也不能無因生，還是得由「**無名相法**」如來藏出生；而這三個識既不共生也不可以無因生，就表示全部都要有一個本住法來出生。這個本住法生了這九界以後，這九界去到色界時還會存在，只是變微細而已，可是到無色界時也不見了，表示這九界也是虛妄的。

這樣在自己身上觀察一下眼、耳、鼻、舌、身、意六根可不可滅？可滅。但是出生這六根的「無名相法」可不可滅？不可滅。也許你說：「我都還沒找到，怎麼能跟你回答？」但我告訴你，你盡管大聲回答沒問題，因爲我們會裡有四百多位實證的人都說：「找不到一個方法可以滅這如來藏無名相法。」不說在我們會中，單說二○○三年退轉的那些人說：「阿賴耶識可滅。」後來我問他們：「怎麼滅？」結果答不出來了，因爲根本不可滅，他們也找不到方法可以滅這第八識心。那麼找到的人都說滅不了，沒找到的人還能把祂滅掉？才怪咧！

但就曾經有人講，就是聖嚴法師，他在書中說阿賴耶識是妄識，所以要把祂消滅，滅了阿賴耶識就是開悟了。嗄？滅了阿賴耶識就是開悟了？那我就要問他：「請問你找到祂沒有？你也沒有找到，因爲你說這個識不存在。既然你沒有找到祂，那你怎麼能滅掉祂？然後你說把祂滅了就開悟，那麼我要請問：你開悟了沒有？」這時他能怎麼答？所以聖嚴法師終其一生不敢回答我的提問。所以我說：「當代佛教界眞的好可憐！」可憐的原因無他，只因爲有一個蕭平實住世，被我問到的都無法回答。

那麼這樣看來，這十八界的一一界都不可能自己存在，因爲這十八界法全部都是「諸法」之一，十八界有哪一界不是函蓋在諸法中的？全都沒有！可笑的是弘揚「三論宗」的大法師釋印順把意根否定了，然後說：「意根也是意識，因爲意根是意識的種子。」他們都沒有想一想說：「我這樣子主張，有一天人家來問我說：『那你是不是只有十七界？』要怎麼回答？」可是他們都沒有想到人家會質問。沒想到的是蕭平實就來問了。我說他們只有十七界，不是十八界，那他們是異類，跟我們人類不一樣。在世俗話如果講人家是異類，那是什麼意思？那兩個字很難聽，是三惡道之一，我都不好意思講。這就是說：十八界既然是諸法所攝，這十八界的每一法都不可能是被兩個法所共生、三個法所共生，也不可能是無因而生，雖然要藉幾個法才能出生，但是也要有背後的根本因，由根本因藉那幾個法來出生這幾個法，識陰六個識都是如此。

那是不是可以由別人來生自己的十八界？例如你這個十八界是由上帝或由一貫道說的老母娘爲你出生的，行不行？不行啦！因爲你如果是被上帝所生的，那就像《新約、舊約》講的由上帝分靈來到你這色身中。若是分靈的話，你一定隨時可以跟上帝相通，對不對？對不對？對啊！就好像本公司分出了分公司，分公司一定隨時可以跟本公司聯絡，那麼就要請問教徒們：**「請問上帝的子民們！你們是否時時都可跟上帝互相聯絡？」**事實上不能，顯然每一個人都不是上帝所生的。

那麼可不可以說：**「我這個意識是每天早上突然就出生了，也不需要靠意根與法塵，也不需有如來藏來幫我生。」**可不可以？不可以！因爲如果是無因生，馬上就有問題來了：**「那你這個意識爲什麼明天早上不是生到別人家去，而是每天早上都生在這個身體中？」**因爲無因生就是一種或然率，隨著機遇率而突然出生，才是無因生。既然無因就可以亂生，爲什麼每天早上都在同一個身體中出生？還有其他的問題我們這裡就不談那麼多。

所以「上帝出生了子民」是一場天大的謊言，可是這個天大的謊言超不過四王天，只能流傳在四王天以下。因爲上帝愛吃血食，請問：愛樂血食的有情，層次最高能到哪裡？最高只到四王天的下方——須彌山腳下，也就是夜叉、羅刹的境界。大部分都屬於羅刹，羅刹最喜歡吃血食，所以不能煮熟。上帝不要煮熟的熟食，道教拜神都還要煮過，不能用生的，而上帝偏愛吃帶血的生肉。那麼從吃的食物來看，上帝的心性是不是跟羅剎一樣？是啊！他的層次只在這裡，連忉利天、四王天的層次都到不了，更不要說色界、無色界天，他哪有能力出生眾生？這樣就弄清楚上帝的層次與本質了。

但是大家經由對十八界的觀察，今天晚上我從無色界談下來，到色界、到人間，這樣表示十八界的一一界——也就是一一法——全部都是被生的，不可能自己單獨存在，那麼到底能夠被什麼所生？就是被「**無名相法**」如來藏所生。而對這個「**無名相法**」已經實證的人，沒有一個人能把祂破壞；且不說破壞，就說把祂丟掉好了，連丟都丟不掉。你們要不信的話努力參禪將來悟了以後，你試試看能不能把祂丟掉？你也丟不掉。因爲只有祂能丟掉你，你不能丟掉祂；也就是說你的壽算已盡時，祂離你而去了——把你這一世所造的種子帶著到未來世去，那麼未來世的你能不能丟掉祂？也不行，因爲你之所以存在是因爲祂。

所以一個有情夯不隆冬全部算起來就是十八界法，可是這十八界的每一界都是由祂而生、依祂而存，如果祂哪一天跟你說：「**對不起啊！某甲菩薩，今天告假！**」那你就慘了，眞的慘了，因爲祂只要跟你告假一天，你就沒命了。所以如果有一天祂眞的跟你說要告假一天，你就說：「唉呀！我沒命了，你這麼忍心。」祂只是安慰我說告假一天，其實我就是死掉了。那麼這樣看來只有這個「無名相法」常住、恆不壞、具有萬般功德，而我們十八界在人間所有的功德，乃至生到色界天扣掉六界還有十二界的功德，乃至生到無色界天只剩下三界的功德，莫不從祂而來。當你實證以後這樣現觀時，還會因爲自己的十八界而洋洋自得嗎？不了！還會因爲自己的十八界而趾高氣揚下巴對人嗎？不會了，因爲自己全都是假的！如果自己都是假的，用佛法去賺錢而擔了重業去未來世受報，划不划得來？划不來啊！所以說那種人是最愚癡的人。

那麼請問這樣子，十八界是不是就在這個「無名相法」面前全部降伏了？全都降伏了！所以在解脫道中的證果有可能會退轉，例如有人從四果退到三果，三果退到二果，二果退到初果，也有可能初果退到凡夫然後再回來，都有可能。事實上也是如此，經中也有記載；但是如果你證得這個「無名相法」是依著應該修的次法那樣次第修上來的，你也有作了具足的現觀，而不是人家奉送給你、跟你明講的，那麼你的十八界法一定在「無名相法」面前完全降伏，所以 世尊說這個「無名相法」可以「降伏十八界」，完全是如實說。

接著來談「降伏說有五陰者」。「說有五陰」之前當然先要瞭解五陰，但末法時代的假善知識爲人「說有五陰」時，卻不曾眞的懂五陰的全部內涵。五陰爲什麼稱之爲陰？是因爲這五個法會遮蓋了眾生解脫和實相的智慧光明，所以合起來就稱爲五陰。假使你進了原始叢林，在很深的叢林中完全看不見陽光，那就是說陽光的光明被遮住了，就稱爲陰。那我們這十八界歸納起來就稱爲五陰（漏掉了一個意根，不在五陰中說意根，可是卻又把祂含攝在想陰中，《阿含經》中說之爲意），那麼色陰就是十八界六根中的五根加上六塵，總共十一個色法，這就是色陰。

可是對一般初機的學佛人來講，他們會弄迷糊，所以不跟他們講這麼麻煩，只跟他們講眼、耳、鼻、舌、身五根，就是色陰。這樣他們容易懂。可是諸位學到這個地步時，我們就要加上六塵，那麼這樣十一個就是色陰。這色陰的出生有個先後次第：入胎了以後，意根、如來藏進入受精卵中，持有受精卵時是不是已經有色陰了？受精卵是不是色陰？是！這時既然有色陰也有意根，意根是名還是色呢？是名，所以這時已經有名色了。接著這顆受精卵開始分裂、開始成長，漸漸就有眼、耳、鼻、舌、身五色根分明，這五根具足長成時加上原有的意根就是六根具足了；有了六根可以接觸外六塵，於是如來藏藉著外六塵來變現出內相分六塵，有了內相分六塵和你的勝義根與意根相觸了，你的識陰就生起了，於是六識具足。

這樣看來，這五色根加上意根最先有，然後才能有六塵；六塵屬於色陰，但不是跟五色根這色陰同時出現的，而是在後面才出現的；這樣有了六塵以後，色陰就具足了，然後可以生起六識。因爲六根觸六塵就能生起六識了，這六識是由「無名相法」出生的，這六識就稱爲識陰。《阿含經》中對識陰有很明確的定義：根、塵相觸所生的才屬於識陰。有明確的定義。那麼這樣有色陰、有識陰，就開始有境界受，也有苦樂憂喜捨受，這個我們上週講「十二入」時已經講過了，現在不重複。

那麼這時有受就會有覺知出現了，有情一定要有覺知，但有覺知時就已經是想陰了；這第一個層面的想陰出現以後，會產生第二個層面的受陰，就是產生了苦樂憂喜捨。也就是說受陰有兩個層面，第一層面的受陰是「境界受」，當這第一層面的境界受出現以後，有第一個層次的想陰——就是了知；

有了了知以後就會有第二個層面的受陰出現，就是苦樂憂喜捨受；然而這苦樂憂喜捨第二層次的受陰出現時，第二個層次的想陰就會跟著出現，就是有語言文字：「這個好苦，我不要吃！」「這好痛苦，這境界不好，我要離開了。」這時語言文字就出現了。那狗有沒有語言文字？狗也有語言，只是牠的語言跟我們不同而已，而且很少。這就是想陰的第二個層面出現了。

但是不管受陰、想陰的第一個層面或第二個層面出現時，都已經是「行」。一切都不離行—色陰、受陰、想陰、識陰—一切都不離行，所以「行」在道種智中變得很重要，處處都要談到「行」。那麼在人間有行陰時五陰就具足了，眾生因爲都對這五陰的本質不瞭解，所以執著爲眞實的自我，因此就害怕五陰消失，這就成爲「我執」而繼續執著。當他們對五陰的本質完全不了知時，就會產生一個見解：「我是眞實的。」「我是存在的。」「我即使修行了，要爲眾生解說無我時，我也要把握自我。」對不對？對呀！我們北邊那個大道場的鄰居不就這樣子嗎？所以他們有一段時間說：「我們要把握自我、要作自我。」那可是前些時候才在講無我，說要消融自我，爲什麼又要把握自我？這就是「五陰」，因爲他的智慧光明被這五法蔭蓋了，正是濃濃的五種無明烏雲把所有智慧光明給遮蓋了。就像午後即將要下雷陣雨時，一片烏漆墨黑；有時鄉公所、鎮公所還要趕快開路燈——白天就開路燈；不是因爲社會黑暗，是因爲道路黑暗。

這表示五陰的陰蓋很重，所以有些大法師們就因爲這樣捨報時不肯走，一直賴，賴到最後沒辦法時，如來藏捨身了，他到了中陰時想一想：「這中陰還不錯，竟然還可以飛行。人家想什麼，我還知道他的想法。」他還覺得不錯，我就說他是七月半的鴨子——不知死活。等到第七天到了時：「唉！我怎麼變這樣？我好像快要消失了。」然後開始消失了，也無可奈何就消失了；等第二個七天中的第一天，又有一個全新的中陰身出現了，但沒有第一次的中陰身好，這時他知道死活了，就想：「原來這個也會死，而且很短命，下一個中陰身又比上一個差很多，划不來！」那時只要有好父母的因緣，就趕快投胎去。所以大多數人都是第二七去投胎的。這樣看來，顯然是因爲我見我執的緣故而去投胎的，他們都不肯自我消滅的。

因此若想繼續在人間生活，這五個法缺一不可。諸位想想看，這五陰中且不說識陰，單說行陰就好，例如色、識、受、想這四個法，只能靜止不動，那你要不要？不能吃飯、不能想事情、不能說話、不能作事，你還要不要？不要！都是要會動的，要有身口意行的。所以大家看到植物人都說：「唉喲！好可憐，當植物人。」我告訴你：「**植物人都比剛剛講的還好，因爲植物人還可以想事情，他只是沒有辦法動轉，因此無法表示意思。**」所以有的植物人，醫生會說他現在睡著了，等一下才會清醒；有的植物人，旁邊吵鬧時他受不了，他會覺得難過，可是又沒辦法表示意見，這時能怎麼辦？他覺得自己好命苦，於是傷心就掉下眼淚。這表示植物人還是有心行的，表示他的意識還在，他只是無法表示意思而已。

所以他在法律上叫作「無行爲能力者」，法官！是不是？對嘛！無行爲能力，因爲他不能表示意思。如果滿七歲時叫作「限制行爲能力」，因爲他還沒有成年，心智還不成熟；可是七歲以下也叫作無行爲能力，因爲心智太差，沒有判斷能力。那七歲孩子你問他說：「**你像植物人那樣好不好？**」他一定會跟你說：「**不好。**」雖然兩個同樣是無行爲能力者，但那個植物人沒有身行口行的行陰，連孩子都知道不要像他那樣，這表示五陰中的每一陰都很重要。

也許有人想說：「你哪一陰可以拿掉？」那不然你想一想：「不見得吧？」對不對？你們臉上笑得好燦爛是什麼原因？是說：「我很有智慧，我知道每一陰都不能拿掉！」是不是這樣？例如把受陰拿掉，受陰在道種智中有兩個層次，第一個層次是「境界受」，那麼沒有境界受時，表示你對色、聲、香、味、觸、法完全無所領受，完全沒有六塵可入——沒有外六入。既沒有外六入時，就不會有內六入，那你識陰根本不可能出現。如果沒有內六入，識陰也不能出生。那時就像童話故事中那個睡美人，一睡幾十年甚至幾百年都繼續睡，因爲識陰不能生起。沒有內六入時就表示沒有內六塵，識陰就不可能生起，識陰不能生起時就等於一直在睡覺一樣。你們要不要這樣？也都不要的。因爲沒有受陰就等於沒有行陰，行陰不可能生起，所以連受陰的第一個層面都不可以沒有。

那麼受陰的第二個層面都沒有時，是不是很酷？沒有苦樂憂喜捨受，是不是很酷？很酷？不然！眞要沒有受陰時根本就酷不起來，因爲活著沒有意思了。活在人間就是因爲有苦樂憂喜捨受才有意思，就像看戲劇時，一定是很苦之後突然間解脫了，所以當時就很快樂，對不對？那才叫作好戲劇。如果只是演某人一世都很平平淡淡過日子，播出來時就不太會有人看。所以即使有苦都比沒有覺受的好，全部覺受都是苦也比沒有覺受的好，對不對？因爲有情就是這樣的。每一個有情都是如此，你若告訴他：「沒有受好不好？」「不好。」還不談最先的境界受，單單說都沒有苦受，他想清楚以後都說：「苦受還是要有的。」甚至有人還是樂在苦中，所以吃苦瓜，不苦還不要吃。那你看，這五陰沒有一陰能夠不要。

也許有人想：「有色陰、有受陰、有識陰、有行陰，那不要想陰可不可以？」不要想陰？想陰有兩個層次，第一個層面的想陰是「了知」，都沒有了知時你要不要？一定不要。如果有了知了，但是沒有辦法用語言文字思惟事情，你要不要？也不要啊！所以在人間生活，五陰全部都要的；如果缺了其中一陰，對不起，以前的說法就說你是殘障人士，嚴重的話，根本不是一個人，成爲行屍走肉。所以說，因爲末法時佛教界對五陰弄不清楚，就導致無法斷我見、無法明心，問題就出在這裡。因此你們可以看以前所謂開悟的人，不管是哪一個道場都一樣，所悟的境界中如果不是識陰六識具足，要不然就落在意識中；甚至於密宗假藏傳佛教所謂的成佛境界是具足五陰，而且還落到五陰的我所中——把淫樂的遍身樂觸認作是報身佛的境界，把色陰等五陰全部——特別是識陰覺知——認作是空性。

到現在他們依然認爲五陰是眞實法，所以問題都出在這裡。因爲佛教界對五陰的內涵不瞭解，特別是密宗假藏傳佛教不但對五陰的內涵不瞭解，而且還說這五陰全部都是眞實法。宗喀巴《廣論》中就是這麼講的，所以密宗信徒如果想要斷我見，要依照他所定義的我見去斷，當然永遠無法眞的斷我見。他這麼說：把五陰認定爲眞實法的知見才叫作我見，只要把這個見解滅掉就是斷我見，但是卻要認定五陰這個我是眞實的。《廣論》就是這麼講的，因爲這樣他們才能繼續廣行雙身法；所以練拙火、氣功、觀想等，都是在五陰上面用功，企圖把五陰變成佛地的色身，只能說他們叫作愚不可及！用閩南話來罵他們最恰當——戇甲袂扒癢，傻到不會抓癢。密宗假藏傳佛教正是最具體的代表。

那麼密宗假藏傳佛教且不談它，因爲他們裡裡外外都是外道。在眞藏傳佛教中，覺囊巴就不這麼講，就說：「**只有如來藏祂才是眞實法，五陰的我是假有的，所以祂——如來藏才是空性。**」所以覺囊巴排斥雙身法，這才是眞正的藏傳佛教。現在不談它了，順便跟諸位講一下：有人送了一尊篤補巴的像來，可能是水晶玻璃做的雕像。本來請行政組收存起來，後來大家說：「這像還蠻莊嚴的，又是篤補巴的像，這要供起來！」要供就供吧。篤補巴是誰？就是《他空見》的推廣者，是眞藏傳佛教的創始人。

現在不談他了，就是說，即使是正統佛教中的參禪人也會弄錯，所以大陸也好、臺灣也好，在正覺弘法之前，他們都說自己開悟了！有的大法師說：「把一切放下了，那時就是開悟了。」那是南部的大法師；有一個說：「坐到心很輕安，覺得很歡喜，那時心花朵朵開，就是開悟了，也就是見性了。」這是我們這邊的鄰居。還有一位常常掛在口邊：「清清楚楚、明明白白、處處作主，可以永遠自己作得了主，就是眞如佛性。」不知道他在正死位時還作得了作不了主？他悶絕了還能不能作主？睡著無夢時他還作主嗎？不！他自認爲會作主的心只是識陰六識，那是會中斷的。這位就是臺灣中部寺廟蓋得最高的大法師。

他們這些全都是落在五陰中：不是色陰就是識陰，不是識陰就是受、想、行陰。還有一位則說：「努力去布施，始終都保持歡喜心，那就是初地了；

布施到很歡喜時就是初地菩薩，就是歡喜地了。」她認為不必否定五陰——不必斷我見，也不必證如來藏開悟，就這樣一直快樂布施到最後就是成佛了。所以她直接作了一件事：「浴佛時你們浴我的雕像就好了！」就用她的雕像給人家浴佛。這是哪一位呢？正是後山的那一位比丘尼。她們在大陸也是這樣幹，每一次佛事展時，凡是跟佛教有關的展覽場，她們場面都弄得好大，然後信徒們大家在那邊唱歌跳舞讚歎這位比丘尼。我不知道她為什麼可以在大陸這樣搞？那不是個人崇拜嗎？

然而，這些人的問題出在哪裡？出在對十八界不懂，對六入不懂，對五陰不懂，對十二處不懂，所以主張成佛時不必斷我見、斷我執，成佛時也不必開悟明心、不必眼見佛性，什麼都不用，只要努力修行布施、歡歡喜喜，這樣就是成佛了。至於人間的有情，都只要六個識就好，沒有什麼第七識意根、第八識如來藏，因此都不必證第八識「無名相法」。問題都是落在五陰中，那她們就無法「降伏五陰」，既然落在五陰中就不能「降伏五陰」。這位宇宙大覺者如是，其他的大法師們自稱開悟時，證得離念靈知或放下煩惱……等，也都是在五陰的範圍中，那就沒有辦法「降伏五陰」了。至於那些大法師們落入離念靈知中爲什麼是錯悟，以及這「無名相法」如何「降伏五陰」，就只能下回分解。

《佛藏經》今天要從第五頁第四行最後一句「降伏說有五陰者」，把未完的部分再繼續說明。不過在演述之前，有一件消息得跟大家報告一下，我們最近又有舍利從大陸來，諸位都料想不到是誰的？上回很意外有 觀世音菩薩的血舍利，這回來的說是 世尊的舍利；但請示時 世尊一直都說不是，問來問去結果問到說：「那是不是我們講經時，曾經講過的經中的大菩薩？」結果也不是：「那不然是我們會裡某某人往世的舍利？」也不是。我知道他問的某某人是問誰，最後問說：「那麼是不是克勤大師？」結果就是了！（大眾鼓掌…）世尊就是一直在滿我們的願，因爲問到這個之前就先問說：「既然都不是，到底應不應該供奉？」「應該。」既然應該要供奉，又問不出到底是誰的？結果就請 佛加持起念來請示吧，然後他自己再思惟一下：「應該問什麼人？」突然間靈光閃過，再這一問就問對了，就是 克勤大師的。

所以我們本來是選在他的忌日安奉舍利，但因爲那個時間剛好是我們週二上課講經的日子，而且八月初我們恐怕還有很多事情還要繼續再忙；最近就是很忙很忙，忙到一塌糊塗；忙也就罷了，魔也要來搗蛋，因爲震動魔宮了，所以我們就不斷地忙。因此我就考慮說：「不然就不管忌日是哪一天，我們就另外選日子。」希望選在十一月天氣涼時，在祖師堂爲他作正式舍利安座的法會；當然我還是自己會親自來主法，所以這個事情表示說：「我們想什麼，世尊就滿我們的願。」所以，以後是不是每一次禪三告假，不要再跟他抱怨說：「您都不再來和我們會一會，讓人家這樣念著不會覺得不好意思嗎？」以前告假時，我有時會跟他抱怨，現在有這個舍利子來了，也算聊勝於無，總算是有一點替代性。

但是最近這麼忙，我就又想起來說：「唉呀！他如果現在來，法主給他當，我就沒事了，只要講經說法，什麼都不要管最好。」可是願大概不可能達成，因爲他可能在另一個星球上，或是色究竟天，目前還不知道，世尊也沒說，我們也沒問，不過總算這舍利也來到了，算是很好的狀況。那麼經由同一位同修去了一趟某地，這舍利也是同樣一個因緣得到的，就是說我們請人翻譯《他空見》，有一位藏胞應該是我們往世的同修，他也是一位大學教授，翻譯了《他空見》；那我們這位同修就跟他順便去了一趟覺囊巴，而舍利就是從那裡帶回來的。結果 克勤大師的舍利會在覺囊巴出現，也眞的很妙，想都想不到。

然後他又順便帶回來一尊篤補巴的雕像，應該是水晶玻璃做的，就是現在供在 玄奘菩薩前面這一尊。其實篤補巴也就是玄奘，這樣講比較白。那麼我們還會作一個簡單的臺子供起來。不過因爲是西藏人作的，他們的習慣都會加上一些裝飾，所以肩膀兩邊有翅膀。以後再用壓克力玻璃刻上名號，諸位看了就會知道是誰，這事情順便跟諸位報告。

那天供上去時有人在問：「**那篤補巴是誰？**」我說：「**你怎麼可以不知道篤補巴是誰，他是《山法了義海論》的作者。**」就是他空見的弘傳者。那後來轉世就是多羅那他，繼續極力去推廣，這就是眞藏傳佛教。所以如果有人說我們打壓藏傳佛教，那叫作胡扯；我們是在弘揚藏傳佛教，但這個藏傳佛教非彼藏傳佛教；因爲達賴喇嘛他們那四大派都是假的藏傳佛教，所以我們打壓假藏傳佛教，我們弘揚眞正的藏傳佛教教義。

言歸正傳，《佛藏經》上回最後一句「**降伏說有五陰者**」，最後還沒有作出結論出來，現在要補充說明：如果離開了五陰、十二處、十八界、十二入，那到底能不能「降伏五陰」、十二入、十八界？能不能？不能！諸位有智慧。就好像十幾年前有人抗議說：「你蕭平實一天到晚在否定意識，說意識是生滅的，那麼請問：『你寫書在否定人家說法時，你有沒有意識？』」諸位都覺得可笑對不對？我們講的是說：「意識是虛妄的，不可以把祂認定是眞實法，否則就會輪轉生死，就是無明籠罩，但不是說『否定祂就要把祂滅掉』，否定跟滅掉是不一樣的。」所以，他質疑說：「你正在寫書說人家不對時，你的意識在不在，你還有沒有意識？」這表示說：我們寫得很淺白的書，他們依舊讀不懂，才會提出這樣的質疑。那我們說意識是虛妄的，可是，想要瞭解意識的虛妄時，還得意識來瞭解；想要斷除我見時還得要意識來修行，想要斷除我執、想要把意識給滅掉，也還得要意識來修行，還得要意識來斷。

所以我們有時說：「滅除我執叫作自殺，但不是說你修行的過程中不要意識。」所以他們的知見是非常粗淺的。同樣的道理，要出三界解脫生死輪迴，得要把五陰、十二處、十八界滅掉，才有辦法出離三界生死。可是想要滅掉五陰、十八界等自我，卻得要靠五陰、十八界自己；如果不是有五陰、十八界的自己，就沒有辦法滅掉五陰、十八界，道理就是這樣。可是這個道理要說給一般的學佛人聽，還眞的很困難，他們無法理解是這樣，因爲這道理眞要說起來的話，就得要把涅槃道理、我見我執的道理順便告訴他，然後告訴他說：「**滅諦的道理就是涅槃。**」這講起來就像閩南語說的叫作「絡絡長」，不是一言能盡的。那我們得要詳細說明，希望他們能理解；可是他們依舊無法理解，才會提出一些可笑的質疑來。那個質疑諸位才一聽到立即呵呵大笑，因爲他們的質疑太可笑；可是他們不覺得可笑，而且覺得自己義正詞嚴、理直氣壯，都不知道那都是邪知邪見。

眞正的佛法很難理解，就好像我們有時說：「**眞正的開悟聖者最懂相聲。**」相聲講什麼？一開始就要練的基本句叫作：「**吃葡萄不吐葡萄皮，不吃葡萄倒吐葡萄皮。**」就是這麼怪。這是世間法的相聲，干你禪門什麼事？你也拿來用？對！我們就是可以拿來用，因爲橫挑直撞都沒有人能應對，捻七豎八也沒有人能夠應對，隨便你怎麼說都對，而一切證悟如來藏者都不能反對，這就是佛法厲害的地方！凡夫之所不知，更別說是外道，連阿羅漢都聽不懂。如果阿羅漢問：「**你們菩薩開悟是怎麼回事？**」你告訴他：「**吃葡萄不吐葡萄皮，不吃葡萄倒吐葡萄皮。**」他一聽：「**這是什麼道理？你到底在講什**

麼？」你把他耳朵輕輕拈過來說：「三十年後，告訴行家。」就放他走。等他悟了，後腦勺一拍：「唉呀！原來如此！」但已經是三十年後的事了。佛法就這麼厲害，這不像二乘菩提，所以佛法真的很難懂。

那我們要告訴大家的是：眾生執著自我稱為我執，眾生認定五陰自我是眞實的、常住的，所以稱爲我見。然而，這都是依於有生有滅的五陰、十八界來說；而五陰、十八界因爲無明，有所不知，所以不斷地執著我，不斷地認定我是眞實的，繼續一世又一世去認定、串習。就好像有一件很亮麗的光明寶珠被遮蓋住，眾生一直認爲遮蓋這個光明寶珠的那一層髒東西才是眞正的自我；然後一世又一世不斷熏習繼續把它遮蓋，每一世都遮蓋一層，永遠輪轉生死，導致無明越來越厚重。

但是眞正要得解脫、要求出生死，乃至想要瞭解實相境界而究竟否定虛妄法的五陰、十八界，還是得靠五陰、十八界來作，這就是最難的地方；因爲眾生包括所謂大法師學佛以後都一樣——都是喜愛自我，希望自我永遠存在！有的人是因爲自我附帶有許多的我所，甚可愛樂，所以捨不下，必須要執著自我；那佛門大法師都不明，所以你要說給眾生知道五陰、十八界是虛妄的，要滅掉自己而出三界、遠離一切痛苦，仍然得要靠五陰十八界的自己。這就是最難的地方——要把自我否定掉。

世間人爲了一個見解可以跟你拚個你死我活；世間人就是這樣，爲了一個見解而已，我講一個笑話給諸位聽，是我自己的故事。因爲我這個人生來也笨，可是小時候就愛好辯論，因爲人家講的不合道理，我就要跟他辯論。我有五個兄弟，我排行第五；有一次，有一個哥哥，那時候我大概是十歲左右吧，兩個人爲了一個道理在諍辯，後來他辯不贏我、生氣起來掐著我的脖子，掐得緊緊地不放手，外婆看見了說：「**你要把他掐死啊？**」因爲已經那麼久了都不放，我個子還小，沒力氣解開；那時我們老家開雜貨店有大糖缸，老人家趕了出來，拿了那個糖缸上的木蓋子往他砸過去，他才丟了我跑掉。你看，有這麼嚴重嗎？爲了一個道理要看誰輸誰贏，弄到想要掐死人。好在當年沒被掐死，不然今天沒有正覺了。我小時候就是這樣的態度：「**對就是對，不對就不對。**」不可以說你比較有力氣，你就要辯到贏，因爲我說的才是正理；如果我的道理不對，我就乖乖服人。

所以說，世間人爲了一個見解可以拚到你死我活，眾生一向是這樣的。

所以他們無法瞭解五陰、十八界爲什麼是虛妄的，我們說明了以後也還是有許多人不能理解。認定五陰、十八界是虛妄的，就等於把自我給否定了，這怎麼可以？「我明明感覺自己是眞實的，為什麼你可以說我是假的？」所以一般眾生無法接受，這就是三乘菩提的弘揚到了末法時代的難處所在。那我們就把這個道理講出來，可是講出來以後往往有人會說：「你把自己都否定了以後，那你還怎麼修行？」他們就這樣子想了，可是他們沒想到說：「修行的自我，修行時把自我否定以後，自我就不能修行嗎？」還是可以修行的，爲何否定自我以後我就不能修行了？就是因爲對這五陰、十八界的自我本質沒有瞭解，因爲沒有如實觀，也因爲都被邪見所蒙蔽或被邪教導所蒙蔽了，因此不斷地認定自己是眞實的；每一世受生以後在生活的過程中繼續加上一層無明，就這樣一世一世層層疊疊不斷地纏裹上去以後，就變成無明厚重的眾生。

因此當我們告訴他們說五陰、十八界虛妄時，他們就產生了疑惑：「那你把五陰、十八界否定了以後，你已經沒有五陰、十八界了，你怎麼修行？」但我們不是講這個意思。我們說的是：「把它否定，並不是要把它壞掉。」

五陰、十八界雖然被否定了，無妨繼續存在；以這個五陰、十八界作為修行的工具來把我執給滅盡，甚至把我執的習氣種子也給滅盡。現在問題就來了，當你從見地上把五陰、十八界全部否定完了，這畢竟只是在見地上面加以否定；當你證得初果、二果時，畢竟還是在見地上面的智慧；二果雖然有一些修行，薄貪瞋癡了，主要還是偏在見地上。

這只是由於在勝解上面有見地了，決定不移了，可是我執還在，要怎麼樣滅掉？還是得要這個五陰、十八界來修行繼續深觀自我的虛妄，讓自己可以離開欲界，然後把色界、無色界法給滅除，這都要靠五陰、十八界來修行才能成功。也就是說如果不是有五陰、十八界，如果不是五陰、十八界有六入或者有十二入，你根本無法修行。你得要藉這一些法存在的當下來修行，才有辦法把我執滅盡。我執滅盡以後才能出三界，出三界就是完全無我了，自己的五陰十八界全部滅盡而不再受生了，成為後有永盡——不受後有，才可以不必要這個五陰、十二處、六入、十八界存在，也就是祖師說的「藉假修眞」的意思。

所以說，聲聞人的修行過程都不能捨棄五陰、十八界；那菩薩的修行更不能捨棄五陰、十八界，如果要像阿羅漢那樣捨報了以後入無餘涅槃，那還有誰能繼續修行成佛？沒有人能修行時又如何能斷除我執？又如何能入地而繼續擁有十八界、來使習氣種子現行斷除？都作不到。所以不管怎麼樣的修行，三乘菩提中的任何一乘都必須要有五陰、十八界作為工具來修行，把習氣種子或者等而下之把三界愛滅除。因此，不能離開五陰、十八界，但是卻不承認五陰、十八界是眞實的。這就是祖師們說「藉假修眞」的意思。

所以「說有五陰者」，他就是邪見者，我們要把他降伏；用什麼降伏？用這個「無名相法」來降伏「說有五陰者」。降伏了「說有五陰者」以後，這個見地決定不移了，這時不是要把五陰滅除，而是繼續保有五陰來修道，把五陰的自我執著給滅除，可以取證出三界果——不受後有、後有永盡。有這個出三界果繼續修菩薩道，在入地以後把習氣種子一分一分慢慢再去斷除；但是只要把五陰降伏而不是要把五陰滅壞，所以要「降伏五陰」。那麼在自度度他的過程之中，如果有佛門外道或者有外道邪見者主張有五陰常住不壞，我們得要降伏他，以免他繼續誤導眾生。

可是要你降伏他時單單為他說明五陰的每一陰為什麼虛妄，縱使他聽懂了，他也無法接受，因爲他會落到另一邊去而認爲就是斷滅空。他本來在這一邊說：「這一切都是有、都是眞實。」你告訴他：「這一切都是虛假，最後終歸於無。」但他會落到另一邊：「那就是全部沒有，空無了。那你說出三界要滅掉五陰全部，這樣出三界以後是不是變成斷滅空？」這時你要降伏他「堅持有五陰的邪見」，就無法降伏；所以你必須有一個本住法、常住法作依據，說有可以稱常住不壞的金剛法性在，不是斷滅空，就告訴他說：「你把五陰、十八界全部滅除了以後入無餘涅槃，在無餘涅槃中有本際不壞，這個法叫作第八識如來藏。」這樣你才能降伏他，這就是以「無名相法」來「降伏說有五陰者」。

那你自己要從身心中把自己的我執給降伏，也得靠這個「無名相法」。所以降伏自己身心中「說有五陰者」，也是得靠這個「無名相法」。當你確定是有這個「無名相法」恆住不滅，就能眞的把五陰降伏；不但降伏自己，也可以對「說有五陰者」加以降伏，所以這個「無名相法」非常重要。

接著下一句「降伏說有十二入者」。在佛門中通常都說有十二處，很少有說「十二入」；關於「十二入」我們兩、三週前已經說明過了，這裡就不再重複。但是爲什麼要降伏「十二入」必須要有這個「無名相法」？當然也有緣故，道理是一樣的，但是層面有一點不同。關於「十二入」，我們前面說過有外六入也有內六入，這外六入與內六入在《阿含經》中已經有講了，不是到了第三轉法輪唯識方廣諸經才說的。那麼外六入是由六根而接收的外六塵入，內六入則是由如來藏變現出來而由六識識陰來領受的內六塵入，所以總共有「十二入」。

那麼在佛門中修行的人，特別是在禪宗裡修行的人，到了末法時代有很多人自稱開悟；但是自稱開悟以後都是悟錯了，以前只要隨便思惟一下，不論懂得什麼都可以自稱開悟，然後大家都可以享受名聞利養，但全都悟錯了。可是在正覺同修會中眞正開悟了，沒有名聞利養可得，還要付出時間、精神以及錢財，眞的沒公理，套句世俗人的話說：「你們天理何在？」是沒天理啊！因爲正覺本來就不是世俗天，正覺有的是解脫天、第一義天，就沒有生天——世俗天。所以不必談那個天理，我們談的是第一義天的理。

也就是說，自從正覺出來弘法之後，那些開悟的聖人大家都氣得要命，沒有九竅生煙也有七竅生煙，眞的生煙了！因爲本來大家頭上都有一個光環

——好亮好亮的開悟光環，人家一見就說：「哇！這位開悟的聖者來了。」沒想到正覺出來弘法以後，一個個光環都消失了。但他們心中並不認爲自己那個光環是假的，卻怪說：「你們正覺把人家開悟的光環都弄走了。」可是我們沒有沒收人家的光環啊！只因爲他們那些光環本來是日光燈做成的而已，不是眞正開悟的光環，所以不能怪我們！那他們落在哪裡？正是「十二入」。而且連外六入都還談不上，都落在第二階段的內六入中。

例如說，有的大法師說：「開悟就是悟得離念靈知。所以當我們修行到了離念時，那個無念的靈知心就是眞如佛性，這就是開悟了。」但他們都沒有想過：「這離念靈知到底是什麼本質？」他們都沒想過：離念靈知的存在一定先要有六識心在，如果沒有六識心在就不會有離念靈知。因爲他們的離念靈知不是二禪以上的等至位，既沒有初禪，連未到地定也沒有，只是很粗糙的欲界定而已！因爲全都不離欲界五塵的貪愛而保持沒有語言文字的妄想，最多只是欲界定而已。並且連欲界定發起時，有什麼境界他們都還不知道，所以說他們縱使有欲界定也是很粗淺。

我這個人似乎生來就是專門要跟人家戳破氣球的，所以我把欲界定、未到地定、初禪、二禪的發起原理與定境全都講了，就讓他們沒得講。他們如果誰要說有證得欲界定，我要問他們：「那請問你們欲界定是什麼境界呢？有些什麼現象呢？」答覆不出來了。有誰把欲界定境界講出來沒有？沒有，到現在爲止依舊如此。欲界定其實沒什麼，我才學數息法幾個月欲界定就出現了，還不到三個月；坐著坐著坐著有一天突然身體固定住了，不必使力也不會倒下去；離開妄想雜念時身體就固定住了，怎麼樣固定？有一層膜把你包著，讓你都不必用力就這樣定住了。太棒了！都不必花費什麼力氣。

那究竟是像什麼薄膜把你固定住？就好像你吃荔枝或者吃龍眼時，它不是有兩層皮嗎？粗魯的人不會知道有兩層皮，粗魯的人這麼一壓、掰開就吃了；可是如果有的人細緻一點，他慢慢地一點一點剝，把粗皮剝掉，剝掉以後裡面有一層薄膜包住果肉；這時留著那層薄膜，你把它往桌上丟來丟去，它就是一直滾而不會破掉。住在欲界定中就像那個樣子，好像有一層薄膜把你裹住一樣，你很安穩，根本就不會趴下去或倒下去，心中就這樣子一念不生、輕安而住，這就是欲界定的發起。現代佛教界有沒有誰證過欲界定？沒有聽說過。所以他們縱使眞的可以坐在蒲團上離念，那個欲界定也是很粗淺的，還沒有具足發起。

就算他們欲界定很好，這個「善根發」出現了，眞的是離念靈知的境界，那麼請問了：是不是六入具足呢？是啊！都是六入具足！六入具足時是不是要有六識同時存在？一定要。因爲沒有六識生起時就不會有六入出現，但六識所接受的六入是內六入還是外六入？（大眾回答：內六入。）是內六入，這就表示他們此時心中有十八界中的六塵；一定有六塵，否則哪來的內六入？十八界中的六塵是內六塵而不是外六塵，那麼這個離念靈知已經有了六識、有了內六塵，這時也得要有五勝義根和意根，否則還無法領受內六塵。正因爲有內六根、內六塵相觸，所以六識生起了，才有離念靈知，否則不會有離念靈知的，所以離念靈知的本質究竟是什麼呢？就是內六入的結果。可是他們不知道那叫作內六入，還跟你爭執說：「哪有內六入？就是外面六塵進來的六入。」還跟你爭執，所以你要跟他們談眞的很難、很難。因爲你要講到讓他們清楚，得要說上一大籮筐給他們聽，而他們還不一定聽得懂。就算聽懂的人也不一定信受，所以他們是落在內六入中，然而卻不知道那是內六入，還以爲是外六入。

直到後來我們提出來說：那眞的是內六入。才有人願意私底下思惟一下，也還是無法現觀確定是內六入。如果那是外六入的話，那麼請問：「阿羅漢入涅槃時把十八界滅掉，當十八界被他們滅掉了，大家都應該接觸不到六塵了，爲什麼現在大家都還有六塵可以接觸？」得要講到這個地步，他們才會恍然大悟—不是開悟那個悟—忽然間如夢若醒！好像醒過來，其實還是繼續跟你講夢話，因爲他沒有眞的聽懂。你看到末法時代的現在眾生可憐不可憐？那還是號稱眞正在學佛、眞正在參禪的人。那諸位懂這麼多，我跟大家講了以後大家一聽就懂了；可是你們想想看，如果走到正覺外面去遇到了學佛人，你們要怎樣跟他們說明這個道理？眞的就像王大媽的裹腳布一樣，因爲你講起來又長又香，他們聽起來是又長又臭，聽不下去，因爲眞的難懂難信！所以離念靈知的本質其實就是內六入的成果，本質上就是六識的心所法運作的結果。

那麼有人在主張：「你們正覺就是不懂，你蕭平實功夫太差了，離念靈知的境界你證不得，才會否定。」那我們還得要費一番口舌爲他說明：「離念靈知是最粗淺的，凡是會無相念佛的人只要把淨念捨棄了就是離念靈知了；可是有離念靈知境界的人，縱使他定力修好了，他還不見得會無相念佛，更不見得會看話頭。」得要這樣說明，他們才懂得閉嘴。就好像一個小學生對大學教授說：「因爲你不懂加減乘除，才會說我的算術太粗淺。」是一樣的道理。所以我們告訴他們：「離念靈知那個功夫太淺了，無相念佛的功夫可以二六時中繼續跟人家講話而淨念相繼，你作得到嗎？」作不到。所以那些功夫都太淺，都是在欲界中的離念靈知。但是我們說過，未到地定的離念靈知，初禪的離念靈知，乃至二禪以上到四空定的離念靈知，全部都是生滅有爲，因爲差別只在具足六入或者只剩下一入，只有這個差別——只是六入的多寡而已，莫不是三界有爲法。

這道理我們什麼時候講的？十幾年前就講過了，從《護法集》獨立出來的單獨印成單行本小冊的《生命實相的辨正》中，就已經講得夠清楚了。但是他們不懂離念靈知的境界是什麼，其實不過是內六入。以前也有人聽了我們的辨正以後改口，因爲我們說：「你們那個離念靈知修行打坐以後才變成離念，所以是修行而後才有，不是本來而有。」他們又改口了：「我們的離念靈知不是你講的那個定中的離念靈知，我們這個離念靈知是本有的，也就是前念已過、後念未起這中間的離念靈知，這是本來就有而不是修行來的。」我說：「對喔！這不是修行來的，表示你比人家功夫更差了，因爲人家可以長時間離念靈知，有功夫；你這是沒有功夫的，比人家更差了！」於是他覺得好像滿臉豆花，不再講話了。都沒有想一想說：「睡著了以後，還有那個前念過去後念未起的中間嗎？」連六識心都不在了，所以他們全都落在六入中。那我們就說：「這根本就不是眞如佛性，你們悟錯了，這都是識陰的我所。」

後來又有大法師出來了，他們說：「當我們清清楚楚、明明白白時，這個能見之性就是佛性。」也有人說：「不！能聞之性也是佛性。」乾脆我替他們補充：「乾脆說能嗅之性、能嚐之性、能觸覺之性、能知之性都叫佛性吧。」他們很歡喜說：「對啊，本來就是這樣啊！」我說：「那好了，請問你們，當六識不生起時，你這六種自性哪裡來？」嗯？這一下不知該怎麼答了。因爲這不過是六識的自性，那自性見外道也說這六種自性常恆不壞，「那你們悟得眞如佛性也是這六識的自性喔？就請問你們是不是自性見外道？」又不知道該怎麼答了，只好閉嘴不回應。

可是後來更有趣的是，我們說：「如來藏是眞實法，出生五陰。」結果有人告訴我說：「你們一直主張說如來藏是眞實的，那你就是自性見外道。」我只好回信說：「自性見外道所說的六種自性，是被如來藏所生的，所以自性見講的是六識這六種自性；但如來藏不是這六種自性，是能生這六種自性的心，如何能夠說祂是自性見外道的自性？」於是也沒辦法回答我，回信中也只好顧左右而言他。

所以佛門中都已經如此了，何況是外道？而且這些佛門中人都自認爲是修證最高級的人，因爲都是參禪或是研究佛學的人。參禪與研究佛學的人都自認爲是佛門中最高級的人，看見人家唸佛時就說：「那是老阿公、老阿婆在學的。」都是這樣講，瞧不起人。卻沒想到出了個蕭平實是從念佛念出來的，當然很不服氣。可是不管怎麼辯解，他們終究不能離開六識以及六識的心所法範圍，因爲六入是經由六識的心所法去運作才有的，所以離念靈知拆穿了全都不離六入，本質無非就是六識的心所法所運作出來的一個境界而已，這還是六入的本質。

可是這裡說「降伏說有十二入者」，表示明明還有另外一個六入，那就是外六入。外六入是六根接觸了外六塵而有的。六根接觸了外六塵，例如眼根的扶塵根接觸了外色塵，那外色塵是不是我們覺知心之所了知的？是不是？不是。我們上回已經講解過視網膜、凸透鏡、蠟燭的比喻，證明外六入與內六入的差異了，如果再有人說外六入是覺知心六識所了別的，我只好一棒打他腦袋一個包。且不說那個道理，就說：「當你看見色塵時，是不是用覺知心來看？」是不是？是！「當你看色塵時，你覺知心有跑到眼球來看嗎？」沒有啊！依舊是在腦袋中看啊！沒有誰的覺知心是跑到眼球來看，否則他就變成極微外道。

那極微外道說：「有一個眞實常住法，因爲它速度非常快、需要見時就跑到見來，需要聞就跑到聞來。」那叫作極微外道。如今就問諸位：當你聽聲音時，有眞的聽到外聲嗎？沒有！如果眞的聽到外聲時，應該聽聲音時覺知心要跑到耳朵來，那覺知心是不是要分成兩個到左右耳兩邊聽？是不是得這樣？但事實上並沒有，還是一個覺知心，並沒有分成兩個來兩個耳朵中聽。那麼再談嗅香塵，嗅香塵時是兩個鼻管在分別香味，那麼正在嗅味道時，請問：「覺知心有跑到鼻子來嗎？」也沒有啊！也許你喝了好茶時，你說：「我沒有嗅到妳所說的那個香味欸。」也許那位女主人很生氣說：「虧我供養你這麼好的茶，竟然說什麼味道都嗅不出來！」腳一抬往你的腳板用力踩下去，哇！你覺得腳好痛，被她踩得很痛，那你的覺知心有跑到腳來領受痛覺嗎？也沒有。這表示，覺知心都沒有接觸到外六入，外六入全都是六根的事情。

那我們自己的六根是常或無常？是無常。因爲五色根只能用一世，而且一直在變異衰老，像我已經老到這個地步了，現在都想說：「如果再像二十幾歲時可以玩雙槓，氣力很強那多好！」前空翻、後空翻、仰踢都作得來，那眞是好運動，但現在都不敢上去了，一直在變異衰老，最後總得要壞掉，剩下一把臭骨頭，火化後若有舍利還留下一點紀念物，終究不是自己的了。就好像 克勤大師的舍利來到了，他也沒有辦法主張說：「這是我的。」如果他眞的來了，我說：「對不起！您這舍利是我的，不是您所有了。」眞是無常，這五色根就只能用一世，最後還是得壞掉。至於意根恆審思量，可是如果入了無餘涅槃時照樣把祂滅了，也不是眞實法。可滅之法怎麼會是眞實法呢？所以意根對外五塵上附帶法塵的所入，依舊是生滅法。

那意根加上五色根總共六根全都是生滅法，而六根所入的外六入當然更是生滅法。所以如果有人主張說：「內六入固然是虛妄的，可是那外六入是常住的，你看無始劫來不是一直都有六塵嗎？有六塵一直在進來，就是常。」是有外六塵進來，問題是你的六根是可以壞的，那你這個外六入就是可壞的，所以死了以後不再有外六入了，得要等到中陰身生起才會又有外六入，這外六入當然也是虛妄的。這樣講起來很清楚了，外六入、內六入全部虛妄。

但是有人主張說：「這六入不管外、內，全都是眞實的。」那你講到這裡就能降伏他嗎？也不能，他最多是口服，依舊心不服，因爲他恐懼落於斷滅空。所以你看，這一些道理　世尊都已經在《阿含經》講過了：「眾生因內有恐怖，因外有恐怖。」我們《阿含正義》都舉證出版那麼多年了，現在都還有人在主張說：「阿羅漢證果，不必相信有第八識。」那他的意思是說他比如來更厲害。如來要度弟子成阿羅漢時，還得告訴他有這個第八識存在，才能使得大家不必「因內有恐怖、因外有恐怖」，他竟然說：「阿羅漢不必相信有第八識。」

也許還有人主張，要證初果斷我見時不必相信有第八識，那我告訴你：

他所謂的證初果一定是假的，因爲他不必相信有第八識的原因，是因爲他保留著一部分五陰認爲是常住法，所以他心中有個依靠。比如主張說：「細意識常住，所以我只要保留一部分意識常住，不必相信有第八識，我就可以斷了我見。」那這樣子，他的斷我見一定是假的，因爲他還有一部分五陰執著存在，還把五陰的局部當作是眞實法。當他這樣作時，不也證明一定要相信有第八識了嗎？就已經證明了。因爲他心中一定要有一個眞實法常住，才能斷我見；而他所謂的眞實法是細意識，結果一樣要有一個本住法常住，卻落入識陰的意識中，而且還是五俱意識，那他顯然沒有斷我見。事實上他依舊落在五陰中，而五陰已經被證實全部都虛妄。

所以不論內六入、外六入，要徹底否定之前，一定要相信有一個本住法常住不壞。如果沒有這個前提在，他就無法斷我見，更別說是斷我執了。所以《阿含經》中有比丘問說：「頗有因外有恐怖耶？」當然阿羅漢引述 世尊的話說：「有人因外有恐怖。」爲什麼？因爲怕五陰斷滅，導致他對於必須外法五陰斷滅才能入涅槃的道理，他不能接受，覺得這好恐怖，因此他無法斷我見、證初果。又問：「頗有因內有恐怖耶？」有！爲什麼呢？因爲有的人觀行以後知道：「五陰、十八界都虛妄，那麼佛說有一個本際常住不壞，而那個本際我不能證得，到底是不是眞的有，我不知道。」因爲這個內法阿賴耶識如來藏他無法證得，就無法去斷除我執，這叫作「因內有恐怖」。那麼這個因內有恐怖的人顯示一個道理，就是他對　如來沒有具足信，他的信根還不圓滿，信力還沒有發起，所以「因內有恐怖」。但阿羅漢們在初轉法輪時不必證得內法如來藏，只要相信　佛語就願意把我執斷盡，因此他們沒有「因外有恐怖」，也沒有「因內有恐怖」。

《阿含經》這個說法也印證了這一句話：「要降伏說有十二入的人，得要讓他知道眞的有這個『無名相法』如來藏識常住不壞，當他眞的信受了，就不會再落入十二入中。」因爲學禪的人很會辯論，當你說六根是虛妄法，他就辯解：「那六識就是常住法。」當你說六識是虛妄法，他就辯解：「那六識既是虛妄的，六塵本來就在，所以六塵是常住。」又落入外六塵，變成心外求法的外道了。當有人出來說六根、六塵、六識都虛妄，他就說：「那麼這六入就是眞實的。」就這樣辯來辯去總是想要抓住個什麼作依靠。所以離念靈知也可以辯，最後變成「前念已過、後念未起的中間有離念靈知是本有的常住法」，那我乾脆把欲界的離念靈知講到四空定的離念靈知，讓他們再也沒得辯，才終於死了心，這幾年再也沒有人說離念靈知就是眞如佛性了。但他們的問題都出在沒有實證如來藏「無名相法」，所以心中不得決定。

但是一旦實證了以後，終究會觀察到一個事實：入胎以後一定是由這「無名相法」出生了我們的五色根，然後具足六塵才會有六識，才能從母胎中出生。只要證得「無名相法」時是親自參究得來，而不是聽來的，最後終究會觀察到這個事實，於是再也不會去認定「十二入」是眞實法。這就是先從自己來「降伏說有十二入者」——自己五蘊身中再也沒有一個我來說眞的有十二入，因爲是生滅性的無常法。那自己有這個智慧了，當然也可以爲人解說、說服別人信受。只要那個人不是笨得可以，能夠聽懂他的說明，就能被降伏，就是「降伏說有十二入者」，這就是「無名相法」能「降伏說有十二入者」的道理。

接著來說「降伏說有十八界者」。前面說明這麼多了，十八界講起來就容易了，幾句話可以帶過去；因爲在前面爲了要講解十二入，我們把十八界講得很清楚了。但無妨再來說明一下十八界的出生有一個順序，假使有人理解十八界出生的順序，他以後再也不會落入識陰中去。現代學禪的人都知道去投胎時的中陰身，這微細物質的中陰身六識具足；當然要有意根也有如來藏，可是入胎以後進入受精卵時什麼都沒有了，只剩下意根和如來藏。現在有一個肉眼都看不到的受精卵（眞的，肉眼也看不見，得要用顯微鏡來看），請問：這時六根的意根除外，其餘的五色根在哪裡？這時只有一顆受精卵，再要講什麼眼、耳、鼻、舌、身五色根，都甭提了。既然沒有眼、耳、鼻、舌、身五根，就表示沒有五入——不會有五塵入。既沒有五塵進來，五塵上的法塵就不存在，那就是沒有六入；這時外六入、內六入俱無，就表示沒有六塵存在，沒有六塵時就不會有六識。

因此不會有人入了胎以後說：「唉呀！我終於入胎了，安心了！」有沒有？從來沒有啦！入胎以後什麼都不知道了，因爲跟睡著無夢很類似；睡著無夢時至少還有五根身存在，睡到半夜作個夢又睡著了；然後半睡半醒時發覺：「我得要起來洗個手。」因爲膀胱急了，洗個手然後才再睡。可是剛入胎時連這個也沒；一個月、兩個月、三個月之中都沒，這時還能有離念靈知嗎？沒了，因爲都還不可能有六識。那時還沒有六識，把六識扣掉時只剩下十二界；但這十二界，這時的一顆受精卵，即使成長到三個月時，六識都還沒有辦法現前，因爲這時五根連雛型都還沒有，五根的功能完全都還無法發起，所以不可能有六塵；因爲不能接受外六塵就不會有內六塵出現，這時的所知是六塵又要砍掉。這時的十二界六識、六塵砍掉了，而五色根只能勉強說有一個身根，也只能勉勉強強說有一個身根，這時有沒有眼、耳、鼻、舌、身的具足功能？都沒有。因爲連眼球都還沒有發育好，眼皮也都合著，還沒分成上下兩片；所以五色根不過是有一個雛型，看起來好像有眼根、好像有耳根而已，都是好像，都不是眞的可以用。

所以總而言之，一兩個月、三個月內的胎兒，不過就是一個身體，勉強說有身根，那眼、耳、鼻、舌都還不存在，這時的意根能作什麼？沒有六識來幫忙時祂什麼也都不能作；好在意根不會悶，因爲意根不會知道自己悶不悶，所以無所謂悶。在母胎中會悶嗎？會不會？會不會？到底會不會？（大眾回答：不會。）眞的不會，因爲縱使到了五個月、六個月意識出現時，那時的意識什麼都不懂，會認爲：「這個境界本來就是這樣的。」祂所知道的就是這樣，根本不知道胎外的廣大世界，所以也不會悶，不會是來果禪師講的：「這個心不在內、不在外、不在中間，如果在內，那這個心在身體中住久了會不會悶？」我告訴你不會悶，因爲那時意識笨得可以，什麼都不懂，他所知道的世界就是母胎中的全部。所以這時只能勉強說有一個身根，可是意識還沒有生起，這時候會懂得說：「媽媽今天太熱，喝了好多冰水。」會不會？不會啦！媽媽吃了再多的冰，他也不會感覺冷，因爲他的意識都還沒有生起，那麼這個身根能不能稱之爲眞實的身根？還不行，頂多只能稱爲色陰的色，只是一部分的色陰。

廣義的色陰總共有十一個法——五色根加上六塵。現在連五色根都不具足，所以這時五色根也得砍掉不算數，看來十八界只剩下一界叫作意根，顯然十八界中的六識、六塵、五色根都不是常住、都不是本有的。可是意根能自己存在嗎？也不行，因爲祂不是常住之法，所有非常住法一定要依一個常住法才能存在；而意根是可滅之法，而且意根是從如來藏中含藏的種子不斷流注出來才存在的，當然要依一個常住法才能存在。那麼這意根既然不能自己存在，這一界也把祂砍了；「砍了」就是否定祂的意思，所以十八界全部都可以否定，以後再也別認定十八界中的某一界是眞實我了。

可是認定有十八界常住的人，都會主張十八界是眞實法。在印度的外道，他們本來就知道有十八界，不一定要 佛陀來說，但是他們沒有瞭解得很透徹，佛陀示現之後告訴他們十八界的具足內涵，然後告訴他們爲什麼是虛妄的，於是這些外道就成爲阿羅漢，就是 佛陀座下的聖弟子了。同樣的問題又出現了：當你如實告訴他十八界的虛妄性，他聽懂了也接受了，可是接受時只是嘴上接受，心中沒有眞的接受；因爲他們想：「如果這十八界都虛妄，那麼死了不就是斷滅？那可不行，我不願意斷滅，我死了以後還要有一個我再到下一世去才行。」就好像中國人有一句話說：「好死不如賴活。」不管死得怎麼痛快，都不如在那邊賴皮而苦惱地活著，賴皮地活著當然是痛苦地活著，才會叫作賴活。

所以說，把十八界否定以後，雖然他也知道十八界全部都是虛妄，但他就是捨不得把自己斷滅，問題還是存在。你得要告訴他：「這十八界法都是從某一個法中出生的，而這個法是本住法，永遠不壞，一切實證者都找不到一個方法可以把祂壞滅。」這就是我們同修會常常提出來的說法，不管誰都無法壞滅祂。縱使是悟後退轉的人，他們也找不到一個方法可以把祂壞滅，所以最後還是得要聽我說法。既然已經證明有一個常住法是不可壞滅的，經由很多位實證者來證明，而這些實證者也一一去觀察認定：十八界的一一界莫非從這個常住法中出生的。於是「**說有十八界者**」最後就相信了，相信時就是被降伏了。

能降伏的人就有能力摧邪顯正——藉摧滅邪說而顯示正法。因爲這個實證者可以現前觀察：上一輩子在中陰身入了母胎以後，只有一個受精卵，連眼睛都看不見，佛陀把它叫作「羯羅藍」；那時沒有眼、耳、鼻、舌、身之可言。雖然有色，但還沒有眼、耳、鼻、舌、身根。既然如此，就表示五色根不是本住法。有了受精卵繼續成長，後來五色根長成而具足功能了，然後有意根來配合著，因此具足六根終於可以生起內六塵——十八界中的六塵；有了六塵，六根觸六塵時就能產生六識，於是十八界圓滿具足時，可以出離母胎而繼續生存，那時呱呱落地叫作「生」，所以證明一定先有六根、然後有六塵、然後才有六識。而離念靈知不過是六識的心所法顯示出來的境界，顯然離念靈知不是常住不壞的眞如佛性了。

既然如此，也不用再主張意識是常住的，意識常住與否的問題就消失了。既然是意識，不管是粗細遠近大小，全部都是意根觸法塵而出生的，在根、塵、識中的排行是老三，根塵識三兄弟中他是老么，識陰是老么，而意識只是識陰六識中的一部分。如果是意識，不管叫作粗意識或細意識，既然是意識那就是意識，不論細意識或極細意識，終究還是意識；既然是意識，那就是老三，前面還有二哥、大哥—塵與根。如果意識是常住法、是實相、是眞如，那麼二哥、大哥要擺哪裡去？當然大哥、二哥更有資格叫作眞如、叫作實相。所以要說到眞如佛性實相時，再怎麼輪、也輪不到意識來當眞如佛性，輪不到祂來當實相。

如果有人堅持說細意識就是實相，就表示實相有三個，因爲二哥塵、大哥根比祂更早出現，而且是細意識的俱有依，更有資格叫作實相。好了，加上大哥、二哥就有三個實相了，但根與塵是被誰生的？出生根與塵的那個心更有資格叫作實相了。那麼實相就有四個了，所以主張細意識是實相的人有這麼大的過失。這樣子瞭解以後，就知道意識如此，眼、耳、鼻、舌、身五識亦復如此；意根如此，眼、耳、鼻、舌、身五根亦復如此；六根、六識如此，六塵亦復如此；以後再也不會去主張十八界常住不壞。那麼他信受有這麼一個「無名相法」可以出生十八界，以後再也不會落入十八界中，那他就把自己本來「說有十八界者」降伏了；能降伏自己心中「說有十八界者」，他就可以降伏別人的「說有十八界者」；但他之所以能夠降伏的憑藉，依舊是這個「無名相法」。

當你有這個智慧能「降伏說有十八界者」，就表示你能「降伏一切外道」，因為一切外道所證的境界不外乎十八界的範圍；即使是內六入加上外六入而說十二入，全都加進來，也是十八界所含攝的法性。所以你能「降伏說有十八界者」，就表示你有智慧可以降伏一切外道。所以假使有遇到密宗假藏傳佛教的親朋好友說他們密法多棒又多棒，你一句話就可以把他打死。你就告訴他：「不管你的法多棒，不外乎十八界。」你這麼一句話就夠了。搞不好他連十八界都沒聽過，因為密宗假藏傳佛教的學人都是這樣的，連喇嘛們也都對基本佛法不懂，都沒聽過什麼是五陰，也沒聽過什麼是十八界，至於六入、十二處也都沒聽過。怪不得他們會被喇嘛唬得迷迷糊糊，而喇嘛是被密宗的祖師們唬得服服貼貼。

那些信徒如此，喇嘛就不如此嗎？喇嘛還是一樣的。但是這六、七年來的喇嘛們跟以前有點不一樣，我們有一位大陸的同修是比丘尼，她為什麼會進正覺來開悟？因為她本來跟著喇嘛學，那位喇嘛信任她，讓她管理他的房間和書籍，但是有一個木箱都沒有讓她碰過。有一天她幫喇嘛整理房間時，那天喇嘛不在，她有一點好奇，想說：「**我就順便幫師父整理整理吧！**」一打開來裡面全是書籍，她抽出一本正好是《邪見與佛法》，才一翻開來正好那一頁是說元音老人的落處，說他法上的不對，因為喇嘛所教的跟元音教的法義一模一樣。然後她就好奇：「**這本書說得有道理，以前都沒聽過這樣的講法，那麼其他的書是什麼？**」抽出來一看，是蕭平實的；再抽出別本來，也是蕭平實；一本又一本抽出來，全都是蕭平實的，可是全都不放在書櫥中，都收在這個木箱中。

這時她知道了：「**我挖到寶了！**」不是挖到喇嘛的寶，是挖到喇嘛偷來的法寶。於是她趕快把《邪見與佛法》讀完，趁著喇嘛還沒回來，偷偷放回去，裝作不知道。然後就尋找這個法門，終於給她找到。所以，現在喇嘛們佛法水平有沒有提升呢？有的。連達賴都在讀我的書，否則他不會回應我在《狂密與眞密》寫的內涵。他是怎麼回應的？他說：「**有人說白菩提洩漏以**

後再吸回去，不是回到原來的地方。那個人是不懂，才會這樣講。」所以顯然他讀過我的《狂密與眞密》了，一定是有專人翻譯給他聽完了，狐狸尾巴就跑出來了。

所以說，你要是具足瞭解三乘菩提以後，沒有不能破斥或降伏的外道。當你瞭解到這個「無名相法」出生十八界的順序了，可以降伏自己這個「說有十八界者」。連自己這個「說有十八界者」都能降伏了，降伏別人「說有十八界者」也就容易了，因爲自己最難降伏。可是，之所以能降伏的原因，依舊是親證這個「無名相法」，所以 世尊說這個「無名相法」能夠「降伏說有十八界者」，眞是如實語。即使你今天尚未證得「無名相法」，經由我這麼說明以後起了勝解，其實也足夠降伏了；那麼將來的心得決定，永生永世都不改變而保有這樣降伏的智慧，等你將來實證「無名相法」之後，自然生生世世都會保有這個智慧，別人說有眞實的十八界時你都不會相信。然後繼續去求道，找到了正覺之道而又重新悟入時，你自然可以「降伏說有十八界者」。

接著說「降伏說有衆生者、說有人者、說有壽者、說有命者、說有有者、說有無者」，最後是「降伏一切諸邪行者」。「說有眾生者」到底是指什麼人？一切外道都是「說有眾生者」。例如有個神號稱是全知全能的神，這全知全能的神很在意一件事情，就是：「亞當、夏娃和他們的後人肯不肯信受我這個神？」他很在意這個，而且在意得不得了。那麼請問：他是不是「說有眾生者」？對啊！因爲他一天到晚都在跟這些眾生斤斤計較，所以他想：「這些眾生有哪個在拜動物的偶像，我要降下天火燒死他們，我要降下大洪水淹死他們，我只留下相信我的諾亞一家人。」那他就是「說有眾生者」。

他一天到晚在眾生身上用心，怕眾生離他而去，可是他沒有發覺自己有多偏心，他老是說他很慈愛，說他對眾生永遠有愛，但他如果有愛的話，爲什麼只救諾亞一家人？也許他辯解說：「我也救了長頸鹿、救了熊、雞、鴨……等。」我說：「你爲什麼天下的雞、鴨、牛等都不救？只救那少數？牠們有說不信你嗎？牠們連話都不會講，根本不知道你的存在，談不上信與不信你，那你爲什麼只救那麼幾隻？你的愛哪裡去了？」所以他是選擇性的愛眾生。他既然是有選擇性的，是不是有人我的分別？對！他就是分別人我，所以他同時也是個「說有人者」。

他又是怎麼成爲說有人者：「這些人是信我的，是我所圈牧的羔羊，那一些人是異教徒，要把他們剪除。」這就是在他人身上作分別，所以他也是個「說有人者」。然後，他又說：「這一些眾生，我要讓他們活久一點就活久一點，我如果不讓他們活，隨時奪了他們的命，讓他們活不到五歲、活不到二十歲。」他在眾生的壽量上面斤斤計較。可是他跟眾生斤斤計較時卻說對眾生有愛，所以派了他的獨生子來爲眾生贖罪；而他的獨生子爲了替眾生贖罪時是不是死了？是不是死了？眞的死了！被釘上十字架後來死了，可是他的獨生子死得不明不白。

爲什麼死得不明不白？因爲他被派下來是爲了替眾生贖罪；眾生有沒有罪？本來眾生就沒有罪，他強加了罪才派人來贖。那這個先不談它，問題是他兒子幫眾生贖罪而死了，結果罪贖了沒有？（大眾答：沒有。）諸位都很有智慧。因爲他現在還是繼續說眾生有罪，顯然他的獨子下來人間爲眾生贖罪，其實沒有贖成功，那他到底全知是知在哪裡？他又說是個全能者，全能又能在哪裡？他知不知道這個獨子下來人間無法幫眾生把罪贖完？他不知道。那他既然派了獨子下來說要爲眾生贖罪，顯然他是一直在了別眾生有壽也有命，否則獨子就不必死，死就表示沒有命。

獨子死了而沒有命，是爲了贖眾生的罪，那麼爲眾生贖罪的目的，是要讓眾生將來在人間死了以後生到他的天國去，那又是另一個階段的命；而他一天到晚跟眾生討人情：「你們一個個的命都是我給的。」他是不是「說有命者」？對啊！一天到晚討人情，他都在眾生有命無命上用心，所以說：「信我者得永生，不信我者，打入地獄永不超生。」他都在眾生的命上面用心，眞的是「說有命者」。那他自己沒事去弄個泥巴捏出個亞當來，再給他靈；然後又想亞當太孤寂，又把亞當肋骨抽下一根來變成夏娃，那亞當、夏娃本來是不是同一個人？而那亞當、夏娃跟上帝是不是同一個人？是啊！那上帝分了靈讓亞當、夏娃來受苦，是不是讓自己受苦？他得要去看精神科醫師啊！（大眾爆笑…。）

因爲天下沒有這麼笨的神啊！換了諸位，你們會不會這樣作？都不可能！把自己分了靈，然後讓自己分出去的靈受苦，天下沒這麼笨的神。更可惡的是把自己的靈分出去以後，再用一棵蘋果樹來誘惑自己的靈（大眾爆笑…），所以他都在五陰上面用心，全都在五陰上面打妄想。因爲他始終不離五陰，所以就有眾生、有人、有壽命——有壽也有命。那他所在意的這一切法都是欲界有——不超過於欲界有，老實講，連忉利天或四王天的境界他都達不到。就算他眞的是天好了，他最多只有接近什麼天？四王天。四王天是地居天，在須彌山的山腰生存；但他的境界還到不了山腰，為什麼呢？因爲他喜歡血食。如果到了山腰就吃不到血食，那他既然要血食，當然要在須彌山腳下才能生存。這樣的神落在欲界有中，他的境界從來不曾達到四王天，更不要說色界、無色界。縱然人家修行到四禪四空定，也都還是在三界有中，而他只是欲界有，而且是欲界天中最低的層次，有何可尊之處？

他又一天到晚說：「大家信我，修行善業，死後生到我的天國來得永生。」永生是不是永有？是永遠的有，那他就是「說有有者」。他這位「說有有者」具足了貪、瞋、癡：他貪著人家的血食供養，他貪著這一些眷屬，他也貪著人家對他的恭敬，所以不許人家不信他，像他這樣的人全都在「有」之中用心，這表示上帝的本質是什麼？是五陰。上帝的本質就是五陰，雖然爲了想要追上佛教的教義，所以他們後來改革弄了個三位一體的說法，事實上當他們改革成爲三位一體以後，反而是不倫不類。因爲上帝的本質是五陰，這是具體的事實，明載於《舊約、新約》中。

不論《舊約、新約》都一樣，那個本質是具體存在那裡；上帝具足貪、瞋、癡，上帝具足了人類所有的思想，所以順我者昌，逆我者亡。這是人類的思想，而他和人類的五陰一模一樣的行爲，本質就是個五陰。而且他比人類會打妄想，因爲人類還不會打這種造人的妄想，他卻打這個妄想。

在佛陀的時代，佛陀就已經破過了，而且破的層次遠比他高。有一天大梵天王來了，佛陀說：「**大家都說你是祖父，你是造物主。那你到底是不是？**」當眾問他，他就顧左右而言他，佛陀又重新問一遍，他依舊顧左右而言他，連續問了三次，繼續顧左右而言他，最後佛陀說：「**我問你這事，不問那事，你直接告訴我。**」他只好當眾承認：「**因爲大家都這樣講，我也沒辦法。**」人家是大梵天王，大梵天王是在色界天，上帝卻還只在四王天的山腳下而已，比較正確的看法是，他根本是人間一個鬼神。其實可能連鬼神都不是，因爲是人類想一想而把他編造出來的。縱使眞的有這個上帝，也不過是四王天山腳下的鬼神罷了；所以他這個上帝具足眾生「人有」，也具足「**壽命有**」。他還輪不上「**說有無者**」，因爲他所知的永遠都是「有」，這就是上帝。那麼如何降伏這個上帝？還不談「說有無者」的降伏，先談到這一句「說有有者」就好，如何能降伏他？要等下週再來說了。

《佛藏經》上週講到第五頁第六行「說有有者、說有無者」。那「說有有者」我們好像即將談到如何降伏上帝是不是？不要覺得奇怪，降伏上帝不算什麼，因爲即使阿羅漢來到菩薩面前都不好開口，何況上帝。別說斷我執，他連我見都還沒斷。那麼菩薩可以用所證的「無名相法」——就是「此經」——來降伏上帝，其實是輕而易舉的事。但是要用「無名相法」降伏上帝之前，我們得要先來瞭解看看上帝的本質到底是什麼。一定要先瞭解人家，你如果瞭解自己而不能瞭解對方，那句成語就用不上了：「知己知彼」。「知己知彼」的人不但百戰百勝，而且千戰萬勝，因爲對方都會望風而逃。可是你知道自己而不知道對方時，那你就無從跟他論起。

這就是說，從菩薩所證的實相般若來看，不管是他們說上帝的所謂三位一體「聖靈、聖父、聖子」，都先從他們的《新約、舊約》來看吧！上帝是一個喜歡血食的有情，或者叫作人或是叫作神；所以如果基督教祭祀上帝，依照《聖經》所說，用畜生肉時將會是沒有煮過的；那麼諸位想一想，這樣的上帝是不是不如人類？人類至少先用火把肉清淨一遍，免得有髒東西，但上帝愛血食，表示他嗜血，貪還眞的不輕。如果再看他所說的境界，全部都是欲界人間的境界，從來不曾一句話涉及到欲界天，更別說是色界天的境界。由此可見一斑，就不必再詳細討論他的貪。

接著就來談瞋，只要不相信他，縱使你是個大善人，也要把你打入地獄永不超生；如果眾生拜別的神，他就全面否定掉，說「**我是唯一的眞神，其他都是假的**」。可是他就因爲這眷屬欲的關係，要把人家「剪除」。你們在《舊約、新約》很容易看到這兩個字：「剪除」，這表示他不但瞋心很重而且殺心很重。這樣的人心性一點都不調柔，不可能證初果的。因爲這表示他非常非常看重自己，不能容忍別人和他有不同的見解，連我所都無法斷除，我見就別提了。所以你們看《新約、舊約》「聖經」都有記載：降下大洪水淹死異教徒，降下所謂的天火燒死異教徒……等；甚至他還親自動手綁了異教徒交給他的信徒，把異教徒宰殺。那你說這樣的上帝眞的有慈悲、有博愛嗎？這證明他的愛是很偏狹的，而且他那個愛叫作世間愛，根本不是慈悲，因爲是貪愛眷屬的關係——這是我的眷屬。他對眷屬有愛，反過來對不信任他的人就有瞋，因爲貪愛與瞋在欲界是一體的兩面——這面是愛，另一面就是瞋。所以有一句話說「愛之欲其生，惡之欲其死」，上帝正好是這個性格，那不就是世俗人嗎？

那麼再來看他對於自己如何可以創造出眾生的事，始終講不出一個所以然，只講現象而沒有道理：用泥巴捏一捏、吹一口氣就可以變成亞當。這就跟中國民間信仰中的神話故事一樣，那他的境界最多就跟傳說中的朱元璋一樣了，那他有沒有比朱元璋更高？沒有啊！人家朱元璋可以一次捏出好多個人幫他割稻，他一次只能捏出兩個而已，之後就要靠那兩個人不斷去繁殖，看來朱元璋遠遠勝過他。這表示他無明很重，即使有後來他們所謂的宗教改革，其實是因爲聽到佛教的法那麼勝妙，他們不改革不行，跟不上時代了，於是他們作了改革，才有三位一體之說。

但問題是，聖靈、聖父、聖子三位一體，聖靈到底是個啥？聖靈到底是什麼？他始終沒講出個道理來。聖靈在哪裡？可不可以實證？能不能證實以後再由別人再三、再四來驗證？全都不行！「你只要信我就好，其他的都不要問。」表示他的無明是很深厚的，所以上帝對聖靈講不清楚。那麼聖父到底怎麼回事也講不清楚，如果要知道聖父像什麼模樣，我說就是像諸位這樣，因爲「神依著他的模樣造人」，所以神就像諸位這樣。那又有問題了，當初神依著他的模樣造了人，那個人是白皮膚、是藍眼珠的，那是亞當跟夏娃，因爲是依著他的形像造人；那麼黑皮膚、黑頭髮的人，黃皮膚、黑頭髮這些人可都不是他創造的，因爲不是他的模樣。那他講《聖經》，這《聖經》到底其聖何在？我看應該是要改名叫《凡經》，因爲無聖可言。

那麼由這簡單的道理來看，顯然上帝無明很厚重，因爲連五陰的虛假他都不知道，更別說聖靈到底是什麼。而我們看見每一個人都有聖靈，每一個聖靈都是造物主，都是貨眞價實的上帝，所以我們見了基督教徒時可以說：「恭喜！上帝與你同在。」不是像他們說的「願上帝與你同在」，願有什麼用？因爲這種願不會成眞。但是我們祝福時說的本來就同在：「恭喜你，上帝時時刻刻與你同在。」他說：「你看見了嗎？」當然要跟他說：「有啊！清清楚楚，只是你看不見。」「那你說的上帝到底是誰？」「上帝就是造物主，就是出生你這個色身的人啊！」可是上帝自己都不知道這件事，他連自己的聖靈在哪裡都還不知道，這表示他無明深重。

那麼這樣你把他的表現與行爲綜合起來看，上帝既貪又瞋又愚癡，那上帝是不是五陰？具足五陰啊！而且上帝的所知及不上忉利天、夜摩天，更不要說色界、無色界天，其實他連四王天的境界都不知道。那麼這樣決斷上帝的層次分明了然，所以上帝來了跟你說：「我是唯一的眞神。」你告訴他說：「你這個神之上還有神。」他就告訴你：「這怎麼可能？我是唯一的眞神。」你就告訴他：「你知道自己生從何來、死往何處嗎？」他這一聽：「欸…？」可能就傻了半會兒，然後告訴你說：「我一直都存在著，我都不知道我是什麼時候生的，怎麼可能說我這個神是被人家所生的？」

你就告訴他：「那我問你啊！你看自己最早的存在是什麼時候？你講講看啊！」他講出來時會是什麼時候？會是有這個世間的，不會超過時間的侷限；你就告訴他：「這個世間有成住壞空四個中劫，每一個中劫有二十個小劫，二十個小劫中有些什麼災殃你經歷過多少個？」他只好搔搔後腦勺說：「你講這些我怎麼都不知道，我又沒見過。」他如果說沒見過，你就說：「那你孤陋寡聞，因爲你活的時間太短了，你的壽命太短，所以不知道往昔有許多的劫數。人家色界天看過你所住的這個世間，被火燒過好幾遍了，人家還在，都沒有自稱他是永生不死的；你才活這麼短的時間，敢說你是永生不死的？」你這麼一說，他不會服你的，可是他知道：「欸！你眞的是飽學之士，多聞強識。」

可是問題來了，他還是不會信你，他會繼續跟你爭執。那你就告訴他：「你是有生的，因爲這個世界不斷成住壞空變異不住，而你所看到的只是這個世界已經存在之時，你都還看不到這個世界空無時，也看不到這世界之前還有世界，而那個世界也是成住壞空的；這些你都不知道，那你更不知道這個世界爲什麼會成住壞空？你更不知道你自己的五陰身是如何出生的，是什麼因緣出生的？你根本就看不見。」這樣他就信了你嗎？他也不信，因爲他是很固執的人。不是擇善固執，是擇邪見而固執。那你就開始分析給他聽：「你這個五陰啊，有些什麼什麼內容……。」就把五陰、十八界跟他講清楚，告訴他：「你不過是這些東西組成的而已，可是要組成這些東西時不能無因而組成，今天會組成你上帝這個五陰，背後有一個聖靈；你既然講了聖父、聖靈、聖子，那請問你的聖靈何在？你將來也會死，那死了以後到哪裡去？是斷滅嗎？」

這時他只能聽你的話，沒辦法回嘴了，最後結果會是如何？心服口不服，因爲上帝就是這麼個人，很倔強的。那你就告訴他：「你現在聽我說了以後，你所知道的這個身心全都是虛假的，結果你認爲是眞實有；你這個五陰是虛假的，不過是色、受、想、行、識的組合，不過是藉十八界來組成你這個所謂唯一眞神的五陰，而你都不知道自己是虛假的。」這時他不會問你怎麼辦？他可能恐嚇你：「你在侮辱我，我降下天火把你給燒了！」你就告訴他說：「你把我這個五陰燒了沒用，二十年後我還是一條好漢，我繼續再來破你，你也無可奈何；二十年後是另外一個人，你燒不完、殺不完，因爲我有聖靈，而你不知道你的聖靈何在，你就輸給我了。」這一下他想一想：「喔！這個人不好惹。」不好惹的最後可能是：「我不理你了！」頭一甩走人了——走神了！對不對？

那你不就把他降伏了嗎？老實說，他的威德很小啦，對於一個證悟的菩薩來說，他不敢對你動手的，因爲他的層次就那麼低。證悟的菩薩身邊都有護法神，護法神的層次遠比他高多了；除了天魔可以暫時來搗蛋一下，以外沒有誰可以來搗蛋。他並沒有那個能力，他距離天魔的層次還太遠了，所以他其實對你無可奈何。可是你來檢討一下說：「**爲什麼自己能降伏上帝？**」因爲你證得這個「**無名相法**」，所以你從五陰、十八界條分縷析講給他聽，他聽一聽，回去以後會檢討：「**原來我還眞的不外於五陰、十八界，對自己的五陰眞的有所不知。**」他知道自己不外於五陰、十八界，而菩薩的所知不是五陰、十八界所限制的範圍，那麼上帝以後不敢再來跟你講話。以後如果再要跟你講話，他會找個旁邊沒有神、沒有人的地方來跟你談，否則他一定閉嘴。看見你來了，他就閃到旁邊去。這樣，你就降伏了上帝。你不要懷疑說：「**我自己眞的有能力降伏上帝嗎？**」我跟你保證，你只要悟了一定有能力。

怎麼樣叫作眞的降伏上帝了？這可以驗證的。當你哪一天把上帝講得一無是處，而上帝的子民——上帝所牧養的羔羊們，包括所謂的牧師、神父們，沒有一個人能夠來推翻你，這時你就已經降伏上帝了。因爲上帝那一位神，有一句俗話描述得很好：「**眼裡容不下一粒沙子。**」他是睚眥必報的神，你只要瞪他一眼，嘴角跟他撇一下，他就一定要報復的，怎麼能容忍你這麼批判而讓他的信徒完全無法回應？他不可能這樣。可是現實上看到他的子民們都無法回應，而上帝默不作聲，這表示你降伏上帝了！雖然他不說「我被你降伏了」，本質就是被你降伏了。所以降伏上帝不難，只要你悟了把法融會貫通，有四悉檀的智慧時一一講給他聽，他最後心服口不服。因爲他如果口服的話，上帝就會死了；爲什麼要死？因爲他無法接受：所謂全知全能的神竟然被一個人類—才不過活幾十歲的人類—全部都扳倒了，竟然啞口無言。他不能接受，人類若是遇到這情況會撞牆而死，他該怎麼死？但那是他的煩惱跟我們無關，咱們不必理會，也許他就重新受生爲人類趕快來學法了。所以降伏上帝不難，難在你有沒有證得這個「無名相法」？難在你有沒有證得之後繼續深入把四悉檀貫通起來。

四悉檀懂嗎？先談一般的「世界悉檀、對治悉檀、爲人悉檀」，可是這三個悉檀要依據最根本的「第一義悉檀」才能成立，那你只要有這四悉檀絕對可以降伏他。你再把這事檢討一下，爲什麼能夠降伏上帝呢？因爲有這個「無名相法」，這「無名相法」是上帝之所不知。且不說上帝，連不迴心阿羅漢都不能證，所以上帝就被你降伏了。爲什麼上帝被你降伏？癥結就是，他是一個「說有有者」。我判定他說有「有」，有什麼根據？有的，最簡單的也是大家常常聽到的話：「**信上帝得永生**。」永生是不是三界有？對啊！不落在「有」的人是說「**無生**」，落在「有」的人就講永生；永生是希望五陰永遠存在，他希望永遠生活著，希望不死，這就是三界有。

接著你就從「**世界悉檀**」來跟他談，他這個「有」的層次在哪裡。雖然《舊約》已經改版變成《新約》了，因爲他們覺得《舊約》讀起來好像不太合理，又好像上帝非常殘忍；改了又改，改來改去有一句話叫作什麼？什麼改不了吃什麼？（大眾笑…）因爲本質確實是那樣，再怎麼改還是那個五陰的本質，永遠不可能改變成功的，因爲他的層次就在那裡。

那你把他的層次用「**世界悉檀**」定位出來，不論你從《舊約》或《新約》的依據，定義他的層次是在三界中的某一界，結果是在欲界。再從欲界的層次來爲他判斷，他連忉利天都到不了，最多只有四王天的屬下；其實他就是四王天所住山腳下好多鬼神中的一個。四王天管轄的鬼神們有很多喜歡血食的，所以祭祀時都要用肉；那這樣神的層次定義出來以後，他分明就是落在欲界有中，而且接近於人間的有。

可是說句比較白的，他這個有其實就是人間的有，因爲他只是被人類創造出來的。所以哲學界幾百年來提出質疑：「上帝在哪裡？」上帝的存在永遠不可證實。既然他是人類創造出來的，而創造他的人只懂得人間的境界，所以他對天堂就只能靠想像來說。人類用想像而說出來的天堂，有沒有一個具體的內涵？答案是沒有！所以他們只是說有一個天堂，天堂中的境界看來就像人間一樣，只是不虞吃喝住等受用，但是生到天堂以後卻是上帝永遠的羔羊。

但有個問題，天有三界：「無色界天、色界天、欲界天」，上帝的創造者對欲界六天就不懂了，更別說是色界諸天，顯然他所說的天堂只是想像。連天堂境界自己也不知道，那他到底是在什麼層次？就只是人間的層次而已，還遠不如古印度那些婆羅門。古印度的婆羅門很多人證得四禪八定的，他們可以把天界的事情講清楚，可是上帝竟然講不清楚。假使上帝真是全知全能，那麼上帝應該有天眼，沒有天眼時要跟人家講什麼全知全能？如果有好的天眼，他會看見四王天的境界，也會看見忉利天是什麼境界，夜摩天是什麼境界，一直往上看，可以看到他化自在天的境界。可是他連四王天的境界也講不出個所以然，忉利天的境界他連聽都沒聽過，那麼這樣的上帝其實是欲界人間之有，還談不上欲界天之有，怪不得脾氣那麼大、那麼傲慢，還敢說：「**一切人是我生的。**」那這個上帝其實只是一群人的想像，然後編造出來藉以降伏別人、恐嚇別人：「**你們如果不信我的神，不對我好，我的神會消滅你們！**」只是如此而已。這是多麼低級的事相，可怪的是竟然有一大堆人相信。那些人都沒有腦筋嗎？頭腦都是豆腐做的嗎？還眞的像。

這就是說，其實他們都不外於五陰。即使婆羅門教他們證得欲界定、未到地定、四禪、四空定等，依舊不離五陰的範疇，沒有任何一個宗教超脫於五陰的範疇，那麼這些都是「**說有有者**」。不幸的是，上帝是這些「**說有有者**」的最低層次，就是有人間的「有」。那麼「有」人間的「有」，不外於五陰，然而五陰卻是虛妄的，五陰是由十八界組合而成的；可是這十八界是由「**無名相法**」所出生的；但上帝不瞭解這個，而你瞭解這個。

不但是人間這個「有」，乃至欲界天、色界天、無色界的有，全部都是虛妄的，何況是上帝只懂人間這個「有」；那你人間這個「有」，乃至無色界天的「有」也是「**無名相法**」所生。由這個「**無名相法**」的實證，悟後現觀去通達四悉檀時，你就可以降伏「**說有有者**」。一切人或者神、或者天，當他們主張眞實有「三界有」時，譬如說欲界有、色界有或無色界有，當他們如是主張時，你就用這個「無名相法」以及五陰的內涵把他們破了，那你就是能夠降伏「說有有者」。

下一句「說有無者」你要怎麼降伏？那麼「無」就得要先探討一下：世間眞的有「無」嗎？「無」是不存在的，「無」是依於人類的思惟觀察而建立，「無」不存在。也許有人心中有點不服氣說：「你講得不一定對，譬如我今晚搭車來講堂，我買捷運的票、買公車票，買了以後來到講堂，我那些錢就無了，無怎麼會不存在？無是存在的，因爲我的錢眞的無了！」好啊！那麼請問：「錢沒有了而成爲無，譬如五十塊錢無了，這五十塊錢無了這個『無』，你能拿出來給我看嗎？五十塊錢你可以拿出來給我看，五十塊錢的『無』你拿不出來啊！」也許有人心血來潮說：「有啊！我可以拿出來給你看，你看『無』啊！」我說：「你這裡只有手，哪來五十塊錢的『無』？難道你上面寫著五十塊錢『無』嗎？縱使寫了，我還是沒有看到五十塊錢的『無』，因爲只有看到那幾個字啊！」所以這個觀念要弄清楚。「無」是依有而說無；如果不是有，就不能說有「無」。

所以有的人腦筋轉不過來，他們認爲說：「我東西被搶走就是無，『無』眞的存在，你看我被搶走了現在就是『無』。」可是他們沒有想到這個「無」是相對於剛才的「有」而說現在是「無」。如果沒有剛才的「有」，就不能說有現在的「無」，所以「無」是相對於剛才的「有」來建立的。如果「無」是眞實法，如果「無」是眞實存在的，那麼「無」就是有實質的法，這東西就可以買賣了：「我賣『無』，你們要不要買？」應該就有人會買，可是有誰會去買「無」？絕對不會的。也許有的人聰明說：「你一定要買這個『無』，我來賣你這個『無』，無什麼？無煩惱。」可是無煩惱可以用買「無」來達成嗎？不行！他沒有辦法給你一個無煩惱，他拿不出來。一定要透過意識配合前五識去觀察思惟，然後說：「這個煩惱也是生住變異無常而滅的。」然後去觀察：「這煩惱是應該要遠離，否則我無法出離生死。」所以仍然要透過觀行的階段用智慧去解決，而不是有人可以賣一個無煩惱給你，你買了就沒有煩惱。「無」是無法買賣的，因爲「無」是沒有法。

所以，有的人眞是腦袋壞掉，越學佛越糟糕，越學越笨；釋印順就是個現成的例子，看來一副很聰明的樣子，可是他越學越笨，所以書中寫著說：

「這一切法滅掉以後成爲滅相，滅相不可再滅了就是眞實，這就是眞如。」如果是這樣的話，乾脆跟他講好條件：「米！來！你這個說法如果認爲是眞理，你寫個切結書來給我，然後我把你殺了，讓你變成無、變成滅；你滅了以後這個滅相誰都無法再把你消滅，那你就變成眞如，你就是證眞如了。趕快寫好，寫好時我拿刀砍了你。」看他寫不寫？一定不寫。所以他只是耍嘴皮，越學越笨；可是越笨的人越想要表現自己，就寫很多讓人讀不懂而自己也不懂的書，就越有人崇拜，這眞的叫作「末法」，好怪。因爲他自己的理路不通，自己七顚八倒，連自己都不知道自己；其實他沒有知己，我是他唯一的知己（大眾笑…）。他沒有知己，所以他就無法去檢討自己的問題何在，一直到蕭平實寫了書出來評論他，他才知道：「原來我有這麼多問題。」所以他自己也不知道自己，因此他就一天到晚講：「緣起性空才是佛法的眞理。」原來佛法被他變成斷滅空了。

所以「說有『無』」的人都是愚癡人。譬如斷見，斷見外道之所以稱爲斷見，是他否定一切有情的過去世、未來世；當他否定有情的過去世與未來世，認爲死後斷滅空，那麼請問：「他這個斷滅，是不是依於他現存的五陰，而說未來斷滅？」是啊！如果沒有這個五陰的出生，他就不會有未來死後的斷滅，但是他們不懂這個道理。所以他們不斷流轉生死以後還是會變成常見外道；什麼時候變成常見外道呢？死後中陰身生起了：「啊！原來我不是斷滅，我還可以去投胎。」從那一世以後他就變成常見外道，而他這一世會成爲斷見外道，有時是因爲被作了邪教導，有時是因爲自己胡思亂想見解不夠深入所致。

但是其實他還沒死，在跟人家爭執堅決主張人死後是斷滅空時，他其實已經是個常見外道。他只是嘴巴或意識層面自認是個斷見外道，因爲他這個斷見是依於五陰存在的當下、來主張未來死後的斷滅，所以他的本質還是常見外道。佛說的都很有道理，這是因爲常見所衍生出來一大堆邪見，總共有六十二種外道見，再衍生爲九十六種外道見，其實只是依於五陰的不同、三界層次和三世的差別，而不斷去演變而已，原來就只有一個「常見外道」。

所以他們說有「無」，說「無」是眞實存在的，其實是愚癡人。因爲他們顯然不懂邏輯，從世間法中已經可以看得出來「法不孤起」。不論什麼法都不會單獨一個法現起的，所以當你有眼根出現時，一定要有幾個法配合才能出現眼根；眼根有了，那色塵才可以出現，也一定要有幾個法配合才能出現色塵；有根有塵了，根、塵相觸而生起眼識，眼識也一定要有幾個法配合才能生起；「法不孤起」的道理，顯然他不懂。可是如果單單懂這道理就對嗎？也不對，因爲會變成「諸法共生」與「無因生」。

「**諸法共生**」是不對的，因爲諸法共同和合時仍不能出生任何一法，得要有因。這因還不是別人，還要是自己所有的，就是自己的「**無名相法**」如來藏，換句話說，就是有因有緣集世間，缺因不行，眾緣若是缺了其一也不能生。所以上帝無能出生你五陰這個法，如果五陰的上帝能出生你，那麼你也可以出生別人，因爲同樣是五陰。「法不孤起」，所以說，之所以很多的法和合起來看似可以出生某一些法，譬如說出生一個人、出生一條狗，背後都一定另有根本因。若沒有這個因，就應該變成諸法共生；如果諸法可以共生，那我們把一堆東西組合起來時也應該可以成爲一個有情，但爲什麼不行？這表示一定要有根本因存在。而且這個因得是有情自己各人的因，而不可能是由別人的因藉諸法和合而出生，所以上帝不可能生我們。

那麼也許有人懷疑：「你說『法不孤起』，不太對吧？這意根好像是可以自己生起的吧？因為我睡著了以後，意根還在啊！可是意根又不需要靠別的助緣來幫忙就可以生起。」那問題來了，如果是這樣的話，那麼阿羅漢為什麼不會一覺醒來又變成凡夫？凡夫為什麼一覺醒來依舊是凡夫而不會成為阿羅漢？這表示阿羅漢未來世不會再有意根生起，是因為他滅了無明；還沒有斷盡思惑的人，意根會不斷地現起，表示有無明，無明就是意根的藉緣，而色身也是意根的藉緣。那如果是凡夫再加上業種，比如生為人的業種，生為狗的業種，生為天的善業種等，才能成為人、狗、天啊！可見意根也不能孤起，這才是法界中的眞實道理。

斷見論者不知這個道理，他們就想：「原來人就是這一些東西組合起來，所以死了以後就全部壞了，就斷滅了。」於是他就成為斷見外道，同時也是物能生心的唯物論外道。可是他不知道自己這一些邪見的生起原因，都是基於對五陰的錯誤認知，以為五陰在人間是眞實有。所以他認為前世是不存在的：「因為眼見為憑，而我看不見有前世。既沒有前世就不會有後世，那你說我會有後世，你證明給我看，讓我怎麼樣可以看得見。事實上我看不見，你也看不見，那就表示死後沒有。一切眼見為憑，我們看見人死了，死了就死了，沒有什麼可以跑到來世去的東西或精神呀！」這就是斷見外道，他主張一切有情到最後都會成爲無，這就是「說有『無』的人」。

那麼「說有『無』的人」，你要怎麼降伏他？得要藉現象界的事情來告訴他：「一定得要有因，配合其他的眾緣，然後才可能生起三界有；因爲有了三界有，才有讓你主張一切人死後『無』的說法成立。但你這個說法自認爲成立，其實是不成立，因爲剛剛說過『一定有一個因，加上許多的緣，才能成爲你現前這個五陰』，而你這個五陰壞掉以後，那個因還存在著，所以你主張一切無、一切空也不能成立。」那他會再跟你爭執，你得要告訴他：「你說沒有過去世，那請問你：是不是同一對父母生的子女將來心性福報都一樣？」當然要問這一點。「既然沒有過去世的因，應該同一對父母所生的子女，男生都是同樣這個模樣，女生也同樣是這個模樣；男生的個性是這樣子，兄弟幾個都會是同樣的這種個性；而果報也都會一樣。生下來的女兒，幾個女兒也都會生得一模一樣，個性也都會完全一樣，這樣你才能主張沒有過去世。你如果對這個道理無法解釋，那你主張一切無，主張人沒有過去世，你就錯誤了！」

可是又會有一種斷見外道告訴你：「人雖然有過去世，只到這一世爲止，死後就斷滅了。」那這個人會比剛才的斷見外道更笨，其實是更笨。可是笨的人不知道自己笨，笨的人反而會說自己很聰明，因爲他擅於狡辯。可是問題又來了，既然人可以從過去世來到這一世，一定就可以從這一世去到未來世，要不然人類早就死光了，怎麼還會有這麼多人生在世界上？又怎麼可能同一對父母所生的個性不同、果報不同、心性不同？顯然有過去世的因。那麼過去世所熏習的各種事業上的因，又爲什麼能帶到這一世來成爲果？過去世的五陰沒有來到這一世啊！

他也許跟你抗議：「你這個道理講不通。」那你就告訴他：「那請問，你如何證明你過去世曾經有五陰而來到這一世？」他無法證明。莫說他無法證明，就算他只是說理，也會有大漏洞，因爲你可以由現世的現象來證明，如果每一個人過去世五陰都會來到這一世，那麼還有「世」可說嗎？過去世就是這一世了，就沒有「世」可說啊！也就是五陰一直存在而沒有前世後世可說了。既然人都是從無而出生，成爲一個小嬰兒，漸漸成長最後老了死了，就表示有過去世。因爲人之不同不但各如其面，心性果報各個不同。那麼人如果不能從過去世把五陰帶來這一世，顯然過去世是有另外一世；而人這一世死了，沒有哪一個人死了以後把他的五陰帶去未來世，顯然過去世來到這一世也是一樣的道理：沒有誰能把色身和覺知心從過去世帶到這一世來。

那他也許抗議：「不！我認爲色身不行，但覺知心可以來到此世。」那他顯然更笨，你就問他：「既然可以這樣的話，那你爲什麼主張一切斷滅空？」因爲有的人一時情急亂狡辯，他沒想到自己這一狡辯出了紕漏，你就問他：「那你都說人死了就斷滅，爲什麼還可以來此世，或是帶去未來世？爲什麼覺知心還可以去未來世？那不就有三世了嗎？」此時他就不好講話了。接著再爲他開示：「如果你的覺知心從上一世來的，請問你『你上一世說什麼語言？』」他說：「我上一世還是講中國話啊！」那你就問他：「好！那你覺知心從上一世來，在這一世出生時，應該像昨天晚上睡著，今天早上醒來一樣，那你剛出生時，看見媽媽那麼辛苦，有沒有跟媽媽慰勞一下：『媽媽對不起，讓您辛苦了。』有沒有？」他聰明的話就不答，不夠聰明的話就說：「我剛出生時又不會講話。」「你剛出生不會講話，但你不是說你上一世是講中國話嗎？你覺知心從上一世過來時應該就會講，出生了就能講的。」

所以這些斷見外道其實很愚癡，他們不知道斷見是從常見而生。都因為看見世間有種種的常，然後他觀察的結果認為：「這些最後其實都歸於壞滅，不是眞常。」歸於壞滅以後，沒有人能證明人死後會到未來世去，所以他就堅決主張：人死後斷滅。在《阿含經》中有一部經典童女迦葉帶著五百比丘遊行人間，遇到一個斷滅見的弊宿婆羅門；古時的國王往往只是一個村落就封為國，他就叫作國王，其實只是很小等於現在的里長而已。這個婆羅門是個斷見論者，就跟童女迦葉不斷的辯論，然後最後他就說：「妳說的我還是不信，因為也沒有看見人死了以後回來告訴我，說他去了哪裡，那我怎麼能相信妳說的『人有後世』呢？」然後他就舉例：「有一個人是個犯人，罪該當死，我就請人把他圍起來，然後大家一槌一槌把他搗死搗爛，看有沒有什麼東西跑出來去到後世，結果我也沒看見什麼，所以證明人沒有後世。」

然後他又講：「有的犯人，那是死刑犯，我就派人用刀子一片一片把他割下來，每割下來就仔細看有什麼東西跑出來沒有？結果全都沒有，割完以後我把他的骨頭叫人再敲碎；敲一槌，就看一下有沒有東西跑出來，最後也是什麼都沒有。所以妳說人有未來世，我不相信。」又講了一大堆，還都是他親自的體驗呢。他處罰死人時用各種不同方式來處罰，就爲了要證明人死後眞的是斷滅空，但他不知道的是如來藏無形無相，他能看見什麼。

他還說：「有一次，我吩咐把一個罪人處死，處死前我吩咐他說：『你死了以後，要先回來告訴我，你去了哪裡。』那個罪人也有答應我，可是我等了好久，他都沒有回來告訴我。後來我有個親戚是個大善人，據說死後應該要生天的，我告訴他說：『你死了以後生天，在天上享什麼福報，你要回來告訴我。』結果他也沒有回來告訴我，所以，我不相信妳說的人有後世。」你看他說得振振有辭，如果是愚癡人一聽就信了：「對啊！果然沒有後世。」但童女迦葉告訴他：「假使人死了，行善生到忉利天去，那他在那邊出生以後，他一天就長大了，但他過了一天以後回來人間是幾年後？相當於人間的一百年後，那時你已經不在了。那麼造惡業的人下了地獄，他能不能跟閻羅王要求說：『閻王啊！你讓我回去跟那個國王報告一下，我再乖乖回來受苦。』你想閻羅王會放他走嗎？」

當然，假使有一個犯人關進來以後，他跟典獄長說：「拜託你給我七天的時間，我再回來讓你關。」典獄長放不放他？當然不放。怎麼可能放他走？

且不說那個時間有多久，就說肯不肯放他回來了都是個問題。那麼生到忉利天去享福的人，跟五百天女告假說：「**讓我下去人間一會兒。**」天女們放不放他走？不放。因爲放走搞不好變成別人的夫君了，所以走不了。老實說，生到忉利天上時早把他跟國王的約定忘了。等他想起來時，國王已經輪迴好幾世去了。童女迦葉跟他說明以後，他終於相信而說：「**其實我本來就知道妳說的對，我只是要考考妳的智慧。**」這個人心地不誠。但是他不知道這一切都依於現象界的有，然後說現象界的諸法緣起性空、無常故滅，所以苦空無我；而他不信受有一個常住法，他也沒有親證那個常住法，於是他心中有疑，不能相信。因此他就認爲人死後斷滅。

如果人們都有天眼通時，會看到未來世，但他看不到往世；所以他又有別的主張：「**人沒有過去世，但是有未來世。**」一旦天眼出現了，就認爲有未來世，因爲過去世他看不見。如果換另一個有宿命通而沒有天眼通的人，他就說：「**人有過去世，但是沒有未來世，因爲未來世我看不見。我可以看見有過去世，應該同樣也能看見未來世，可是我看不見啊！**」他不知道自己有宿命通而沒有天眼通，宿命通只能看見過去世。那麼斷見外道就因爲禪定的關係、神通的關係又產生很多種；常見外道也如此，所以才有很多種的外道，但其實說「有斷滅空而斷滅空恆存」的這種斷見外道者，他們就是「說有無者」。可是他們說：「這個『無』眞實有。」其實不能成立；因爲「無」是依於有的消失而說是無，可是「有」既然曾經有過，未來就會重新再有，而他們不知道，所以是愚癡的人。那麼你從這個「無名相法」的實證和現觀而生起的智慧，就可以告訴他們這些道理，你就藉這個「無名相法」降伏「說有無者」，如果你沒有證這個「無名相法」，還沒有辦法降伏一切「說有無者」。

接著下一句說「降伏一切諸邪行者」。有「無名相法」的實證而生起了智慧，可以「降伏一切諸邪行者」。邪行者就有很多種了，古時的西藏有一種外道傳說，誦了某一首偈以後，口中誦著偈而從懸崖跳下去，認爲如此就可以生天；也有許多種外道各有不同的說法，其實一切都是「邪行」。如果以現代的佛教來講，最有名的邪行者就是達賴喇嘛；他們那四大派都是邪行者，佛門中的常見外道就不談它，只說達賴喇嘛這些外道。他們以往在世界各地弘法順利無礙，來到臺灣亦復如是順利無礙，所以各大道場都競相貪緣。甚至我們講堂北方那位鄰居大法師，以前還在紐約跟他召開「世紀大對談」，其實應該叫作「世紀大醜聞」；因爲先要給達賴一大筆錢，我記得好像是二十萬美元，談完後每年還要給達賴兩萬美元，這是約定好的暗盤。可是對談了以後對大法師們的道業有幫助嗎？沒有啊，反而導致某些信徒跑到密宗假藏傳佛教去了。所以說人若沒有智慧時，眞不曉得該怎麼形容他，就用一句比較不那麼粗鄙的話來說他「飢不擇食」。

因爲沒有法上的實證時，自己腳下浮逼逼地，心中不安隱，才會如此夤緣：當年正覺剛剛興起，每一本書寄了來都讀不懂！那時大法師眞的像啞巴吃黃連——有苦說不出。於是急病亂投醫就找上了達賴外道，等於是有藥就吃，不管是什麼藥，吃了再講，卻不知道吃的正是毒藥。再過個幾年，正覺寫出了《狂密與眞密》，將密宗假藏傳佛教這一破掉，完了！世紀大對談就成爲一件笑譚了！聽說後來每年兩萬美金也不付了。不付倒是對的，我支持！因爲密宗的法教與實修，從生起次第到果地境界全都是外道法，與佛法中三乘菩提的實證無涉；而他們違約不再每年付給達賴兩萬美元，等於少幫助外道荼毒佛門弟子。他們去攀緣的那些大外道，我們寫了書，從根本到枝末把它全部否定了，簡直就叫刨根挖柢；但達賴他們曾經寫過一本書或者寫過一篇文章來回應嗎？都不敢，這表示我們把天下最大的邪行者給降伏了。

那麼這個最大邪行者在美國有很多有名的信眾，都是鼎鼎大名的電影明星，諸位應該都知道是哪一些人，有男眾、有女眾。他們顯然是比達賴喇嘛更笨，因爲他們如果有一點世間聰明，就應該說：「風聞臺灣有一個佛教團體說你的法都不對，你爲什麼都不回應？」這個消息一定會傳出去的，不可能沒有消息，可是他們可能想：「不管啦！我就跟隨到底。」但爲什麼要跟隨到底？既可以成佛又可以抱著女人（男人），有什麼不好？洋人最喜歡這種世間法的境界了。

所以「諸邪行者」沒有一個人能回應正覺的評論，但是追根究柢正覺爲什麼能評論他們？因爲實證了這個「無名相法」。由於實證「無名相法」，所以有實相法界的智慧來對比現象法界的一切生滅諸法，因此能降伏「諸邪行者」。如果是程度比較輕微的「邪行者」，在世間上看起來不是很惡劣的——不像密宗假藏傳佛教那麼惡劣的，就是佛門中的常見外道們；不管他們否定不否定 佛陀，但是當他們所證錯誤時，也是佛門中的「邪行者」，那我們提出來評論、加以辨正，他們也無法回應。這表示我們藉由實證「無名相法」，就有實相的智慧可以來降伏他們；所以我們把佛門外道的那些錯悟的意識境界列出來以後，他們也不敢講話。由正覺這二十幾年來弘法的過程和內涵，就可以證明證得「無名相法」可以「降伏一切諸邪行者」。

接下來　世尊說：「舍利弗！我此聖法，皆能降伏一切貪著乃至說有法者、不信樂諸法如實相者、逆佛法者。」世尊前面開示完，接著告訴舍利弗：「我這個神聖之法，可以降伏一切的貪著，降伏一切的瞋恚者，降伏一切的無明者，乃至於降伏一切說三界有爲眞實有的那些常見外道法的人；對於不相信、不愛樂諸法有如實相的人，以及對於違逆佛法的人，也可以加以降伏。」所以　世尊說「我所說的這個法是神聖之法」。神聖之法表示祂不是三界中法。在外道中也有在封聖人的，例如天主教中有一些人死後被教宗封爲聖人，近代最有名的應該就是德蕾莎修女，她死後被天主教冊封爲聖人。如果依照天主教這個標準，後山的比丘尼有沒有資格被教宗封爲聖人？有！有？還是沒有？你們認爲有，可是教宗一定認爲沒有，因爲「凡不信我上帝的，要打入地獄」，怎麼可能有神聖之性可封呢？所以依照他們的教典是沒有的。

不過你們說「有」才是比較正確的，因爲她的行爲符合天主教所封的聖人意涵。但是封德蕾莎爲聖人的教宗，或者教宗所率領的那一群審核的人，他們有沒有聖性？這是最大的問題。也就是說「聖」字所代表的層次是有很多不同的，在外道法中捨己爲人、不謀私利就是聖人，終其一生都如此作就是聖人；可是我要說一個眞相，這個眞相顯得很殘酷，不是對德蕾莎修女殘酷，而是對教宗殘酷，因爲德蕾莎修女死後早生到欲界天去享福了，你們還在人間的教宗、樞機主教等人在她死後才冊封，她還不屑一顧呢。就好像說一個人死時，由於他生前持五戒、行十善，死後生到忉利天去，後代在人間請了名廚作得一大桌豐美佳餚祭祀，他來不來吃？不來了。他才一看便覺得不清淨，根本吃不下去；連嗅一下都不肯，因爲他覺得很臭。忉利天上的甘露多好，食噉含消清淨香潔而且全部消化，根本不用大小便溺，那多好！

人間的食物都是土裡長出來的，土裡的物質越髒而生長出來的食物，人們說越肥越好吃。不管多麼色香味美的食物，你只要仔細用鼻根去分辨一下，全都有糞便的味道，我只是不敢去分辨而已（大眾爆笑…）。眞的啊！我是故意把它忽略，否則就別進食了，那還能在人間行道嗎？有一段時間最怕翻開電鍋的蓋子，因爲剛一翻開來，眞的很難聞哪！但是大家都沒有留意到那個部分，只留意到香的部分，就說：「哇！好香喔。」所以有一段時間我專吃麵包、不吃飯，可是後來又從麵包嗅到……，結果是一樣的味道，好可憐！後來都把它們忽略掉，不然沒辦法生存在人間弘道啊！

所以說，這一些境界法其實都是人間之法，而他們以一個管人間的凡夫，為一個已經生到忉利天的人冊封為聖人，她是不屑一顧的。因為她在忉利天有報得的天眼通，才一看就知道：「**你們這一些人在那邊冊封我，可是你們的為人如何？全都不如我，你們哪有資格封我為聖人？**」所以德蕾莎修女絕對不屑一顧。如果教宗他們做了一大桌好吃的食物說：「**既然封為聖人，也應該供養一下。**」其實德蕾莎修女根本不屑一顧，因為她在那邊吃甘露多好，為什麼要下來受用人間這種不清淨的食物？

這就是說，各宗教間所謂的「聖」差異很大；外道說之為聖，來到婆羅門教時至少得要證得初禪才行；如果還在人間的境界，婆羅門教不會承認他是聖人的。那麼請問了：「**教宗冊封的聖人有沒有初禪？**」一個也沒有。因為他們從來不知道色界天的境界，又如何能修得初禪？連聽都沒聽過，更不知道想要往生色界天的人該如何修行。所以依色界天人而言，他們無聖可言。

可是即使證得非想非非想定，來到佛門時依舊是凡夫。這已經超過外道的聖人很多了，沒想到來到佛門時依舊是凡夫，無聖可說，所以外道的聖人來到佛門時俱是凡夫。這就表示說，聖的層次有很多差別。那麼假使有人證得阿羅漢果，他爲人演述二乘菩提，那二乘菩提的法是不是神聖之法？有沒有人說不神聖？沒有吧？絕對是神聖之法。可是問題又來了，那個神聖也是一個層次，因爲阿羅漢或者辟支佛爲人演述二乘菩提時，那是神聖之法；可是這個神聖之法來到佛菩提道中，又不那麼神聖了，所以佛菩提道中的聖法才是眞實而究竟的聖法。而 佛陀說的這個聖法就是「無名相法」，就是「第八識眞如」，就是 世尊在這部經一開頭講的「無名相法」，說祂是不可思議的。

那麼這個「無名相法」世尊在這裡就說：「我這個聖法，」表示 世尊所認爲的聖法是這個「無名相法」，因爲這個法非二乘聖者之所能知，等而下之世間的聖人其實無足道哉，不可與言；你眞的沒有辦法跟他們說明，這樣的法才叫作聖法。而 世尊在這一小段話中說的是個總結：「我所說的這個聖法，」就是無名相法、無分別法，「這個法能普遍地降伏一切貪著乃至說有法者。」菩薩願意捨棄世間求名求利的各種機會，把自己奉獻出來，而且發願生生世世都會如此，不爲無因，一定是有一個原因才願意這樣作。世人生在人間不求利就是求名，哪有人不求利還不求名的？世間人若不求名，一般的原因是因爲沒有錢可以求名，有了錢以後就要求名。可是爲什麼菩薩不求財也不求名？是爲什麼？是因爲證得這個「**無名相法**」，所以由「**無名相法**」來看透三世的因果，知道一切所作功不唐捐，不論善業或是惡業。

行善之人所造作的一切行，都在自己的「**無名相法**」之中，不曾超越這個範圍之外，所以未來世的福報還是在自己的「**無名相法**」第八識之中，因爲一切善業種子都不會跳出心外去，縱使眞能跳到外面去，也沒有別的如來藏能接受；何況一切有情根本不曾外於自己的如來藏生存與活動，所以這善業種子全部都收存在自己的如來藏中。如果出去弘法信眾越來越多，供養跟著越來越多，就把錢拿來享受，享受不完就送回家裡給老父老母、兒子女兒都享用，這一些業叫作「**侵損招提僧物**」，就是把三寶的錢拿來私用——特別是在家人。

出家了，如果有個寺院，依六和敬而住，所有財物都是常住的，不怕人家供養再多錢；錢如果太多了怕擔業，救濟貧窮也沒問題的。可是在家人受的供養拿回家去貼補家用，我很想說：「這樣叫作居心叵測。」因爲想要害就去害別人，不要害家人！對啊！如果不想要害人卻把對方害了，這得叫作愚癡。因爲他顯然沒有看到自己的五陰、十八界從來不曾外於如來藏，所造的一切業都會落謝到自己的如來藏中；他顯然完全沒有任何這種觀察或者知見，才會那樣作——自害害人。

那麼這樣作以後，如果有智慧觀察，會發覺這些業種全都藏在自己如來藏中；因爲自己五陰、十八界不曾外於如來藏——都在「無名相法」第八識中，那麼未來世「果報還自受」。而菩薩有智慧看到這事實，還需要再貪嗎？都不需要了！所以密宗假藏傳佛教那些人，還有正統佛教中某一些大法師們，他們不相信這個蕭平實從來不受人家錢財供養……等。完全不信，我可以接受他們的不信，因爲我接受他們是沒有智慧者。如果你有智慧、看清楚自己的一切身口意行都在自己的如來藏中，所造下的業種也都存在這裡面，證明因果確實存在，那又何必再去貪？貪的結果是什麼？是把未來世的一切行道資糧不斷地損減。

福報的損減以及增長都很快，想想看：布施給一個外道持戒不犯的人，還可得十萬報。這還是外道，但這是幾倍？十萬倍還可以算，若是布施給一個初果人是無量報；可是如果侵損了三寶的財物到底是幾倍？反過來看時道理是一樣的。古時不是也有一個典故嗎？說有個居士有一天發覺沒鹽了，去向鄰居借了一匙鹽，他忘了就一直沒還，後來夢見快要被鹽山壓死，這一回嚇死了才想起來：「**我借那一把鹽還沒還人家，趕快去還！**」為什麼眞學佛的人要這樣子？當然是因為深信因果。譬如十幾年前有一次我在講堂寫個字，寫好了筆就隨順日常的習慣往口袋一插就回家了。過兩天在家中又拿起筆來寫時，發覺這隻好像是講堂的，於是就用一個信封裝著，比較明顯，怕忘了，就放到包包中，這樣就不會忘記了。來到講堂一打開包包就看見有這個信封，這枝筆就拿出來還。但為什麼要這樣？因為未來世不曉得要還多少枝筆，這不可兒戲的。

三賢位的證悟菩薩們因為看到這個狀況，也就是現觀自己五蘊、十八界，身、口、意行全部都在自己如來藏之內，就很清楚知道因果了：將來因緣果報絲毫不爽，只是將來那個果報的因緣早出現、晚出現的差別。所以菩薩因此就不用貪了，修行久了入地以後根本就不會起念，因爲心性變成不貪了，就不必再作這樣的現觀。

話說回來，那些外道們不信我們不貪任何財物，我們說：「我們只有一套帳，沒有兩套帳。」他們不信。我們說：「我們所有的人都是作義工，除非當了法師又當了常住，那就依照單銀的規定來領。如果不是常住法師、常住菩薩來當親教師，一樣沒有加給。只要是在家人，你這個色身沒有出家，那你當了親教師依舊是義工，因爲連蕭老師都是義工。」但外道們或佛門外道是藉行善或佛法名義來貪取財物的，以己例彼，所以他們不信。但我們就是這樣子在作，因爲我們現觀一切都在自己的如來藏中，貪更多、下一輩子還更多。而來世的還，可不只是世間的高利貸，世間的高利貸能跟這個比嗎？你想啊！布施給一個外道持戒的人，來世得十萬倍，世間高利貸要多久才能達到十萬倍？所以背後算盤抽出來一打，作不得！（導師以客語發音。）眞的不能作！所以，我們寧可付出精神、付出時間、付出體力、付出我們的智慧來復興中國佛教，卻不敢貪一毫錢。

如此探究的結果，不貪的原因還是因爲這個「聖法」，就是這個「無名相法」。那麼對治貪，我們是用「此聖法」的智慧來消除；對治貪可以如此，對治瞋、對治愚癡何嘗不是如此呢！所以，有瞋心時就看需不需要用瞋心來解決問題，如果不必起瞋就可以解決問題，何必要起瞋呢？所以外人，特別是密宗假藏傳佛教那些人不相信：不論怎麼罵，蕭平實都不生氣。他們想，只要他們一直罵，以為罵久罵多了蕭平實就會生氣。請問諸位：你們誰被我生氣過、罵過？不說氣過罵過，被我瞪一下的人有沒有？都沒有啦！不管誰作錯了，我總是拿出來講一講、說一說，只把道理講清楚，我不罵人也不瞪人。不會像某一個大法師不高興了瞪你一眼轉身就走，整整七天都不跟你講話。我們不這樣作，因為「無名相法」中沒有這些事情——「無名相法」是「聖法」。我們以這個「無名相法」把瞋降伏了，那麼能降伏貪與瞋的原因在哪裡？在於沒有無明，所以把癡也降伏了，這不就是藉「無名相法」降伏一切貪著乃至瞋、癡嗎？

接著，「說有法者」不是一直被我們破斥嗎？所以我們破斥佛門的常見外道時，就是「降伏一切說有法者」；那我們連斷見外道也破斥了，追根究柢，根本原因就是因為證得「無名相法」這神聖之法，所以我們把這一些全都降伏了。至於「不信樂諸法如實相者、逆佛法者」，是如何藉「無名相法」來降伏的，只好等下週再來為大家說分明。

《佛藏經》上週講到第五頁第七行中間，「皆能降伏一切貪著乃至說有法者」講完了，接下來要講皆能降伏一切「不信樂諸法如實相者、逆佛法者」。既然說這個「無名相法」可以全部降伏「不信樂諸法如實相者」，那我們當然應該要先來瞭解「諸法如實相」是什麼；然後再來瞭解「不信樂諸法如實相」的人是哪些人，才能談到這個「無名相法」如何降伏這樣的人。

關於「諸法如實相」，其實是一個學佛人很重要的大前提，但是在我們正覺同修會開始弘法之前，到處所聽講的都是「諸法如虛相」，而且都是聞名的大法師們講的；我倒覺得那些大法師應該改名叫如虛法師，因為他們講的從來如虛而不是如實。好像佛教界沒有人叫如實法師吧？有沒有聽過？奇怪，這麼好的名字竟沒有人要用，眞的怪；這現象在佛教界中，大概已經有一百來年了。

佛教界一直有兩派勢力在互相爭執，有一點類似古時「空宗、有宗」的爭執，但其實不一樣。古時「空宗、有宗」的爭執，其實那兩宗都是凡夫，不牽涉到實證的菩薩們；因爲實證菩薩們不落空有兩邊，怎麼會成爲有宗、成爲空宗的人？歷史上「**空有之爭**」的兩邊都是凡夫僧，一邊主張一切諸法緣起性空，所以一切法空，那他們自稱三論宗，學術界把他們稱爲空宗。其實他們的本質並不是三論宗，可是他們卻是三論宗裡的人，從堂頭和尚一直到小居士們都是三論宗的人；然而他們講的三論並不是三論，因爲三論講的是「**諸法如實相**」，而他們把三論解釋錯了，全都講成「諸法如虛相」，所以他們徒有三論宗之名而無三論宗之實。

那麼學術界所謂的有宗，主張如來藏眞實有，但是他們所謂的如來藏只是想像的如來藏，不是實證的如來藏。那些沒有證得如來藏的後代凡夫們代表了法相唯識宗，也被研究佛教的學者們定義作有宗。把他們定義作有宗其實也有道理，因爲他們落在「有」中，或者把離念靈知當作如來藏，或者想像另一個法叫作如來藏，都不是親證如來藏者，所以落在三界有中。佛學研究者把他們定義作有宗，本質上是正確的，但是名相不對；因爲他們想像中的法、所說的法、思惟研究的法雖然是在講如來藏，但都沒有親證，全都落入陰界入中，所以就有這些差別。

那麼這些凡夫們不斷在那邊爭，而實證的菩薩們不在他們之間去爭；就好像現在那些印順派的、自認爲是三論宗的傳人，最後不承認自己是三論宗的傳人，出來講解或註解三論宗的法，卻又把三論的法義錯解，把三論中的「**諸法如實相**」錯解而變成「諸法如虛相」。而這一些人私下不斷地爭論說：「**正覺同修會修的法，那是外道神我**。」就好像古時那些三論宗的凡夫們，批評實證的菩薩們落在「有」中一模一樣。但是本質有些不同，因爲現代這些以三論在弘揚的人們，他們其實不懂三論，把三論嚴重的誤會了；他們也把弘揚如來藏的菩薩判作法相宗，而法相宗這個名詞很不好，因爲若是眞要爲這些菩薩建立正確的宗派名稱，應該叫作「**法相唯識宗**」，或者叫作「**慈恩宗**」。

那麼「**法相唯識宗**」的意思是說：一切諸法的法相莫不從八識心王中而來，所以法相唯識，離開這八識心王就沒有任何法相可言。這才是「**法相唯識宗**」的正義。會被稱爲「**慈恩宗**」，是因爲由玄奘菩薩發揚出來，而他住持在慈恩寺，所以後人就把它叫作「**慈恩宗**」。可是玄奘菩薩有想要建立宗派嗎？沒有啊！他根本不想建立宗派。什麼人會想建立宗派？凡夫僧。記住喔！只有凡夫才會想要建立宗派，當開宗祖師，實證的菩薩絕對不想建立宗派。因爲他心中所知的是整體佛法，要如何立宗派？如果眞要建立時得叫作佛宗，不許加「假」或「眞」字。如果誰叫作眞佛宗，那他就是假的，因爲佛法是整體的，哪有眞假可言？但後人把慈恩寺流傳下來的法脈建立爲「慈恩宗」或叫作「法相唯識宗」，但其實都不是玄奘菩薩的本意。

就像我們這一世弘法也是一樣，正覺同修會都還沒有成立，就一直有幹部跟我建議：「老師啊！我們要來成立爲某某宗。」他們說：「這樣正法才容易推廣。」我說：「不！佛法是一個整體的、完整的佛法，你要是立了宗派，就只剩下那一個部分，而我們繼續弘揚出來的卻是整體的佛法，那時要不要再改一次宗派名稱？」也許那時我們倒要取名眞佛宗了，所以眞的不要立宗派。例如眞佛宗是加上眞字，他們就是怕人家不當他們是佛法中的宗派，才要加個眞字。但法若是眞正無訛的，遲早人家會看清楚的，又何必加個眞字？

佛法就是佛法，如來傳給我們的就是這樣的佛法，是完整性的；那他們建立宗派以後不就是切割了嗎？我切割這一個部分，你切割那個部分，各自建立宗派，結果變得不完整。當佛法被切割不完整時，表示佛法已經開始進入衰微的過程了。過去如是、現在如是，未來世假使我當了法主，我還是不許誰來爲我們建立宗派；因爲本來就是一個完整的佛法，切割了以後變成所謂的八宗共弘，意思就是每一個宗派都是支離破碎的佛法，都不是完整的佛法，這不是我們所樂意看到的。

那麼「**法相唯識宗**」其實本來沒有被建立，是後人擅自把它建立；那我們現在跟古時又一樣了，差別只是古時很少人講《阿含經》。其實《阿含經》、《俱舍論》是玄奘菩薩的本行，他是證阿羅漢果並且明心見性以後才西行取經的；因爲他認爲佛法不是只有這樣，難道明心就成佛了嗎？自己知道還不是，所以明心後一定還有很多要學的，因此他發願西行取經，才把完整的佛法帶回中國來。但是後人無知，把他建立作一個宗派，其實那是在羞辱玄奘菩薩，因爲他的佛法是完整的，不是局部的。

那我們當初跟現在有什麼差別？有！當初不談什麼念佛法門，不談其他的法，爲什麼呢？因爲當初沒有密宗假藏傳佛教應該破，那時唐密還不算很興盛，不像今天的西藏密宗；那時唐密也沒有廣傳雙身法，他們也沒有宣稱自己的法比正統佛教更高，所以不需要破它。那時重點要作的就是翻譯佛經，作為未來世正法弘傳的依靠，所以那時很少講其他的修行法門；老實講也沒時間，翻譯就用掉所有時間了。那麼到現在呢？我們的法跟玄奘菩薩時代的法一模一樣，只是現在附佛法外道多了，那我們要作的工作更多，一方面要把正法推出來，另一方面在推出正法時不斷產生掣肘的力量，我們要同時把它滅除掉。所以我們今天作的工作比之於玄奘菩薩那一世只多不少，當然就要更多證悟的人。玄奘菩薩那時不必很多人，主要是譯經潤色和抄錄的工作，必須證悟的，僅止於那些幫助作初步譯經的人。但現在要很多人，局面也不一樣。不過話說回來，「**法相唯識宗**」本來沒有建立宗派，後人多事把它立為宗派是錯誤的作法。本來它不在宗派之內，它是函蓋所有宗派的。

那現在跟以前有所不同，那時所謂的空宗、有宗互諍，兩派人全都是凡夫僧，所以諍論不停；但是實證的菩薩們在弘傳時，沒有人可以跟他們對話，空宗、有宗的凡夫僧根本無法和菩薩們對話，菩薩也都是孤家寡人。就好像我們現在也一樣是孤家寡人，佛教界沒有誰可以和我們對話；我們也就像閩南語的孤行獨市（臺語）有沒有？直譯過來叫作「孤行獨市」。因為如來藏就只有我們能弘揚，別人不行；那我們現在跟古時一樣，沒有人可以跟我們對話，因為我們講的是如來藏，人家講的是識陰的境界，距離太遠，如何對話？

但是現在有一個現象跟古時是一樣的，雖然本質上有一點差異，而現象相同，就是玄奘菩薩在曲女城掛出來「**眞唯識量**」，誰要來挑戰都可以。我們現在也一樣，我們寫在《邪見與佛法》書中印出去：凡是被我評論過的大師，若有不服，都可以來找我挑戰。但是至今也沒有一人來挑戰，這狀況是一樣的。那麼被我們評論的大法師，我們指名道姓落實於文字評論了以後，他們也不敢回應，這個狀況和以前是一樣的。

那麼，我們講的是「**諸法如實相**」，因為諸法猶如金剛心如來藏一樣、眞實不壞，是收歸如來藏而成為如來藏的一部分時才這麼說的，但諸法畢竟不是像金剛心一樣不壞，所以「**如實**」而不是眞實。如果說諸法眞實，那有人很歡喜，有人會抗議：「**諸法眞實？那請問五陰、十八界是不是諸法？**」「**是。**」好了：「**那年輕有錢的人永遠年輕有錢，年輕美麗的人永遠年輕美麗，老人則繼續永遠老，一直都是這麼老，小孩子則是永遠長不大。**」因為一切諸法眞實啊！小孩子永遠長不大，他每天伸手：「**媽媽！給我十塊錢。**」媽媽也許瞪一下：「**你又要買什麼？**」他覺得心裡老大不痛快：「**唉呀！我長**

大後就不必聽妳的。」可憐的是他永遠長不大，那他要不要抗議？要！一定要抗議。那老人沒有辦法變年輕，老到沒辦法走路，不能自理生活了，希望的就是安祥捨壽走了重新再來，可以變年輕；結果老還是要永遠老而都不變，那怎麼辦？所以有人歡喜、有人抗議，各個不同。所以不能說「一切諸法眞實相」，因爲一切諸法不眞實，一切諸法是被實相法所生的。

那麼末法時代好多大法師們都說：「一切諸法緣起性空，所以無我無常。」既然一切諸法緣起性空、無我無常，把第七識、第八識否定了以後不就是一切法空嗎？但否定如來藏後的一切法空是有問題的，因爲等於說：「現在一切諸法存在的當下都會歸於空無。」變成「一切諸法如虛相」。可憐的是自己寫在書上公開交給弟子以後，自己又不信受，他又怕落空，所以回頭又來建立「意識細心」說：「這細意識是常住不壞的，三世因果由這細意識來延續。」這表示他對於緣起性空又不接受了，所以他講的是「一切諸法如虛相」。這個情況一直到正覺同修會弘法之後，才開始有了轉變，因爲我們講：「一切諸法緣起性空，但是，之所以能有緣起、能有性空而歸於空無，然後重新又來生住異滅，是因爲背後有一個金剛心名爲如來藏。」

剛開始大家都攻訐：「這正覺同修會是邪魔外道。」不但佛門大師私下裡這麼講，外道也這麼罵我。好像佛門內外一氣異口同聲，都同樣來罵我邪魔外道。這倒是眞邪門兒，後來我想：「這不是辦法。」於是開始舉證出來：如來的經中講的是這個第八識如來藏，如來開悟也是悟得第八識如來藏，如來成佛講的也是第八識如來藏；那我蕭平實證得如來藏、出來弘揚如來藏，如果我是邪魔外道，你們的意思是不是說「如來也是邪魔外道？」這句話提出來以後，他們不再罵正覺弘揚如來藏是邪魔外道了，因爲他們知道這一罵就是罵到 如來，若是再造這個業就不是小事。

所以開始弘法以後，我們跟他們講的「如虛相」不一樣，我們講「一切諸法如實相」。一切諸法固然是所生，固然有生住異滅不曾中斷，不斷地生住異滅，然而諸法如實非如虛，因爲諸法是依附於如來藏而不斷地生住異滅，歸如來藏所有，所以一切諸法滅了以後可以繼續再生，永遠都不會中斷。除非菩薩退心轉入二乘菩提，死後入無餘涅槃，否則一切諸法就是永遠生住異滅、永遠不斷，成爲「常相」；這是經常存在的法相，而且是盡未來際。菩薩就在這樣的狀況下實證、上升，不斷地前進，最後成佛。乃至成佛以後

「一切諸法如實相」，所以諸佛如來一樣有五蘊、有十八界，但是不叫作五陰，只能名爲五蘊；在人間示現有五蘊依舊有生住異滅，但是祂不能稱爲如虛，要稱爲「如實」，因爲這時諸法屬於無垢識所有。無垢識就是因地的阿賴耶識、就是第八識如來藏「無名相法」，這就是「一切諸法如實相」。

那我們不斷從各個層面來演述以後，佛教界終於開始漸漸懂了，漸漸懂了以後知道說：「原來，正覺所說的法才能契合如來的本懷！」於是他們不罵了，因爲已經知道這就是　如來的正法了！假使明明知道是正法還繼續罵，那要罪加幾級啊？三級？可能還不止三級。以前是不知而罵，所以他們的謗法罪有方便、有成已，可是沒有根本；現在明知道這是正法了還繼續罵，那他們的謗法罪是根本、方便、成已三種全部成立，而且具足圓滿，叫作上品的謗法罪。罪千萬不要上品，最好是下下品，最好是不要入品，偏偏他們是上上品。後來瞭解了不敢再罵，但是外道還會繼續罵，但因爲他們是外道，咱們不必理會他們。

「一切諸法如實相」不容易被凡夫僧所信受愛樂，外道反而容易信受「一切諸法如實相」。什麼樣的外道？常見外道。可是佛門的大法師們遠不如常見外道，他們自以為很聰明，所以讀了般若諸經以後，都說一切法空，就空到底了。然後，到底這空有沒有別的意涵他們不探究，每天吃著文字穀。那稻穀從田裡收割來以後，晒乾了，得要先舂一舂才能吃。都得舂過以後去掉穀皮，然後加了水用火煮過才能吃；他們不是，他們是拿了稻穀直接吃，能不能消化呢？不行！這就是經中說的「噉文字穀」。

所以他們誤會了般若諸經的道理，就以為 如來說的是一切法空——猶如頑空一樣的空無。因此他們不斷說一切法空、一切法空，就以緣起性空來立宗，也給他們建立宗旨幾十年了，一直到正覺同修會出來弘法。那我們出來弘法時他們不信受、不愛樂，因為他們講的是「諸法如虛相」，我們講的是「**諸法如實相**」，所以一直抵制不斷。現在各大山頭不與那一派人往來了，他們自己一小撮人，有一句成語叫作負隅頑抗，躲在屋子角落裡繼續抵抗。滿屋子裡的人都說「**諸法如實相**」，他們繼續堅持「諸法如虛相」，但只能躲在角落裡，這樣的人就叫作「**不信樂諸法如實相者**」。

當我們《阿含正義》陸續出版完畢時，他們七輯都讀完了，心中就死了！為什麼死心？因為我們從阿含二千多部經典中證明《阿含經》所講的二乘菩提也是依於八識論來立義，這下他們沒得談了，再掙扎也沒什麼作用，只剩下最後一個作用，就是只能表示「我還活著」——我們還存在，所以年年舉辦印順思想研討會，都是關起門來自相取暖，厭惡最懂印順思想的正覺同修會同修們參加，除此以外沒有作用。

那麼這種「不信樂諸法如實相者」，爲什麼這個「無分別法、無名相法」可以降伏他們？因爲有了這個「無分別法、無名相法」時，反而可以建立他們的「諸法如虛相」，使他們不得不接受。諸法如虛相是說一切諸法緣起性空，所以入無餘涅槃時蘊處界全部滅盡，不再受生了；因此阿羅漢觀行以後成阿羅漢，第二天早上去禮拜 如來，稟告 如來說：「我生已盡，梵行已立，所作已辦，不受後有。」這樣在 如來面前公開講，阿羅漢是這樣子的，如來就爲他授聲聞第一記，這就是「諸法如虛相」，因爲蘊處界等諸法全都緣生緣滅。

但印順派眾人主張一切人只有六個識，沒有意根末那識，也沒有第八識如來藏時，這《阿含經》中所有阿羅漢們向 佛陀稟告的、那些公開講的幾句話，一請出來自我檢討時，他們的問題馬上浮現出來：「因爲我們把七、八識否定，依照阿羅漢這樣子入涅槃，不就是斷滅了嗎？」結果他們自己講的「諸法如虛相」還眞的不能建立，所以這二十年來被正覺質疑以後都不敢寫文章或書本回應。可是我們能夠幫他們建立，我們最後告訴他們：「你們儘管把蘊處界全部滅盡，不需要恐怖，因爲滅盡了以後還有無餘涅槃的本際常住不壞，所以你們滅盡蘊處界以後不是斷滅空。」你看我們可以把他們殺掉然後又把他們救回來。禪師家都是用這樣的手段，所以禪師家都說殺活自在、殺活在我；禪師家那一把劍既是殺人刀，也是活人劍，殺活自在。他們爲什麼能這樣？因爲證得這個「**無名相法、無分別法**」。

同理，我們在二十世紀末、二十一世紀初也是如此，我們用這「**無名相法**」把那些「愛樂諸法如虛相」的大法師們一個一個殺了，然後我們再爲他們的「諸法如虛相」建立於不敗之地，因爲他們講的「諸法如虛相」是現象界的事，只在蘊處界的範圍之內，而我們用實相法界「**無名相法**」來建立，他們的如虛相就可以建立；因爲他們是要證二乘菩提的，是要證涅槃的，證涅槃的人就是「諸法如虛相」，將來全部滅盡。但我們永遠不入涅槃，我們是可以入無餘涅槃而永遠不入，所以我們未來的諸法是永恆地不斷生住異滅，但是於生死中得自在，所以我們的諸法是「**如實相**」。我們用這個「**諸法如實相**」背後所依的「**無名相法**」來建立他們的「諸法如虛相」，使他們的「諸法如虛相」被一切外道所信服，一切外道皆無法破斥。這樣一來，那些「**不信樂諸法如實相者**」，咱們就把他們降伏了！

所以印順派那一些人各個那麼強勢，人家一個沒什麼名氣的小小居士，大家都沒聽過的鍾慶吉，寫了篇文章在《自立早報》的週日專欄中，對釋印順諷刺了一下，他們師徒兩個人馬上各自寫了文章，在第二個週日登了出來，因爲那是週日才有的專欄。人家都還沒有名氣，也只是一篇文章諷刺，師徒兩人馬上回應、立刻登出來；可我爲他寫那麼多書，他們都沒有回應，看來我的分量不如那位鍾慶吉，所以他們師徒倆不想理我。但是眞的如此嗎？鍾慶吉不過拿了一根針把他刺一下，我是拿刀往他身上劃了很多很多道，體無完膚，竟然不理我；我說印順可以取個別號叫作「眞如法師」，因爲只有眞如才可以這樣，因爲眞如對人家打祂、殺祂、罵祂是完全不知不覺的，所以如如不動。他就是笨，不會取名爲眞如法師。那你們看，對於「**不信樂諸法如實相者**」的釋印順等人，我們正覺就把他們降伏了。我們就是一個現成的例子，證明在眼前。

不但可以降伏「不信樂諸法如實相者」，還可以降伏「逆佛法者」。「逆佛法者」，別的外道且就不談，最有名的附佛法外道就是假藏傳佛教那四大派，他們冒名藏傳佛教，就是密宗假藏傳佛教。他們都說他們很行、證量很高，不可思議，可是我在《狂密與眞密》寫的內涵，他們有寫過一篇文章、出過一本書來論辯了沒有？都沒有。他們讀過了沒有？讀過了！而他們的所說全部都違逆佛法，這事情其實古來就一直有人知道，但是沒有人敢去處理，因爲處理他們很困難，不是容易的事。古人要蒐集他們密宗假藏傳佛教的資料也不容易，雖然西藏密宗假藏傳佛教的密續汗牛充棟，因爲他們每一代每一個祖師、每一個活佛、每一個喇嘛都被鼓勵要寫一本書或一本經，所以重複的東西多到無可勝數，眞叫作汗牛充棟；但是外人要取得也困難，所以想要蒐集他們的資料也不容易完整。再加上他們的勢力團體很大，不只是勢力大，團體也很大，因爲整個中國都在學密。

爲什麼會整個中國都在學密？因爲皇帝都信密宗假藏傳佛教；從元代開始，整個元朝皇帝全部是密宗假藏傳佛教的信徒，才會弄到亡國。好不容易明朝起來取代了，因爲朱元璋小時待過寺廟，對佛法有一點基本認知，雖然他心腸不很好，但基本上他信正統佛教。可是到了明朝中葉皇帝沒事兒幹，後宮粉黛三千，你叫他怎麼過日子，於是那些小人佞臣開始慫恿，於是又開始弄起雙身法來，所以明朝中葉過後又開始信密宗假藏傳佛教，一直到清朝，整個清朝也都是信密宗假藏傳佛教的。

清朝只有一個康熙腦袋還清楚一點，他知道密宗假藏傳佛教是個有毒的東西，沾不得；偏偏皇位交給了雍正，雍正是信密信到很荒唐的人；所以雍正只能夠執政十幾年，因爲他勤於政事，勤於政事是因爲他要嚴厲掌控。他跟康熙不一樣，康熙是懷柔施恩於臣下，雍正是個刻薄寡恩的人，每天都怕別人叛變謀奪他的皇位，所以非常勤政。他非常勤於掌控朝政，白天很辛苦勞累，但晚上也辛苦勞累，因爲他要保持「成佛」之身，所以每天晚上樂空雙運的結果，他執政了十三年就死了。乾隆繼位後，庫藏豐富可以讓他去花，他就學著老爸；老爸是暗地裡搞後宮的女人，他是到處去蒐羅美女，就這樣一直弄下來。那你說這樣從元朝開朝以來，除了明朝初葉中葉少數幾個皇帝，其他的都信密宗假藏傳佛教，你說密宗假藏傳佛教的勢力大不大？太大了！

在那個年代要蒐集他們的資料不容易，而且就算你蒐集成功了也不能動他們，否則皇帝要砍你的頭，你就無法弘法了。所以唯一之計，乾脆去西藏投胎，來個窩裡反，看有沒有希望成功；如果從西藏轉變過來成功了，那皇帝就會跟著變；只有這一條路，再無二路可行，可惜後來還是失敗了。那麼在西藏首先弘揚如來藏妙法的是誰？就是這位，玄奘菩薩像前有一尊像，叫作篤補巴，寫了他空見的書籍，就這樣子開始弘揚，但是後來依舊功虧一簣。

所以密宗假藏傳佛教這個勢力在大陸一向很大，可以說盤根錯節。密宗假藏傳佛教勢力這麼大，假使我們不是在臺灣破它，早就被抓去關了；因爲他們的宗教法規很鄉愿，說要保持宗教和諧，所以對宗教人物不可以評論。那我就說了，大陸這個宗教法規其實是弄塊石頭砸自己的腳；我們一直在跟他們說明這個道理，不過那個體制太大，一時很難扭轉，希望未來會轉變。藏獨一直滅不掉而且勢力還在擴大，原因是什麼？是因爲達賴喇嘛在倡導；但爲什麼很多人要聽達賴喇嘛的？因爲他是法王。爲什麼他是法王？因爲他被推崇爲佛菩薩再來。但他其實不是佛菩薩再來，只是一介凡夫，沒有法也不是王；可是宗教法規明文規定不許破他，我們不許說他不對。大陸一方面希望達賴講的話沒有人聽，可是又不許別人說達賴的法義不對，大家繼續說他是法王，他是佛菩薩再來，那麼只好大眾繼續聽他的。這擺明是嘴裡說要打壓藏獨，實際上支持藏獨，就變成這個局面，那豈不等於搬一塊石頭把自己的腳壓住，然後在石頭上寫字：「石頭趕快走開！」情況就像是這樣。

這意思就是說，假藏傳佛教是全面違逆佛法的，可是大陸宗教法規定不許評論。而當初那個宗教法規的制定，當然有它的時空背景，但其實也是因爲不瞭解密宗假藏傳佛教的底蘊，才會產生這個狀況。但我們希望大陸可以瞭解這個事實，密宗假藏傳佛教根本是外道，不是佛教，應該正名爲喇嘛教。正名好了，他們也宣稱不是佛教了，我們就不再評論他們。爲什麼說密宗喇嘛教是外道呢？因爲他們從上到下全部都是「逆佛法者」。他們沒有一個法合於三乘菩提的，都是與佛法背逆而行。從他們的見解，從他們修學的內容，從他們所實修的行門，以及他們修行後面所得到的結果，也就是他們所引以爲豪的見、修、行、果四個部分全部都逆於佛法。既然全部都違逆佛法，就不應該容許他們自稱「藏傳佛教」。

那麼講到這裡要插一點話題，因爲也許有人會覺得說：「佛教就是佛教，爲什麼要稱藏傳佛教？我們爲什麼要說他們假藏傳佛教？本來建立藏傳佛教就不對了，因爲佛教只有一種、不會有兩種。」這個說法是正確的，這個主張也是正確的。可是有人自稱藏傳佛教，他們又不斷說我們打壓藏傳佛教，（這樣看來我們好像還是很有力量，因爲對藏傳佛教竟然可以打壓，這一定是力氣很大，所以顯然不是印順派的某比丘尼講的：「正覺是下駟，不值得一提。」）他們一直說：「正覺打壓藏傳佛教。」那我們是不是要區別什麼叫作眞的藏傳佛教、什麼是假藏傳佛教？當然要區別出來。這樣區別出來以後，人家就知道說，眞的藏傳佛教其實就是佛教，沒有所謂藏傳或漢傳。

那他們自稱藏傳佛教，這其實正是入篡佛教正統。因爲眞正的藏傳佛教覺囊派，被達賴五世藉薩迦與達布的手消滅以後，實質上消失了；可是目前宗派還在，在四川、西康都還有。以前多羅那他穿的鞋子還有一隻存在，帽子也還在；但不是五方佛帽，眞正的佛教不會戴五方佛帽，那是外道。既然覺囊派這個眞藏傳佛教一派還存在，我們可不可以復興覺囊派？（大眾答：可以。）當然可以啊！那我們復興覺囊派以後，就有了眞正的藏傳佛教，那麼這個宗派興盛以後，對比出那四大派來，大家就知道：「**那不是佛教**。」當大家知道那四大派不是佛教以後，把他們趕出佛門，從那時開始，覺囊派就不需要再稱藏傳佛教了，就直接稱為佛教。

所以覺囊派僧人也不吃肉，跟四大派是有區別的，所以我們還是要作這件事情。那因為他們不斷主張他們是藏傳佛教，所以我們才要區別他們是「假的藏傳佛教」，免得一竹篙打翻一船人，因為覺囊派還在啊！不能把覺囊派也否定掉。如果把覺囊派也否定了，那他們不是要覺得很嘔嗎？心裡一定很嘔的。當他們心裡很嘔時，我將來容易回去相見嗎？不好相見。所以我得要分清楚：「**我說的假藏傳佛教是指那四大派，不是你們，你們別擔心**。」這樣我以後就好回去相見了。

但是你們看，這附佛法外道密宗假藏傳佛教四大教派，上自達賴下至一切喇嘛，以及學密的居士們，我們《狂密與眞密》出版那麼久了，應該有十幾年了，他們竟沒有寫過一篇正式的文章、書籍來回應，所有的都是在網路上謾罵，這表示他們無法回應我們的各種評論；既然無法回應，就表示他們已經被降伏了。雖然他們心中不服、口中也不服，但是終究不敢出來回應，只能伏在地上而口中一直罵著：「**正覺是外道。**」只能這樣子，那不也是被降伏了嗎？這意思就是說，你只要有這個「**無名相法**」，就可以降伏那些違逆佛法的人。我們已作了這個證明。

可是違逆佛法的人只有密宗假藏傳佛教外道嗎？不然，佛門百年來海峽兩岸違逆佛法的大法師太多了，各個都沒有實證，講出來、教導的都是違逆佛法。近代大法師那麼多，沒有一個實證的人物，所以現在你們去到大陸，例如我們的親教師，每一位去到那邊時只要遇到了學佛的人，他們都說：「**這是正覺來的老師。**」那就稱呼為大師，都這樣稱呼的。所以如果我們接受媒體採訪時，媒體見了面也都會稱呼「大師」。可是現在大陸的大師不值錢，就好像臺灣有一句話：「**博士滿街走，碩士多如狗。**」意思是一樣的——到處都是大師。

可是末法時代的大師們都是違逆佛法，如來明明告訴大家說：「**佛門的見道是證得第八識如來藏。**」但那些所謂開悟的大師們偏偏都主張是證得離念靈知，都主張只要一念不生時就是證悟，全部落在識陰中，這都是「**逆佛法者**」。這些「逆佛法者」我們正覺剛開始弘揚時，他們也是不斷抵制，所以我們的書在大陸也曾經被蒐集焚燒過。但焚燒正覺書籍的事情在臺灣就沒有嗎？也有啊！高雄有一位頗有名氣的法師，以前就曾經蒐羅我們的《護法集》，蒐集了兩三箱燒掉。

可是這些人當初罵我是邪魔外道，我或者理他或者不理他，總是繼續講我的法；但我用什麼法來講？用「**無分別法**、**無名相法**」來講，於是漸漸地這些「**逆佛法者**」後來不敢再罵了，爲什麼呢？因爲他們知道這話一出口就是謗法、謗賢聖的罪，全都逃不掉。如來又說謗法就是謗佛，那麼這一毀謗就具足毀謗三寶，都具足了，這可是十重戒之一，後世果報眞不得了。所以，以前看到我們破密宗假藏傳佛教、破月溪法師的邪見時，他還製作了個錄音帶，解說毀謗三寶會下墮地獄的事。有人拿給我，我連拆封都沒有，可能都還在老屋，也許已經壞掉了，因爲我一看就知道他這是幹什麼用的，就是希望我不要毀謗他。但我有毀謗他嗎？沒有，我只是說法而已。我說的是法，不是說他穿的那件僧衣，不是說他那個人。可是最後，他們也只得乖乖信受這個「**無名相法**」，這表示「**逆佛法者**」我們把他降伏了。

還有沒有別的「**逆佛法者**」？有啊！我還得再舉一種出來，未來人家研究二十一世紀佛教時就比較有資料。就像多羅那他寫了《印度佛教史》，後代就很容易研究以前印度的佛教，是一樣的道理。南洋有沒有「逆佛法者」？有啊！南洋那些南傳佛教的大師們，各個都是「逆佛法者」，可以數得出名號的阿迦曼、阿姜查、阿姜通、朗波田、一行、葛印卡，還有一個奧修。奧修是不是南洋的？不是？是印度的。但我們用這「無名相法」就全部降伏他們了，如今他們無可置喙。以前朗波田動中禪傳到臺灣來，說修學那個法可以斷我見證初果，我把它拿來一目兩行讀完了就說：「**可以！但要有一個前提：一定要用無相拜佛的方式來修，他們才有辦法眞的斷我見；但所斷的我見是色身我見而已，對於覺知心的我見還是無法斷除的。**」所以那個斷我見是殘缺的，就不能稱爲斷我見，一看就知道他的落處；至於一行禪師等人都一樣。號稱是阿羅漢的阿迦曼，他哪個地方有談到斷我見？更別說梵行已立和斷五上分結，這樣可以叫作阿羅漢喔？會信的人就表示福報不夠，這也是眞的。

那阿迦曼的傳記是誰翻譯的？是曾銀湖。他自己有一個悲慘的故事，他家炒菜用米糠油，所以多氯聯苯中毒，以前這是彰化縣很大的事件，全臺都知道。我看他現在應該是還沒有痊癒，因爲那毒沒有辦法代謝。米糠油事件是發生於彰化縣，米糠油本來是個好東西，非常營養，但是工廠脫臭時，多氯聯苯滲透進去而沒有辦法去掉。多氯聯苯是沒有辦法代謝的東西，就不斷累積在身上治不好；如果是有福報的人，就算人家送給他一罐米糠油，他也會不小心打破而免得被毒害。結果他們吃了好幾年，也都是學習佛法；但他大乘佛法不學，去學南傳佛法而學到大妄語者所說的法。

臺灣以前一大群人都自稱是菩薩，都在學大乘佛法，可怪的就是自從正覺出來弘法以後，他們不學大乘法了，改學南傳佛法。我就說他們沒有福報。那一群人中也有以前很有名的居士，什麼名字我就不講他；他們看到正覺講出來的大乘法無法推翻，自己又無法實證，乾脆轉向去學南傳佛法；學南傳佛法以後有所實證嗎？結果還是無，因爲南傳佛法從西元五世紀以來就沒有人實證了，至今全都落在識陰境界中，然後自以爲證阿羅漢果。後來我們《阿含正義》寫了出來，他們自行檢驗南傳的佛法，才知道說：「**原來南傳佛教也沒有法可證。**」因此又有一部分人轉入密宗假藏傳佛教去。什麼地方不好去，要去那個地方？達賴喇嘛來臺好像是他們學法的機會，卻不知道我們正要努力破他，你看他們多沒福報。每走一步，我們卻跟在後面破；人之無福以至於此，眞的令人慨嘆！

那麼這些人全部都是「**逆佛法者**」，因爲表面上看來是在修行、是在修佛法、學佛法，可是所說、所學、所修的都是悖逆佛法。佛法都說五陰是虛妄的，蘊處界全都虛妄，應該要否定，他們偏偏各個都把自己五陰抓得緊緊地，從堂頭和尚到下面所有的小沙彌都如此，都是「**逆佛法者**」。可是不管怎麼樣，他們不同派別之間還是會互相攻擊；一直到正覺出來弘法以後，正覺的書開始流通到南洋去了，因此這幾年也常常有南洋的華僑讀到書以後，特地到臺北講堂來買書，他們回去時又帶一批書回去。南洋有很多人是懂中文的，那邊華僑很多，開始瞭解到：「**正覺書中所講的內涵不是我們能推翻的。**」然後從書中所說，瞭解到原來以前所學所修的全部錯誤。因此我們講了這一些法，他們從來不評論。這是他們的長處，他們從來不評論；不評論的人我們需要降伏他們嗎？不需要，因爲表示他們對於佛法有信受。

所以用「**無名相法、無分別法**」來降伏「**逆佛法者**」，反而是針對大乘法地區悖逆佛法的大師們，以及附佛法外道加以對治。正覺走這一條路一直都很辛苦，以前很辛苦是因為沒有路，我們要開路；以前從十幾個人開始，大家拿著砍刀一面砍、一面走；把路砍出來以後，後面漸漸地有人跟上來；人多了，那刀也就多砍，路就寬一點。那現在路更寬、人更多了，可是更辛苦，因為現在擔子更重，沒有輕鬆的一天。因為現在擔子重，但現在路很好走；肩膀的擔子很重，大家卻都挑著擔子努力走。以前最多不過背包裝著一點東西，現在不但自己的背包，還要挑好多的東西；所以現在路很寬不會跌倒了，可是擔子很重，肩膀會痠痛；可是大家沒有畏懼，繼續往前走；因為我們有這個「無分別法、無名相法」，可以降伏一切「逆佛法者」。既然可以降伏，辛苦就辛苦一點；把他們降伏了，讓他們也能證得正法，大家一起來挑擔子，你就可以輕鬆了嗎？不！他們挑的擔子是新的擔子，你肩上舊的擔子還要繼續挑，就這樣一直走下去。

可是諸位看　世尊說的降伏這麼多，從「降伏魔、降伏煩惱、降伏五陰、十二入」乃至降伏「逆佛法者」，所憑藉的依舊是這個「無名相法、無分別法」，也就是「此經」。「此經」叫作什麼經？「如來藏經」；「如來藏經」又名什麼經？「法華經」，又名「金剛經」。那麼有這麼大的威德力可以降伏一切，問題是，爲什麼要去降伏這一切？當然要有理由。所以 世尊開示說：「所以者何？舍利弗！若有衆生說我者、說人者、說衆生者、說斷滅者、說常者、說有者、說無者、說諸法者、說假名者、說邊者，皆違逆佛，與佛共諍。」

世尊說：「如果有衆生說『這五陰、六入、十二處、十八界等法有眞實我，說這是常住永恆的人，說這些法中眞實有衆生，或者說一切法都是斷滅……等』，這些人都是與佛共諍。」世尊這句話講得很重、很重！既然是佛弟子，竟然與 佛共諍，依照中國一句古話要罵他是不孝子，眞的是不孝子！如果對父母不孝順，世間人看了都會搖頭，等他走過去就在背後指指點點。如果身爲佛弟子而對 佛不孝，當然人家也該指指點點：「既然你要學佛，那就佛陀的一切你都要學習。」結果學了以後竟然來跟 佛共諍，當然叫作不孝子，乾脆脫了袈裟還俗去吧！所以那一些人我都鼓勵他們還俗，不必怕寺院沒有人住持；就算正覺派不出法師去住持，蚊子也能住持，都比讓他們與 佛共諍的好；既然出家成爲僧寶之一，就不該「與佛共諍」。

爲什麼說這些人是「與佛共諍」？例如「衆生說我者」，他們說的「我」有許多種「我」，一般說的「我」就是講這個覺知心自己，只是有種種變異而已。有人說有妄想的覺知心是我，有人說離妄想的覺知心是我，有的說定中的覺知心才是我，有的說得要是初禪中的覺知心才是我，乃至有人主張得非想非非想定中的我才是眞我；這些人都是這句話講的「說我者」。明明 世尊說：「一切法無我。」明明就很清楚的告訴大家說：「蘊處界苦、空、無常。」他們偏偏說：「這裡面的某一個部分就是眞我。」那就是「與佛共諍」，他們專門跟 佛陀唱反調。

那麼在禪門中有沒有人「與佛共諍」？有的，從幾十年前一直到現在都有。以前最有名的是月溪法師，說大家共有一個大我，所以他還寫了什麼《大乘絕對論》，還拿出外國商業界聯合壟斷的控股公司來作比喻，叫作「托辣斯」。托辣斯你們聽過沒有？學經濟學的人就懂，是說一個很大的控股公司掌控所有的小公司，沒有一家小公司可以脫離它的掌控，而它就不斷地兼併。月溪法師說：「大家都是從這個大我出生的，所以證悟以後就是歸屬於大我。」這邪說到現在都還有人信。

還有一些小居士繼續主張說：「正覺講每個人都是證得自己的如來藏，那個不對啦！其實眞正的我是大我，要證得這個大我才是眞的開悟。」那他們是不是「與佛共諍」？對啊！世尊一下生人間，馬上就告訴大家：「天上天下，唯我獨尊。」既然是獨尊，就不是共尊。就說明不是大家共有一個大我。如果是大家共有一個大我，好極了！我今天不講經說法了，由別人去講經說法吧，也由他們修行，反正種子都到大我那裡去，我來享用大家修行後的種子就好，我不用再修行，我去唱歌跳舞。若不會跳舞，那我去下棋或是彈琴也行；每天去泡茶、欣賞風景就好了，那麼辛苦修行幹嘛？還要度眾喔？這些修行的事讓別人作，享樂的事讓我來，因爲反正種子都在大我中。那麼像這樣，什麼時候修行才能成功？

如果大家共有一個大我，就不會有人能成佛，因爲眾生無量無邊；而成佛是把一切種子都轉變清淨，但眾生無量無邊時，存在大我中的種子就無量無邊，永遠沒有清淨的時候，那麼現在就應該沒有誰成佛，誰來教大家佛法？本來如此，現在的人講邏輯，說邏輯一定如此；以前的人說理則學，說你一定要符合理則。如今違背了這個理則，而這樣的人自稱他開悟，說他講的是佛陀講的，那他是不是在汙衊佛陀？除了「與佛共諍」再加上一條叫作汙衊佛陀，這就是「與佛共諍」。所以不該說有一個大我，也不該把現象界之中的蘊處界諸法中施設全部或者局部或者一小部分當作是眞實的我。一切說我的人都是「與佛共諍」，因爲 佛明明講得很清楚：「蘊處界一切諸法無我。」

那麼有人主張說：「我是悟得大我的人，這樣才是眞的開悟。」問題是，他悟得這個大我，那他曾經傳給誰同樣可以實證、同樣可以檢驗？都沒有。但是我可以先下一個註腳給他，不說是授記，因爲這種人沒資格被授記，就講是註腳。我這個註腳怎麼說呢：「他將來假使眞的把這個大我實證的方法傳了下來，讓第二個人也同樣也實證大我，而那個大我的結果不會外於五陰的範疇。」我先公開下個註腳，他一定逃不出我這個註腳。所以說，像這樣說「有我」的人其實是「與佛共諍」。「與佛共諍」的人，假使有一天他證得這個「無名相法、無分別法」，就可以把「說有我」的邪見滅除，那他就可以自己降伏了。

「說人者」，說人那就多了。人是一個代表，也就是說，在現象界中認定某一個有情叫作人，主張人才是常。因爲有情有很多種，四生二十五有，大約的歸納叫作六道眾生。這六道眾生全部都是無我的，因爲全部都是苦空無常；可是有的人見不及此，他的所見太淺陋，根本不懂佛法，就說：「人是常，動物會被人家吃掉，所以非常。天，看不到，不能證實眞的存在，不算是『人』。那鬼我也沒看見，你能不能抓一隻鬼給我看看？所以我也不信有鬼是常，所以『人』才是常。」就這樣主張；如果是阿修羅：「哪裡有阿修羅？」「人中就有。」「那你去找一個阿修羅來給我看看。」但他找不到，因爲沒有人願意承認自己是阿修羅，所以他也找不到阿修羅。結果這個人就說：「所以你看，我講的才對，只有『人』才是常。」還眞難推翻他欸！可是你如果有「無名相法」，用這「無名相法」就可以推翻他。你就說：「你所說的人，可以細分爲色、受、想、行、識，人還可以再細分爲六入，或叫作十二處、叫作十八界，這些組合起來就是一個人；可是人終究會壞掉，爲什麼會壞掉呢？」就從五蘊、十八界告訴他，然後結論說：「所以『無人』，那你說『有人』，就被推翻了。」

可是他會反駁：「如果照你這樣講，人死了不就斷滅空了嗎？」你就告訴他：「不！人死了還會有中陰身，下一世又有新的五陰、十八界。」也許他稍微懂一點佛法：「那阿羅漢入涅槃，不就變斷滅空了嗎？」你告訴他：「不是的，阿羅漢入涅槃不是斷滅空，因爲還有個如來藏。」「那如來藏不就是我嗎？」他又要質疑你，你就告訴他：「如來藏不是我，『不是我』才能叫作眞我，所以如來藏才是我。」他這一聽又亂掉了，不知道該怎麼辦？但是你用這「無名相法」解釋給他聽：「當你滅掉了五陰、滅掉了十八界以後，如來藏卻不是五陰、十八界之內的法，而是出生五陰、十八界的法，無餘涅槃中是剩下祂單獨存在，不是斷滅空。所以五陰、十八界組成的這一個人，不是眞正的人，眞正的人要叫作如來藏，如來藏才是『人』。」他又氣起來：「你那天還說如來藏不是人，今天又說是人。」你就告訴他：「『人』的本質就是如來藏，要不是如來藏生了這五陰、十八界，哪來的『人』，所以你不該說有『人』，你應該反過來說有如來藏。」

那這樣看來，顯然那些把五陰、十八界中全部或局部建立爲眞實的人，不論他們是外道或附佛法外道，或者佛門中的大師，其實都是「與佛共諍」；最具體的代表就是《廣論》團體。《廣論》把五陰全部建立爲眞實法，假使宗喀巴哪一天到你夢中來，你就問他，他一定這樣講；但他爲什麼一定要這樣講？因爲他非如此不可，否則他的雙身法就得廢除。五蘊色、受、想、行、識，不論是哪一個，只要把其中一個拿掉，他們的樂空雙運還能存在嗎？不行了。

也許有人還在懷疑，但不用懷疑，例如把行蘊拿掉，他的雙身法就不成立。行蘊還是五蘊中的最後、最不重要的一個，但把它拿掉時雙身法已經不成立了；如果拿掉色蘊，受、想、行、識都跟著不存在了，他的所有法教就全部無法成立了。所以宗喀巴寫的《廣論》處處「與佛共諍」，不論他的菩提道、密宗道都一樣。這一種人「說有我、有人」是「與佛共諍」，只有用「無名相法」才能降伏他們；所以我們把《廣論》降伏了，他們沒有辦法寫一個字來回應。

你們看徐正雄寫《廣論的平議》連載好幾年了，連載幾年就表示他已經捨壽幾年了，因為他才剛破參不久，我就委付他這個重任，他在半年內把《平議》寫完，你看這「無名相法」厲害不厲害？就只是證得「無名相法」如來藏，他就可以評破《廣論》；而密宗假藏傳佛教上至法王下至小喇嘛們，沒有一個人能回應。他們依著宗喀巴的邪見把五陰全部建立為眞實法，就是「與佛共諍」，他們就是「說有我，說有人」的邪見者。

那他們是不是「說有眾生者」？也是！他們如果不是說有眾生者，他們密宗假藏傳佛教就要斷絕了，所以他們這個法遍傳於欲界之中；只要是欲界中的有情他就傳了，所以豬母也可以傳。不要覺得奇怪，不過他們名字叫得好聽——「亥母」，「亥母法門」就是「豬母法門」，子、丑、寅、卯、辰、巳、午、未你算算看，亥是對應十二生肖最後一個，就是豬；是誰傳的？他們最尊重的蓮花生傳的。所以，他們顯然是「說眾生者」，因為他們所著重的是在五陰所得的觸覺上面，那只不過是五陰的我所而已，還談不到五陰本身。那個層次有多低，諸位想就知道了。

所以他們所謂的法王，層次越高修得越好的人，是越不如世間的凡夫或販夫走卒。人家在世間法中雖然是動不動就三字經，然後話才說出口的人（有的人若沒有先講出三字經，他的話是講不出來的），可是密宗那些法王每一個都不如這樣的人，因為至少人家不造惡業——性侵女性；至少人家不「與佛共諍」，他們則是「與佛共諍」，所以認為眾生實有。

也許有人還懷疑，但我告訴你不必懷疑，喇嘛們不是一天到晚在封追隨他們的女人為佛母嗎？只要他看中哪一個女生年輕漂亮，最好又多金，如果沒有很多黃金（錢財），至少年輕漂亮也可以，就被喇嘛封為佛母；可是前佛母才剛封不久，又封另一個女人爲佛母，前後佛母之間會怎麼樣？會吵架呀！一定吵架的，吵到壓不住時就爆開來，於是又來一件報導：法師又性侵女性了！眞倒楣，當佛教法師這麼倒楣，老是被密宗的喇嘛們製造性醜聞來誣賴。明明他們密宗外道幹的事，報導時全都掛到佛教法師頭上來，這眞是沒來由。

那麼他們一天到晚封佛母，顯然是「**說眾生者**」；就是說：「**這個有情是眞實存在，那個有情也是眞實存在**。」所有的凡夫都可以變成佛母、勇父了，那就是眾生。只要落在五陰中，認定五陰全部或者局部是眞實有時，那一定有我、有人，相對就有許多眾生。所以他們的法只能在人間，超脫不了四王天；最多只到四王天的境界，還是因爲魔力所持。假使沒有魔力所持，很快就下墮地獄去了。那麼這一些人違逆 佛說而「**與佛共諍**」，面對「**與佛共諍**」的人，你若沒有用「**無名相法、無分別法**」就無法降伏他們；好在我們今天把他們降伏了，所以他們想要再「**與佛共諍**」也無處可諍了。今天講到這裡。

（未完，詳第四輯中續說。）

佛菩提二主要道次第概要表——二道並修，以外無別佛法

佛菩提道——大菩提道

十信位修集信心——一劫乃至一萬劫

遠波羅蜜多

資糧位

初住位修集布施功德（以財施爲主）。
二住位修集持戒功德。
三住位修集忍辱功德。
四住位修集精進功德。
五住位修集禪定功德。
六住位修集般若功德（熏習般若中觀及斷我見，加行位也）。

外門廣修六度萬行

七住位明心般若正觀現前，親證本來自性清淨涅槃。
八住位起於一切法現觀般若中道。漸除性障。
十住位眼見佛性，世界如幻觀成就。

見道位

一至十行位，於廣行六度萬行中，依般若中道慧，現觀陰處界猶如陽焰，至第十行滿心位，陽焰觀成就。

一至十迴向位熏習一切種智；修除性障，唯留最後一分思惑不斷。第十迴向滿心位成就菩薩道如夢觀。

內門廣修六度萬行

初地：第十迴向位滿心時，成就道種智一分（八識心王一一親證後，領受五法、三自性、七種第一義、七種性自性、二種無我法）復由勇發十無盡願，成通達位菩薩。復又永伏性障而不具斷，能證慧解脫而不取證，由大願故留惑潤生。此地主修法施波羅蜜多及百法明門。證「猶如鏡像」現觀，故滿初地心。

二地：初地功德滿足以後，再成就道種智一分而入二地；主修戒波羅蜜多及一切種智。滿心位成就「猶如光影」現觀，戒行自然清淨。

解脫道：二乘菩提

→ 斷三縛結，成初果解脫
→ 薄貪瞋癡，成二果解脫
→ 斷五下分結，成三果解脫

入地前的四加行令煩惱障現行悉斷，成四果解脫，留惑潤生。分段生死已斷，煩惱障習氣種子開始斷除，兼斷無始無明上煩惱。

圓滿成就究竟佛果

近波羅蜜多

修道位

三地：二地滿心再證道種智一分，故入三地。此地主修忍波羅蜜多及四禪八定、四無量心、五神通。能成就俱解脫果而不取證，留惑潤生。滿心位成就「猶如谷響」現觀及無漏妙定意生身。

四地：由三地再證道種智一分故入四地。主修精進波羅蜜多，於此土及他方世界廣度有緣，無有疲倦。進修一切種智，滿心位成就「如水中月」現觀。

五地：由四地再證道種智一分故入五地。主修禪定波羅蜜多及一切種智，斷除下乘涅槃貪。滿心位成就「變化所成」現觀。

六地：由五地再證道種智一分故入六地。此地主修般若波羅蜜多——依道種智現觀十二因緣一一有支及意生身化身，皆自心眞如變化所現，「非有似有」，成就細相觀，不由加行而自然證得滅盡定，成俱解脫大乘無學。

七地：由六地「非有似有」現觀，再證道種智一分故入七地。此地主修一切種智及方便波羅蜜多，由重觀十二有支一一支中之流轉門及還滅門一切細相，成就方便善巧，念念隨入滅盡定。滿心位證得「如犍闥婆城」現觀。

七地滿心斷除故意保留之最後一分思惑時，煩惱障所攝色、受、想三陰有漏習氣種子全部斷盡。←

大波羅蜜多

八地：由七地極細相觀成就故再證道種智一分而入八地。此地主修一切種智及願波羅蜜多。至滿心位純無相觀任運恆起，故於相土自在，滿心位復證「如實覺知諸法相意生身」故。

九地：由八地再證道種智一分故入九地。主修力波羅蜜多及一切種智，成就四無礙，滿心位證得「種類俱生無行作意生身」。

十地：由九地再證道種智一分故入此地。此地主修一切種智——智波羅蜜多。滿心位起大法智雲，及現起大法智雲所含藏種種功德，成受職菩薩。

等覺：由十地道種智成就故入此地。此地應修一切種智，圓滿等覺地無生法忍；於百劫中修集極廣大福德，以之圓滿三十二大人相及無量隨形好。

煩惱障所攝行、識二陰無漏習氣種子任運漸斷，所知障所攝上煩惱任運漸斷。

圓滿波羅蜜多

究竟位

妙覺：示現受生人間已斷盡煩惱障一切習氣種子，並斷盡所知障一切隨眠，永斷變易生死無明，成就大般涅槃，四智圓明。人間捨壽後，報身常住色究竟天利樂十方地上菩薩；以諸化身利樂有情，永無盡期，成就究竟佛道。

← 斷盡變易生死成就大般涅槃

佛子**蕭平實** 謹製
（二〇〇九、〇二 修訂）
（二〇一二、〇二 增補）

佛教正覺同修會〈修學佛道次第表〉

第一階段

＊以憶佛及拜佛方式修習動中定力。
＊學第一義佛法及禪法知見。
＊無相拜佛功夫成就。
＊具備一念相續功夫—動靜中皆能看話頭。
＊努力培植福德資糧，勤修三福淨業。

第二階段

＊參話頭，參公案。
＊開悟明心，一片悟境。
＊鍛鍊功夫求見佛性。
＊眼見佛性〈餘五根亦如是〉親見世界如幻，成就如幻觀。
＊學習禪門差別智。
＊深入第一義經典。
＊修除性障及隨分修學禪定。
＊修證十行位陽焰觀。

第三階段

＊學一切種智真實正理—楞伽經、解深密經、成唯識論…。
＊參究末後句。
＊解悟末後句。
＊透牢關—親自體驗所悟末後句境界，親見實相，無得無失。
＊救護一切眾生迴向正道。護持了義正法，修證十迴向位如夢觀。
＊發十無盡願，修習百法明門，親證猶如鏡像現觀。
＊修除五蓋，發起禪定。持一切善法戒。親證猶如光影現觀。
＊進修四禪八定、四無量心、五神通。進修大乘種智，求證猶如谷響現觀。

佛教正覺同修會 共修現況 及 招生公告　2020/05/03

一、共修現況：（請在共修時間來電，以免無人接聽。）

台北正覺講堂 103 台北市承德路三段 277 號九樓　捷運淡水線圓山站旁 Tel..**總機** 02-25957295（晚上）（**分機：九樓**辦公室 10、11；知客櫃檯 12、13。 **十樓**知客櫃檯 15、16；書局櫃檯 14。 **五樓**辦公室 18；知客櫃檯 19。**二樓**辦公室 20；知客櫃檯 21。）Fax..25954493

第一講堂　台北市承德路三段 277 號九樓

禪淨班：週一晚班、週三晚班、週四晚班、週五晚班、週六下午班、週六上午班（共修期間二年半，全程免費。皆須報名建立學籍後始可參加共修，欲報名者詳見本公告末頁。）

增上班：瑜伽師地論詳解：單週六晚班。雙週六晚班（重播班）。17.50～20.50。平實導師講解，2003 年 2 月開講至今，僅限已明心之會員參加。

禪門差別智：每月第一週日全天　平實導師主講（事冗暫停）。

不退轉法輪經詳解　本經所說妙法極爲甚深難解，時至末法，已然無有知者；而其甚深絕妙之法，流傳至今依舊多人可證，顯示佛法眞是義學而非玄談，其中甚深極妙令人拍案稱絕之第一義諦妙義。已於 2019 年元月底開講，由平實導師詳解。每逢週二晚上開講，第一至第六講堂都可同時聽聞，歡迎菩薩種性學人，攜眷共同參與此殊勝法會現場聞法，不限制聽講資格。本會學員憑上課證進入第一至第四講堂聽講，會外學人請以身分證件換證進入聽講（此爲大樓管理處安全管理規定之要求，敬請諒解）；第五及第六講堂（B1、B2）對外開放，不需出示任何證件，請由大樓側門直接進入。

第二講堂　台北市承德路三段 267 號十樓。

不退轉法輪經詳解：平實導師講解。每週二 18.50~20.50 影像音聲即時傳輸

禪淨班：週一晚班。

進階班：週三晚班、週四晚班、週五晚班、週六早班、週六下午班。禪淨班結業後轉入共修。

第三講堂　台北市承德路三段 277 號五樓。

不退轉法輪經詳解：平實導師講解。每週二 18.50~20.50 影像音聲即時傳輸

禪淨班：週六下午班。

進階班：週一晚班、週三晚班、週四晚班、週五晚班。

第四講堂　台北市承德路三段 267 號二樓。

不退轉法輪經詳解：平實導師講解。每週二 18.50~20.50 影像音聲即時傳輸

進階班：週一晚班、週三晚班、週四晚班（禪淨班結業後轉入共修）。

第五、第六講堂

不退轉法輪經詳解：平實導師講解。每週二 18.50~20.50 影像音聲即時傳

輸。第五、第六講堂為**開放式講堂**，不需以身分證件換證即可進入聽講，台北市承德路三段 267 號地下一樓、地下二樓。每逢週二晚上講經時段開放給會外人士自由聽經，請由大樓側面梯階逕行進入聽講。**聽講者請尊重講者的著作權及肖像權，請勿錄音錄影，以免違法；若有錄音錄影被查獲者，將依法處理。**

念佛班 每週日晚上，第六講堂共修（B2），一切求生極樂世界的三寶弟子皆可參加，不限制共修資格。

進階班：週一晚班、週三晚班、週四晚班。

正覺祖師堂 桃園市大溪區美華里信義路 650 巷坑底 5 之 6 號（台 3 號省道 34 公里處 妙法寺對面斜坡道進入）電話 03-3886110 傳眞 03-3881692 本堂供奉 克勤圓悟大師，專供會員每年四月、十月各三次精進禪三共修，兼作本會出家菩薩掛單常住之用。開放參訪日期請參見本會公告。教內共修團體或道場，得另申請其餘時間作團體參訪，務請事先與常住確定日期，以便安排常住菩薩接引導覽，亦免妨礙常住菩薩之日常作息及修行。

桃園正覺講堂（第一、第二講堂）：桃園市介壽路 286、288 號 10 樓（陽明運動公園對面）電話：03-3749363（請於共修時聯繫，或與台北聯繫）

禪淨班：週一晚班（1）、週一晚班（2）、週三晚班、週四晚班、週五晚班。

進階班：週四晚班、週五晚班、週六上午班。

增上班：雙週六晚班（增上重播班）。

不退轉法輪經詳解：平實導師講解。每週二晚上，以台北正覺講堂所錄 DVD 放映；歡迎會外學人共同聽講，不需出示身分證件。

新竹正覺講堂 新竹市東光路 55 號二樓之一 電話 03-5724297（晚上）

第一講堂：

禪淨班：週五晚班。

進階班：週三晚班、週四晚班、週六上午班（由禪淨班結業後轉入共修）。

增上班：單週六晚班。雙週六晚班（重播班）。

不退轉法輪經詳解：平實導師講解。每週二晚上，以台北正覺講堂所錄 DVD 放映。歡迎會外學人共同聽講，不需出示身分證件。

第二講堂：

禪淨班：週一晚班、週三晚班、週四晚班、週六上午班。

不退轉法輪經詳解：每週二晚上與第一講堂同步播放講經 DVD。

第三、第四講堂：裝修完畢，即將開放。

台中正覺講堂 04-23816090（晚上）

第一講堂 台中市南屯區五權西路二段 666 號 13 樓之四（國泰世華銀行樓上。鄰近縣市經第一高速公路前來者，由五權西路交流道可以快速到達，大樓旁有停車場，對面有素食館）。

禪淨班：週四晚班、週五晚班。

進階班：週一晚班、週三晚班、週六上午班（由禪淨班結業後轉入共修）。

增上班：單週六晚班。雙週六晚班（重播班）。

不退轉法輪經詳解：平實導師講解。每週二晚上，以台北正覺講堂所錄 DVD 放映。歡迎會外學人共同聽講，不需出示身分證件。

第二講堂　台中市南屯區五權西路二段 666 號 4 樓

禪淨班：週一晚班、週三晚班。

第三講堂台中市南屯區五權西路二段 666 號 4 樓

禪淨班：週一晚班。

第四講堂台中市南屯區五權西路二段 666 號 4 樓。

進階班：週一晚班、週四晚班、週六上午班。由禪淨班結業後轉入共修。

不退轉法輪經詳解：每週二晚上與第一講堂同步播放講經 DVD。

嘉義正覺講堂　嘉義市友愛路 288 號八樓之一　電話：05-2318228

第一講堂：

禪淨班：週四晚班、週五晚班、週六上午班。

進階班：週一晚班、週三晚班（由禪淨班結業後轉入共修）。

增上班：單週六晚班。雙週六晚班（重播班）。

不退轉法輪經詳解：平實導師講解。每週二晚上，以台北正覺講堂所錄 DVD 放映。歡迎會外學人共同聽講，不需出示身分證件。

第二講堂　嘉義市友愛路 288 號八樓之二。

第三講堂　嘉義市友愛路 288 號四樓之七。

禪淨班：週一晚班、週三晚班。

台南正覺講堂

第一講堂　台南市西門路四段 15 號 4 樓。06-2820541（晚上）

禪淨班：週一晚班、週三晚班、週四晚班、週五晚班、週六下午班。

增上班：單週六晚班。雙週六晚班（重播班）。

第二講堂　台南市西門路四段 15 號 3 樓。

不退轉法輪經詳解：每週二晚上與第三講堂同步播放講經 DVD。

第三講堂　台南市西門路四段 15 號 3 樓。

進階班：週一晚班、週三晚班、週四晚班、週五晚班（由禪淨班結業後轉入共修）。

不退轉法輪經詳解：平實導師講解。每週二晚上，以台北正覺講堂所錄 DVD 放映。歡迎會外學人共同聽講，不需出示身分證件。。

高雄正覺講堂　高雄市新興區中正三路 45 號五樓 07-2234248（晚上）

第一講堂（五樓）：

禪淨班：週一晚班、週三晚班、週四晚班、週五晚班、週六上午班。

增上班：單週六晚班。雙週六晚班（重播班）。

不退轉法輪經詳解：平實導師講解。每週二晚上，以台北正覺講堂所錄 DVD 放映。歡迎會外學人共同聽講，不需出示身分證件。

第二講堂（四樓）：

進階班：週三晚班、週四晚班、週六上午班（由禪淨班結業後轉入共修）。

不退轉法輪經詳解：每週二晚上與第一講堂同步播放講經 DVD。

第三講堂（三樓）：

進階班：週四晚班（由禪淨班結業後轉入共修）。

香港正覺講堂

九龍觀塘，成業街 10 號，電訊一代廣場 27 樓 E 室。

（觀塘地鐵站 B1 出口，步行約 4 分鐘）。電話：(852) 23262231

英文地址：Unit E，27th Floor, TG Place, 10 Shing Yip Street, Kwun Tong, Kowloon

禪淨班：雙週六下午班、雙週日下午班、單週六下午班、單週日下午班

進階班：雙週五晚上班、雙週日早上班（由禪淨班結業後轉入共修）。

增上班：每月第一週週日，以台北增上班課程錄成 DVD 放映之。

增上重播班：每月第一週週六，以台北增上班課程錄成 DVD 放映之。

大法鼓經詳解：平實導師講解。每週六、日 19:00～21:00，以台北正覺講堂所錄 DVD 放映；歡迎會外學人共同聽講，不需出示身分證件。

美國洛杉磯正覺講堂　☆已遷移新址☆

825 S. Lemon Ave Diamond Bar, CA 91789 U.S.A.

Tel. (909) 595-5222（請於週六 9:00~18:00 之間聯繫）

Cell. (626) 454-0607

禪淨班：每逢週末 16：00~18：00 上課。

進階班：每逢週末上午 10：00~12：00 上課。

不退轉法輪經詳解：平實導師講解。每週六下午 13：30~15：30 以台北所錄 DVD 放映。歡迎各界人士共享第一義諦無上法益，不需報名。

二、招生公告　**本會台北講堂及全省各講堂、香港講堂，每逢四月、十月下旬開新班，每週共修一次**（每次二小時。開課日起三個月內仍可插班）；**但美國洛杉磯共修處之禪淨班得隨時插班共修。各班共修期間皆爲二年半，全程免費，欲參加者請向本會函索報名表**（各共修處皆於共修時間方有人執事，非共修時間請勿電詢或前來洽詢、請書），**或直接從本會官方網站**(http://www.enlighten.org.tw/newsflash/class)**或成佛之道網站下載報名表**。共修期滿時，若經報名禪三審核通過者，可參加四天三夜之禪三精進共修，有機會明心、取證如來藏，發起般若實相智慧，成爲實義菩薩，脫離凡夫菩薩位。

三、新春禮佛祈福 農曆**年假**期間停止共修：自農曆新年前七天起停止共修與弘法，正月 8 日起回復共修、弘法事務。新春期間正月初一～初七 9.00～17.00 開放台北講堂、正月初一~初三開放新竹、台中、嘉義、台南、高雄講堂，以及大溪禪三道場（正覺祖師堂），方便會員供佛、祈福及會外人士請書。美國洛杉磯共修處之休假時間，請逕詢該共修處。

密宗四大派修雙身法，是外道性力派的邪法；又以生滅的識陰作為常住法，是常見外道，是假的藏傳佛教。

西藏覺囊巴以他空見弘揚第八識如來藏勝法，才是真藏傳佛教

佛教正覺同修會　弘法行事表

2019/02/18

1、**禪淨班**　以無相念佛及拜佛方式修習動中定力，實證一心不亂功夫。傳授解脫道正理及第一義諦佛法，以及參禪知見。共修期間：二年六個月。每逢四月、十月開新班，詳見招生公告表。

2、**進階班**　禪淨班畢業後得轉入此班，進修更深入的佛法，期能證悟明心。各地講堂各有多班，繼續深入佛法、增長定力，悟後得轉入增上班修學道種智，期能證得無生法忍。

3、**增上班 瑜伽師地論**詳解　詳解論中所言凡夫地至佛地等 17 師之修證境界與理論，從凡夫地、聲聞地……宣演到諸地所證無生法忍、一切種智之眞實正理。由平實導師開講，每逢一、三、五週之週末晚上開示，僅限已明心之會員參加。2003 年二月開講至今，預定 2019 年講畢。

4、**不退轉法輪經**詳解　本經所說妙法極爲甚深難解，時至末法，已然無有知者；而其甚深絕妙之法，流傳至今依舊多人可證，顯示佛法眞是義學而非玄談，其中甚深極妙令人拍案稱絕之第一義諦妙義。已於 2019 年元月底開講，由平實導師詳解。不限制聽講資格。

5、**精進禪三**　主三和尚：平實導師。於四天三夜中，以克勤圓悟大師及大慧宗杲之禪風，施設機鋒與小參、公案密意之開示，幫助會員剋期取證，親證不生不滅之眞實心——人人本有之如來藏。每年四月、十月各舉辦三個梯次；平實導師主持。僅限本會會員參加禪淨班共修期滿，報名審核通過者，方可參加。並選擇會中定力、慧力、福德三條件皆已具足之已明心會員，給以指引，令得眼見自己無形無相之佛性遍佈山河大地，眞實而無障礙，得以肉眼現觀世界身心悉皆如幻，具足成就如幻觀，圓滿十住菩薩之證境。

6、**阿含經**詳解　選擇重要之阿含部經典，依無餘涅槃之實際而加以詳解，令大眾得以現觀諸法緣起性空，亦復不墮斷滅見中，顯示經中所隱說之涅槃實際—如來藏—確實已於四阿含中隱說；令大眾得以聞後觀行，確實斷除我見乃至我執，證得**見到**眞現觀，乃至**身證**……等眞現觀；已得大乘或二乘見道者，亦可由此聞熏及聞後之觀行，除斷我所之貪著，成就慧解脫果。由平實導師詳解。不限制聽講資格。

7、**解深密經**詳解　重講本經之目的，在於令諸已悟之人明解大乘法道之成佛次第，以及悟後進修一切種智之內涵，確實證知三種自性性，並得據此證解七眞如、十眞如等正理。每逢週二 18.50~20.50 開示，由平實導師詳解。將於《**不退轉法輪經**》講畢後開講。不限制聽講資格。

8、**成唯識論**詳解　詳解一切種智眞實正理，詳細剖析一切種智之微細深妙廣大正理；並加以舉例說明，使已悟之會員深入體驗所證如來藏之微密行相；及證驗見分相分與所生一切法，皆由如來藏—阿賴耶識—直接或展轉而生，因此證知一切法無我，證知無餘涅槃之本際。將於增上班《瑜伽師地論》講畢後，由平實導師重講。僅限已明心之會員參加。

9、**精選如來藏系經典**詳解　精選如來藏系經典一部，詳細解說，以此完全印證會員所悟如來藏之眞實，得入不退轉住。另行擇期詳細解說之，由平實導師講解。僅限已明心之會員參加。

10、**禪門差別智**　藉禪宗公案之微細淆訛難知難解之處，加以宣說及剖析，以增進明心、見性之功德，啓發差別智，建立擇法眼。每月第一週日全天，由平實導師開示，僅限破參明心後，復又眼見佛性者參加（事冗暫停）。

11、**枯木禪**　先講智者大師的《小止觀》，後說《釋禪波羅蜜》，詳解四禪八定之修證理論與實修方法，細述一般學人修定之邪見與岔路，及對禪定證境之誤會，消除枉用功夫、浪費生命之現象。已悟般若者，可以藉此而實修初禪，進入大乘通教及聲聞教的三果心解脫境界，配合應有的大福德及後得無分別智、十無盡願，即可進入初地心中。親教師：平實導師。未來緣熟時將於正覺寺開講。不限制聽講資格。

註：本會例行年假，自 2004 年起，改爲每年農曆新年前七天開始停息弘法事務及共修課程，農曆正月 8 日回復所有共修及弘法事務。新春期間（每日 9.00~17.00）開放台北講堂，方便會員禮佛祈福及會外人士請書。大溪區的正覺祖師堂，開放參訪時間，詳見〈正覺電子報〉或成佛之道網站。本表得因時節因緣需要而隨時修改之，不另作通知。

佛教正覺同修會　贈閱書籍 目錄　2018/10/20

1.**無相念佛**　平實導師著　回郵 36 元
2.**念佛三昧修學次第**　平實導師述著　回郵 52 元
3.**正法眼藏—護法集**　平實導師述著　回郵 76 元
4.**真假開悟簡易辨正法**&**佛子之省思**　平實導師著　回郵 26 元
5.**生命實相之辨正**　平實導師著　回郵 31 元
6.**如何契入念佛法門**（附：印順法師否定極樂世界）平實導師著 回郵 26 元
7.**平實書箋**—答元覽居士書　平實導師著　回郵 52 元
8.**三乘唯識**—如來藏系經律彙編　平實導師編　回郵 80 元
（精裝本　長 27 cm　寬 21 cm　高 7.5 cm　重 2.8 公斤）
9.**三時繫念全集**—修正本　回郵掛號 52 元（長 26.5 cm×寬 19 cm）
10.**明心與初地**　平實導師述　回郵 31 元
11.**邪見與佛法**　平實導師述著　回郵 36 元
12.**甘露法雨**　平實導師述　回郵 36 元
13.**我與無我**　平實導師述　回郵 36 元
14.**學佛之心態**—修正錯誤之學佛心態始能與正法相應 孫正德老師著 回郵52元
附錄：平實導師著《**略說八、九識並存…等之過失**》
15.**大乘無我觀**—《悟前與悟後》別說　平實導師述著　回郵 36 元
16.**佛教之危機**—中國台灣地區現代佛教之真相（附錄：公案拈提六則）
平實導師著　回郵 52 元
17.**燈　影**—燈下黑（覆「求教後學」來函等）　平實導師著　回郵 76 元
18.**護法與毀法**—覆上平居士與徐恒志居士網站毀法二文
張正圜老師著　回郵 76 元
19.**淨土聖道**—兼評**選擇本願念佛**　正德老師著　**由正覺同修會購贈** 回郵52 元
20.**辨唯識性相**—對「紫蓮心海《辯唯識性相》書中否定阿賴耶識」之回應
正覺同修會 台南共修處法義組 著　回郵52 元
21.**假如來藏**—對法蓮法師《如來藏與阿賴耶識》書中否定阿賴耶識之回應
正覺同修會 台南共修處法義組 著　回郵 76 元
22.**入不二門**—公案拈提集錦 第一輯（於平實導師公案拈提諸書中選錄約二十則，
合輯爲一冊流通之）平實導師著　回郵52 元
23.**真假邪說**—西藏密宗索達吉喇嘛《破除邪說論》真是邪說
釋正安法師著　上、下冊回郵各 52 元
24.**真假開悟**—真如、如來藏、阿賴耶識間之關係　平實導師述著　回郵 76 元
25.**真假禪和**—辨正釋傳聖之謗法謬說　孫正德老師著　回郵76 元
26.**眼見佛性**—駁慧廣法師**眼見佛性的含義**文中謬說
游正光老師著　回郵52 元

27.**普門自在**—公案拈提集錦 第二輯（於平實導師公案拈提諸書中選錄約二十則，合輯爲一冊流通之）平實導師著　回郵 52 元

28.**印順法師的悲哀**—以現代禪的質疑為線索　恒毓博士著　回郵 52 元

29.**識蘊真義**—現觀識蘊內涵、取證初果、親斷三縛結之具體行門。

—依《成唯識論》及《惟識述記》正義，略顯安慧《大乘廣五蘊論》之邪謬

平實導師著　回郵 76 元

30.**正覺電子報** 各期紙版本　免附回郵　每次最多函索三期或三本。

（已無存書之較早各期，不另增印贈閱）

31.**現代人應有的宗教觀**　蔡正禮老師 著　回郵 31 元

32.**遠惑趣道**—正覺電子報般若信箱問答錄　第一輯　回郵 52 元

33.**遠惑趣道**—正覺電子報般若信箱問答錄　第二輯　回郵 52 元

34.**確保您的權益**—器官捐贈應注意自我保護　游正光老師 著　回郵 31 元

35.**正覺教團電視弘法三乘菩提 DVD 光碟（一）**

由正覺教團多位親教師共同講述錄製 DVD 8 片，MP3 一片，共 9 片。有二大講題：一爲「三乘菩提之意涵」，二爲「學佛的正知見」。內容精闢，深入淺出，精彩絕倫，幫助大眾快速建立三乘法道的正知見，免被外道邪見所誤導。有志修學三乘佛法之學人不可不看。（製作工本費 100 元，回郵 52 元）

36.**正覺教團電視弘法 DVD 專輯（二）**

總有二大講題：一爲「三乘菩提之念佛法門」，一爲「學佛正知見（第二篇）」，由正覺教團多位親教師輪番講述，內容詳細闡述如何修學念佛法門、實證念佛三昧，以及學佛應具有的正確知見，可以幫助發願往生西方極樂淨土之學人，得以把握往生，更可令學人快速建立三乘法道的正知見，免於被外道邪見所誤導。有志修學三乘佛法之學人不可不看。（一套 17 片，工本費 160 元。回郵 76 元）

37.**喇嘛性世界**—揭開假藏傳佛教譚崔瑜伽的面紗　張善思 等人合著

由正覺同修會購贈　回郵 52 元

38.**假藏傳佛教的神話**—性、謊言、喇嘛教　張正玄教授編著

由正覺同修會購贈　回郵 52 元

39.**隨　緣**—理隨緣與事隨緣　平實導師述　回郵 52 元。

40.**學佛的覺醒**　正枝居士 著　回郵 52 元

41.**導師之真實義**　蔡正禮老師 著　回郵 31 元

42.**淺談達賴喇嘛之雙身法**—兼論解讀「密續」之達文西密碼

吳明芷居士 著　回郵 31 元

43.**魔界轉世**　張正玄居士 著　回郵 31 元

44.**一貫道與開悟**　蔡正禮老師 著　回郵 31 元

45.**博愛**—愛盡天下女人　正覺教育基金會 編印　回郵 36 元

46.**意識虛妄經教彙編**—實證解脫道的關鍵經文　正覺同修會編印　回郵 36 元

47.**邪箭囈語**—破斥藏密外道多識仁波切《破魔金剛箭雨論》之邪說

陸正元老師著　上、下冊回郵各 52 元

48.**真假沙門**—依 佛聖教闡釋佛教僧寶之定義

蔡正禮老師著　俟正覺電子報連載後結集出版

49.**真假禪宗**—藉評論釋性廣《印順導師對變質禪法之批判及對禪宗之肯定》以顯示真假禪宗

附論一：凡夫知見 無助於佛法之信解行證

附論二：世間與出世間一切法皆從如來藏實際而生而顯

余正偉老師著　俟正覺電子報連載後結集出版　回郵未定

★ 上列贈書之郵資，係台灣本島地區郵資，大陸、港、澳地區及外國地區，請另計酌增（大陸、港、澳、國外地區之郵票不許通用）。尚未出版之書，請勿先寄來郵資，以免增加作業煩擾。

★ 本目錄若有變動，唯於後印之書籍及「成佛之道」網站上修正公佈之，不另行個別通知。

函索書籍請寄：佛教正覺同修會　103 台北市承德路 3 段 277 號 9 樓

台灣地區函索書籍者請附寄郵票，無時間購買郵票者可以等值現金抵用，但不接受郵政劃撥、支票、匯票。大陸地區得以人民幣計算，國外地區請以美元計算（請勿寄來當地郵票，在台灣地區不能使用）。欲以掛號寄遞者，請另附掛號郵資。

親自索閱：正覺同修會各共修處。　★請於共修時間前往取書，餘時無人在道場，請勿前往索取；共修時間與地點，詳見書末正覺同修會共修現況表（以近期之共修現況表爲準）。

註：正智出版社發售之局版書，請向各大書局購閱。若書局之書架上已經售出而無陳列者，請向書局櫃台指定洽購；若書局不便代購者，請於正覺同修會共修時間前往各共修處請購，正智出版社已派人於共修時間送書前往各共修處流通。 郵政劃撥購書及 大陸地區 購書，請詳別頁正智出版社發售書籍目錄最後頁之說明。

成佛之道 網站：http://www.a202.idv.tw　正覺同修會已出版之結緣書籍，多已登載於 成佛之道 網站，若住外國、或住處遙遠，不便取得正覺同修會贈閱書籍者，可以從本網站閱讀及下載。　書局版之《宗通與說通》亦已上網，台灣讀者可向書局洽購，售價 300 元。《狂密與眞密》第一輯~第四輯，亦於 2003.5.1.全部於本網站登載完畢；台灣地區讀者請向書局洽購，每輯約 400 頁，售價 300 元（網站下載紙張費用較貴，容易散失，難以保存，亦較不精美）。

＊＊假藏傳佛教修雙身法，非佛教＊＊

正智出版社 籌募弘法基金發售書籍目錄 2020/07/13

1.**宗門正眼**—公案拈提 第一輯 重拈 平實導師著 500 元
因重寫內容大幅度增加故，字體必須改小，並增爲 576 頁 主文 546 頁。比初版更精彩、更有內容。初版《禪門摩尼寶聚》之讀者，可寄回本公司免費調換新版書。免附回郵，亦無截止期限。（2007 年起，每冊附贈本公司精製公案拈提〈超意境〉CD 一片。市售價格 280 元，多購多贈。）

2.**禪淨圓融** 平實導師著 200 元（第一版舊書可換新版書。）

3.**真實如來藏** 平實導師著 400 元

4.**禪—悟前與悟後** 平實導師著 上、下冊，每冊 250 元

5.**宗門法眼**—公案拈提 第二輯 平實導師著 500 元
（2007 年起，每冊附贈本公司精製公案拈提〈超意境〉CD 一片）

6.**楞伽經詳解** 平實導師著 全套共 10 輯 每輯 250 元

7.**宗門道眼**—公案拈提 第三輯 平實導師著 500 元
（2007 年起，每冊附贈本公司精製公案拈提〈超意境〉CD 一片）

8.**宗門血脈**—公案拈提 第四輯 平實導師著 500 元
（2007 年起，每冊附贈本公司精製公案拈提〈超意境〉CD 一片）

9.**宗通與說通**—成佛之道 平實導師著 主文 381 頁 全書 400 頁售價 300 元

10.**宗門正道**—公案拈提 第五輯 平實導師著 500 元
（2007 年起，每冊附贈本公司精製公案拈提〈超意境〉CD 一片）

11.**狂密與真密** **四輯** 平實導師著 西藏密宗是人間最邪淫的宗教，本質不是佛教，只是披著佛教外衣的印度教性力派流毒的喇嘛教。此書中將西藏密宗密傳之男女雙身合修樂空雙運所有祕密與修法，毫無保留完全公開，並將全部喇嘛們所不知道的部分也一併公開。內容比大辣出版社喧騰一時的《西藏慾經》更詳細。並且函蓋藏密的所有祕密及其錯誤的中觀見、如來藏見……等，藏密的所有法義都在書中詳述、分析、辨正。每輯主文三百餘頁 每輯全書約 400 頁 售價每輯 300 元

12.**宗門正義**—公案拈提 第六輯 平實導師著 500 元
（2007 年起，每冊附贈本公司精製公案拈提〈超意境〉CD 一片）

13.**心經密意**—心經與解脫道、佛菩提道、祖師公案之關係與密意 平實導師述 300 元

14.**宗門密意**—公案拈提 第七輯 平實導師著 500 元
（2007 年起，每冊附贈本公司精製公案拈提〈超意境〉CD 一片）

15.**淨土聖道**—兼評「選擇本願念佛」 正德老師著 200 元

16.**起信論講記** 平實導師述著 共六輯 每輯三百餘頁 售價各 250 元

17.**優婆塞戒經講記** 平實導師述著 共八輯 每輯三百餘頁 售價各 250 元

18.**真假活佛**—略論附佛外道盧勝彥之邪說（對前岳靈犀網站主張「盧勝彥是證悟者」之修正） 正犀居士（岳靈犀）著 流通價 140 元

19.**阿含正義**—唯識學探源 平實導師著 共七輯 每輯 300 元

20.**超意境** CD 以平實導師公案拈提書中超越意境之頌詞，加上曲風優美的旋律，錄成令人嚮往的超意境歌曲，其中包括正覺發願文及平實導師親自譜成的黃梅調歌曲一首。詞曲雋永，殊堪翫味，可供學禪者吟詠，有助於見道。內附設計精美的彩色小冊，解說每一首詞的背景本事。每片 280 元。【每購買公案拈提書籍一冊，即贈送一片。】

21.**菩薩底憂鬱** CD 將菩薩情懷及禪宗公案寫成新詞，並製作成超越意境的優美歌曲。 1.主題曲〈菩薩底憂鬱〉，描述地後菩薩能離三界生死而迴向繼續生在人間，但因尚未斷盡習氣種子而有極深沈之憂鬱，非三賢位菩薩及二乘聖者所知，此憂鬱在七地滿心位方才斷盡；本曲之詞中所說義理極深，昔來所未曾見；此曲係以優美的情歌風格寫詞及作曲，聞者得以激發嚮往諸地菩薩境界之大心，詞、曲都非常優美，難得一見；其中勝妙義理之解說，已印在附贈之彩色小冊中。 2.以各輯公案拈提中直示禪門入處之頌文，作成各種不同曲風之超意境歌曲，值得玩味、參究；聆聽公案拈提之優美歌曲時，請同時閱讀內附之印刷精美說明小冊，可以領會超越三界的證悟境界；未悟者可以因此引發求悟之意向及疑情，眞發菩提心而邁向求悟之途，乃至因此眞實悟入般若，成眞菩薩。 3.正覺總持咒新曲，總持佛法大意；總持咒之義理，已加以解說並印在隨附之小冊中。本 CD 共有十首歌曲，長達 63 分鐘。每盒各附贈二張購書優惠券。每片 280 元。

22.**禪意無限** CD 平實導師以公案拈提書中偈頌寫成不同風格曲子，與他人所寫不同風格曲子共同錄製出版，幫助參禪人進入禪門超越意識之境界。盒中附贈彩色印製的精美解說小冊，以供聆聽時閱讀，令參禪人得以發起參禪之疑情，即有機會證悟本來面目而發起實相智慧，實證大乘菩提般若，能如實證知般若經中的眞實意。本 CD 共有十首歌曲，長達 69 分鐘，每盒各附贈二張購書優惠券。每片 280 元。

23.**我的菩提路**第一輯　釋悟圓、釋善藏等人合著　售價 300 元

24.**我的菩提路**第二輯　郭正益等人合著　售價 300 元（停售，俟改版後另行發售）

25.**我的菩提路**第三輯　王美伶等人合著　售價 300 元

26.**我的菩提路**第四輯　陳晏平等人合著　售價 300 元

27.**我的菩提路**第五輯　林慈慧等人合著　售價 300 元

28.**我的菩提路**第六輯　劉惠莉等人合著　售價 300 元

29.**鈍鳥與靈龜**—考證後代凡夫對大慧宗杲禪師的無根誹謗。

平實導師著 共 458 頁 售價 350 元

30.**維摩詰經講記** 平實導師述 共六輯 每輯三百餘頁 售價各 250 元

31.**真假外道**—破劉東亮、杜大威、釋證嚴常見外道見　正光老師著　200 元

32.**勝鬘經講記**—兼論印順《勝鬘經講記》對於《勝鬘經》之誤解。

平實導師述　共六輯　每輯三百餘頁　售價250 元

33.**楞嚴經講記** 平實導師述 共**15**輯，每輯三百餘頁 售價 300 元
34.**明心與眼見佛性**—駁慧廣〈蕭氏「眼見佛性」與「明心」之非〉文中謬說
正光老師著 共 448 頁 售價 300 元
35.**見性與看話頭** 黃正倖老師 著，本書是禪宗參禪的方法論。
內文 375 頁，全書 416 頁，售價 300 元。
36.**達賴真面目**—玩盡天下女人 白正偉老師 等著 中英對照彩色精裝大本 800 元
37.**喇嘛性世界**—揭開假藏傳佛教譚崔瑜伽的面紗 張善思 等人著 200 元
38.**假藏傳佛教的神話**—性、謊言、喇嘛教 正玄教授編著 200 元
39.**金剛經宗通** 平實導師述 共九輯 每輯售價 250 元。
40.**空行母**—性別、身分定位，以及藏傳佛教。
珍妮·坎貝爾著 呂艾倫 中譯 售價 250 元
41.**末代達賴**—性交教主的悲歌 張善思、呂艾倫、辛燕編著 售價 250 元
42.**霧峰無霧**—給哥哥的信 辨正釋印順對佛法的無量誤解
游宗明 老師著 售價 250 元
43.**霧峰無霧**—第二輯—救護佛子向正道 細說釋印順對佛法的各類誤解
游宗明 老師著 售價 250 元
44.**第七意識與第八意識？**—穿越時空「超意識」
平實導師述 每冊 300 元
45.**黯淡的達賴**—失去光彩的諾貝爾和平獎
正覺教育基金會編著 每冊 250 元
46.**童女迦葉考**—論呂凱文〈佛教輪迴思想的論述分析〉之謬。
平實導師 著 定價 180 元
47.**人間佛教**—實證者必定不悖三乘菩提
平實導師 述，定價 400 元
48.**實相經宗通** 平實導師述 共八輯 每輯 250 元
49.**真心告訴您(一)**—達賴喇嘛在幹什麼？
正覺教育基金會編著 售價 250 元
50.**中觀金鑑**—詳述應成派中觀的起源與其破法本質
孫正德老師著 分爲上、中、下三冊，每冊 250 元
51.**藏傳佛教要義**—《狂密與真密》之簡體字版 平實導師 著 上、下冊
僅在大陸流通 每冊 300 元
52.**法華經講義** 平實導師述 共二十五輯 每輯 300 元
已於 2015/05/31 起開始出版，每二個月出版一輯
53.**西藏「活佛轉世」制度**—附佛、造神、世俗法
許正豐、張正玄老師合著 定價 150 元
54.**廣論三部曲** 郭正益老師著 定價 150 元
55.**真心告訴您(二)**—達賴喇嘛是佛教僧侶嗎？
—補祝達賴喇嘛八十大壽
正覺教育基金會編著 售價 300 元

56.**次法**—實證佛法前應有的條件
張善思居士著　分爲上、下二冊，每冊 250 元
57.**涅槃**—解說四種涅槃之實證及內涵　平實導師著 上、下冊 各 350 元
58.**山法**—西藏關於他空與佛藏之根本論
篤補巴．喜饒堅贊著　　傑弗里．霍普金斯英譯
張火慶教授、張志成、呂艾倫等中譯　精裝大本 1200 元
59.**假鋒虛焰金剛乘**—揭示顯密正理，兼破索達吉師徒《般若鋒兮金剛焰》
釋正安法師著 簡體字版 即將出版 售價未定
60.**廣論之平議**—宗喀巴《菩提道次第廣論》之平議　正雄居士著
約二或三輯　俟正覺電子報連載後結集出版　書價未定
61.**菩薩學處**—菩薩四攝六度之要義　陸正元老師著　出版日期未定。
62.**八識規矩頌**詳解　○○居士 註解　出版日期另訂　書價未定。
63.**印度佛教史**—法義與考證。依法義史實評論印順《印度佛教思想史、佛教史地考論》之謬說　正偉老師著　出版日期未定　書價未定
64.**中國佛教史**—依中國佛教正法史實而論。○○老師 著　書價未定。
65.**中論正義**—釋龍樹菩薩《中論》頌正理。
孫正德老師著　出版日期未定　書價未定
66.**中觀正義**—註解平實導師《中論正義頌》。
○○法師（居士）著　出版日期未定　書價未定
67.**佛藏經講記**　平實導師述　已於 2019 年 7 月 31 日出版　共 21 輯，每二個月出版一輯，每輯 300 元。
68.**阿含經講記**—將選錄四阿含中數部重要經典全經講解之，講後整理出版。
平實導師述　約二輯　每輯 300 元　出版日期未定
69.**寶積經講記** 平實導師述　每輯三百餘頁 優惠價 300 元 出版日期未定
70.**解深密經講記**　平實導師述 約四輯　將於重講後整理出版
71.**成唯識論略解**　平實導師著　五～六輯　每輯300 元　出版日期未定
72.**修習止觀坐禪法要講記**　平實導師述　每輯三百餘頁
將於正覺寺建成後重講、以講記逐輯出版　出版日期未定
73.**無門關**—《無門關》公案拈提　平實導師著　出版日期未定
74.**中觀再論**—兼述印順《中觀今論》謬誤之平議。正光老師著 出版日期未定
75.**輪迴與超度**—佛教超度法會之真義。
○○法師（居士）著　出版日期未定　書價未定
76.《**釋摩訶衍論**》**平議**—對偽稱龍樹所造《釋摩訶衍論》之平議
○○法師（居士）著　出版日期未定　書價未定
77.**正覺發願文**註解—以真實大願為因 得證菩提
正德老師著　出版日期未定　書價未定
78.**正覺總持咒**—佛法之總持　正圜老師著　出版日期未定　書價未定
79.**三自性**—依四食、五蘊、十二因緣、十八界法，說三性三無性。
作者未定　出版日期未定

80.**道品**—從三自性說大小乘三十七道品　作者未定　出版日期未定

81.**大乘緣起觀**—依四聖諦七真如現觀十二緣起 作者未定　出版日期未定

82.**三德**—論解脫德、法身德、般若德。　作者未定　出版日期未定

83.**真假如來藏**—對印順《如來藏之研究》謬說之平議　作者未定 出版日期未定

84.**大乘道次第**　作者未定　出版日期未定　書價未定

85.**四緣**—依如來藏故有四緣。　作者未定　出版日期未定

86.**空之探究**—印順《空之探究》謬誤之平議　作者未定 出版日期未定

87.**十法義**—論阿含經中十法之正義　作者未定　出版日期未定

88.**外道見**—論述外道六十二見　作者未定　出版日期未定

正智出版社有限公司　書籍介紹

禪淨圓融：言淨土諸祖所未曾言，示諸宗祖師所未曾示；禪淨圓融，另闢成佛捷徑，兼顧自力他力，闡釋淨土門之速行易行道，亦同時揭櫫聖教門之速行易行道；令廣大淨土行者得免緩行難證之苦，亦令聖道門行者得以藉著淨土速行道而加快成佛之時劫。乃前無古人之超勝見地，非一般弘揚禪淨法門典籍也，先讀為快。平實導師著　200元。

宗門正眼—公案拈提第一輯：繼承克勤圜悟大師碧巖錄宗旨之禪門鉅作。先則舉示當代大法師之邪說，消弭當代禪門大師鄉愿之心態，摧破當今禪門「世俗禪」之妄談；次則旁通教法，表顯宗門正理；繼以道之次第，消弭古今狂禪；後藉言語及文字機鋒，直示宗門入處。悲智雙運，禪味十足，數百年來難得一睹之禪門鉅著也。平實導師著　500元（原初版書《禪門摩尼寶聚》，改版後補充為五百餘頁新書，總計多達二十四萬字，內容更精彩，並改名為《宗門正眼》，讀者原購初版《禪門摩尼寶聚》皆可寄回本公司免費換新，免附回郵，亦無截止期限）（2007年起，凡購買公案拈提第一輯至第七輯，每購一輯皆贈送本公司精製公案拈提〈超意境〉CD一片，市售價格280元，多購多贈）。

禪—悟前與悟後：本書能建立學人悟道之信心與正確知見，圓滿具足而有次第地詳述禪悟之功夫與禪悟之內容，指陳參禪中細微淆訛之處，能使學人明自真心、見自本性。若未能悟入，亦能以正確知見辨別古今中外一切大師究係真悟？或屬錯悟？便有能力揀擇，捨名師而選明師，後時必有悟道之緣。一旦悟道，遲者七次人天往返，便出三界，速者一生取辦。學人欲求開悟者，不可不讀。　平實導師著。上、下冊共500元，單冊250元。

真實如來藏：如來藏眞實存在，乃宇宙萬有之本體，並非印順法師、達賴喇嘛等人所說之「唯有名相、無此心體」。如來藏是涅槃之本際，是一切有智之人竭盡心智、不斷探索而不能得之生命實相；是古今中外許多大師自以爲悟而當面錯過之生命實相。如來藏即是阿賴耶識，乃是一切有情本自具足、不生不滅之眞實心。當代中外大師於此書出版之前所未能言者，作者於本書中盡情流露、詳細闡釋。眞悟者讀之，必能增益悟境、智慧增上；錯悟者讀之，必能檢討自己之錯誤，免犯大妄語業；未悟者讀之，能知參禪之理路，亦能以之檢查一切名師是否眞悟。此書是一切哲學家、宗教家、學佛者及欲昇華心智之人必讀之鉅著。　平實導師著　售價400元。

宗門法眼—公案拈提第二輯：列舉實例，闡釋土城廣欽老和尚之悟處；並直示這位不識字的老和尚妙智橫生之根由，繼而剖析禪宗歷代大德之開悟公案，解析當代密宗高僧卡盧仁波切之錯悟證據，並例舉當代顯宗高僧、大居士之錯悟證據（凡健在者，爲免影響其名聞利養，皆隱其名）。藉辨正當代名師之邪見，向廣大佛子指陳禪悟之正道，彰顯宗門法眼。悲勇兼出，強捋虎鬚；慈智雙運，巧探驪龍；摩尼寶珠在手，直示宗門入處，禪味十足；若非大悟徹底，不能爲之。禪門精奇人物，允宜人手一冊，供作參究及悟後印證之圭臬。本書於2008年4月改版，增寫爲大約500頁篇幅，以利學人研讀參究時更易悟入宗門正法，以前所購初版首刷及初版二刷舊書，皆可免費換取新書。平實導師著　500元（2007年起，凡購買公案拈提第一輯至第七輯，每購一輯皆贈送本公司精製公案拈提〈超意境〉CD一片，市售價格280元，多購多贈）。

宗門道眼—公案拈提第三輯：繼宗門法眼之後，再以金剛之作略、慈悲之胸懷、犀利之筆觸，舉示寒山、拾得、布袋三大士之悟處，消弭當代錯悟者對於寒山大士……等之誤會及誹謗。亦舉出民初以來與虛雲和尚齊名之蜀郡鹽亭袁煥仙夫子——南懷瑾老師之師，其「悟處」何在？並蒐羅許多眞悟祖師之證悟公案，顯示禪宗歷代祖師之睿智，指陳部分祖師、奧修及當代顯密大師之謬悟，作爲殷鑑，幫助禪子建立及修正參禪之方向及知見。假使讀者閱此書已，一時尚未能悟，亦可一面加功用行，一面以此宗門道眼辨別眞假善知識，避開錯誤之印證及歧路，可免大妄語業之長劫慘痛果報。欲修禪宗之禪者，務請細讀。平實導師著　售價500元（2007年起，凡購買公案拈提第一輯至第七輯，每購一輯皆贈送本公司精製公案拈提〈超意境〉CD一片，市售價格280元，多購多贈）。

楞伽經詳解：本經是禪宗見道者印證所悟眞僞之根本經典，亦是禪宗見道者悟後起修之依據經典；故達摩祖師於印證二祖慧可大師之後，將此經典連同佛缽祖衣一併交付二祖，令其依此經典佛示金言、進入修道位，修學一切種智。由此可知此經對於眞悟之人修學佛道，是非常重要之一部經典。此經能破外道邪說，亦破佛門中錯悟名師之謬說，亦破禪宗部分祖師之狂禪：不讀經典、一向主張「一悟即成究竟佛」之謬執。並開示愚夫所行禪、觀察義禪、攀緣如禪、如來禪等差別，令行者對於三乘禪法差異有所分辨；亦糾正禪宗祖師古來對於如來禪之誤解，嗣後可免以訛傳訛之弊。此經亦是法相唯識宗之根本經典，禪者悟後欲修一切種智而入初地者，必須詳讀。　平實導師著，全套共十輯，已全部出版完畢，每輯主文約320頁，每冊約352頁，定價250元。

宗門血脈—公案拈提第四輯：末法怪象—許多修行人自以爲悟，每將無念靈知認作眞實；崇尚二乘法諸師及其徒眾，則將外於如來藏之緣起性空—無因論之無常空、斷滅空、一切法空—錯認爲 佛所說之般若空性。這兩種現象已於當今海峽兩岸及美加地區顯密大師之中普遍存在；人人自以爲悟，心高氣壯，便敢寫書解釋祖師證悟之公案，大多出於意識思惟所得，言不及義，錯誤百出，因此誤導廣大佛子同陷大妄語之地獄業中而不能自知。彼等書中所說之悟處，其實處處違背第一義經典之聖言量。彼等諸人不論是否身披袈裟，都非佛法宗門血脈，或雖有禪宗法脈之傳承，亦只徒具形式；猶如螟蛉，非眞血脈，未悟得根本眞實故。禪子欲知 佛、祖之眞血脈者，請讀此書，便知分曉。平實導師著，主文452頁，全書464頁，定價500元（2007年起，凡購買公案拈提第一輯至第七輯，每購一輯皆贈送本公司精製公案拈提〈超意境〉CD一片，市售價格280元，多購多贈）。

宗通與說通：古今中外，錯誤之人如麻似粟，每以常見外道所說之靈知心，認作眞心；或妄想虛空之勝性能量爲眞如，或錯認物質四大元素藉冥性（靈知心本體）能成就吾人色身及知覺，或認初禪至四禪中之了知心爲不生不滅之涅槃心。此等皆非通宗者之見地。復有錯悟之人一向主張「宗門與教門不相干」，此即尚未通達宗門之人也。其實宗門與教門互通不二，宗門所證者乃是眞如與佛性，教門所說者乃說宗門證悟之眞如佛性，故教門與宗門不二。本書作者以宗教二門互通之見地，細說「宗通與說通」，從初見道至悟後起修之道、細說分明；並將諸宗諸派在整體佛教中之地位與次第，加以明確之教判，學人讀之即可了知佛法之梗概也。欲擇明師學法之前，允宜先讀。平實導師著，主文共381頁，全書392頁，只售成本價300元。

宗門正道—公案拈提第五輯：修學大乘佛法有二果須證—解脫果及大菩提果。二乘人不證大菩提果，唯證解脫果；此果之智慧，名爲聲聞菩提、緣覺菩提。大乘佛子所證二果之菩提果爲佛菩提，故名大菩提果，其慧名爲一切種智—函蓋二乘解脫果。然此大乘二果修證，須經由禪宗之宗門證悟方能相應。而宗門證悟極難，自古已然；其所以難者，咎在古今佛教界普遍存在三種邪見：1.以修定認作佛法， 2.以無因論之緣起性空—否定涅槃本際如來藏以後之一切法空作爲佛法，3.以常見外道邪見（離語言妄念之靈知性）作爲佛法。 如是邪見，或因自身正見未立所致，或因邪師之邪教導所致，或因無始劫來虛妄熏習所致。若不破除此三種邪見，永劫不悟宗門眞義、不入大乘正道，唯能外門廣修菩薩行。 平實導師於此書中，有極爲詳細之說明，有志佛子欲摧邪見、入於內門修菩薩行者，當閱此書。主文共496頁，全書512頁。售價500元（2007年起，凡購買公案拈提第一輯至第七輯，每購一輯皆贈送本公司精製公案拈提〈超意境〉CD一片，市售價格280元，多購多贈）。

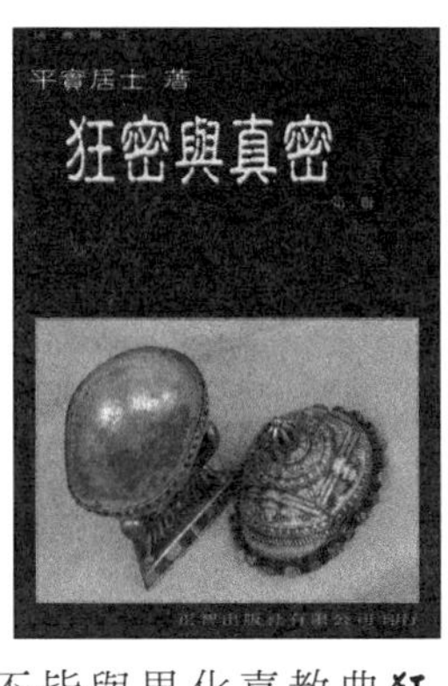

狂密與眞密：密教之修學，皆由有相之觀行法門而入，其最終目標仍不離顯教經典所說第一義諦之修證；若離顯教第一義經典、或違背顯教第一義經典，即非佛教。西藏密教之觀行法，如灌頂、觀想、遷識法、寶瓶氣、大聖歡喜雙身修法、喜金剛、無上瑜伽、大樂光明、樂空雙運等，皆是印度教兩性生生不息思想之轉化，自始至終皆以如何能運用交合淫樂之法達到全身受樂爲其中心思想，純屬欲界五欲的貪愛，不能令人超出欲界輪迴，更不能令人斷除我見；何況大乘之明心與見性，更無論矣！故密宗之法絕非佛法也。而其明光大手印、大圓滿法教，又皆同以常見外道所說離語言妄念之無念靈知心錯認爲佛地之眞如，不能直指不生不滅之眞如。西藏密宗所有法王與徒眾，都尚未開頂門眼，不能辨別眞僞，以依人不依法、依密續不依經典故，不肯將其上師喇嘛所說對照第一義經典，純依密續之藏密祖師所說爲準，因此而誇大其證德與證量，動輒謂彼祖師上師爲究竟佛、爲地上菩薩；如今台海兩岸亦有自謂其師證量高於 釋迦文佛者，然觀其師所述，猶未見道，仍在觀行即佛階段，尚未到禪宗相似即佛、分證即佛階位，竟敢標榜爲究竟佛及地上法王，誑惑初機學人。凡此怪象皆是狂密，不同於眞密之修行者。近年狂密盛行，密宗行者被誤導者極眾，動輒自謂已證佛地眞如，自視爲究竟佛，陷於大妄語業中而不知自省，反謗顯宗眞修實證者之證量粗淺；或如義雲高與釋性圓…等人，於報紙上公然誹謗眞實證道者爲「騙子、無道人、人妖、癩蛤蟆…」等，造下誹謗大乘勝義僧之大惡業；或以外道法中有爲有作之甘露、魔術……等法，誑騙初機學人，狂言彼外道法爲眞佛法。如是怪象，在西藏密宗及附藏密之外道中，不一而足，舉之不盡，學人宜應愼思明辨，以免上當後又犯毀破菩薩戒之重罪。密宗學人若欲遠離邪知邪見者，請閱此書，即能了知密宗之邪謬，從此遠離邪見與邪修，轉入眞正之佛道。 平實導師著 共四輯 每輯約400頁（主文約340頁）每輯售價300元。

提〈超意境〉CD一片，市售價格280元，多購多贈）。

宗門正義—公案拈提第六輯：佛教有六大危機，乃是藏密化、世俗化、膚淺化、學術化、宗門密意失傳、悟後進修諸地之次第混淆；其中尤以宗門密意之失傳，爲當代佛教最大之危機。由宗門密意失傳故，易令 世尊本懷普被錯解，易令 世尊正法被轉易爲外道法，以及加以淺化、世俗化，是故宗門密意之廣泛弘傳與具緣佛弟子，極爲重要。然而欲令宗門密意之廣泛弘傳予具緣之佛弟子者，必須同時配合錯誤知見之解析、普令佛弟子知之，然後輔以公案解析之直示入處，方能令具緣之佛弟子悟入。而此二者，皆須以公案拈提之方式爲之，方易成其功、竟其業，是故平實導師續作宗門正義一書，以利學人。　全書500餘頁，售價500元（2007年起，凡購買公案拈提第一輯至第七輯，每購一輯皆贈送本公司精製公案拈提〈超意境〉CD一片，市售價格280元，多購多贈）。

心經密意—心經與解脫道、佛菩提道、祖師公案之關係與密意。　二乘菩提所證之解脫道，實依第八識心之斷除煩惱障現行而立解脫之名；大乘菩提所證之佛菩提道，實依親證第八識如來藏之涅槃性、清淨自性、及其中道性而立般若之名；禪宗祖師公案所證之眞心，即是此第八識如來藏；是故三乘佛法所修所證之三乘菩提，皆依此如來藏心而立名也。此第八識心，即是《心經》所說之心也。證得此如來藏已，即能漸入大乘佛菩提道，亦可因證知此心而了知二乘無學所不能知之無餘涅槃本際，是故《心經》之密意，與三乘佛菩提之關係極爲密切、不可分割，三乘佛法皆依此心而立名故。今者平實導師以其所證解脫道之無生智及佛菩提之般若種智，將《心經》與解脫道、佛菩提道、祖師公案之關係與密意，以演講之方式，用淺顯之語句和盤托出，發前人所未言，呈三乘菩提之眞義，令人藉此《心經密意》一舉而窺三乘菩提之堂奧，迴異諸方言不及義之說；欲求眞實佛智者、不可不讀！主文317頁，連同跋文及序文…等共384頁，售價300元。

宗門密意—公案拈提第七輯：佛教之世俗化，將導致學人以信仰作爲學佛，則將以感應及世間法之庇祐，作爲學佛之主要目標，不能了知學佛之主要目標爲親證三乘菩提。大乘菩提則以般若實相智慧爲主要修習目標，以二乘菩提解脫道爲附帶修習之標的；是故學習大乘法者，應以禪宗之證悟爲要務，能親入大乘菩提之實相般若智慧中故，般若實相智慧非二乘聖人所能知故。此書則以台灣世俗化佛教之三大法師，說法似是而非之實例，配合眞悟祖師之公案解析，提示證悟般若之關節，令學人易得悟入。平實導師著，全書五百餘頁，售價500元（2007年起，凡購買公案拈提第一輯至第七輯，每購一輯皆贈送本公司精製公案拈提〈超意境〉CD一片，市售價格280元，多購多贈）。

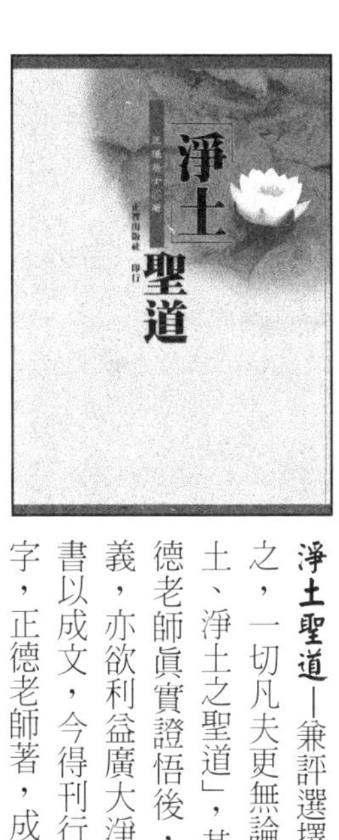

淨土聖道—兼評選擇本願念佛：佛法甚深極廣，般若玄微，非諸二乘聖僧所能知之，一切凡夫更無論矣！所謂一切證量皆歸淨土是也！是故大乘法中「聖道之淨土、淨土之聖道」，其義甚深，難可了知；乃至眞悟之人，初心亦難知也。今有正德老師眞實證悟後，復能深探淨土與聖道之緊密關係，憐憫衆生之誤會淨土實義，亦欲利益廣大淨土行人同入聖道，同獲淨土中之聖道門要義，乃振奮心神、書以成文，今得刊行天下。主文279頁，連同序文等共301頁，總有十一萬六千餘字，正德老師著，成本價200元。

起信論講記：詳解大乘起信論心生滅門與心眞如門之眞實意旨，消除以往大師與學人對起信論所說心生滅門之誤解，由是而得了知眞心如來藏之非常非斷中道正理；亦因此一講解，令此論以往隱晦而被誤解之眞實義，得以如實顯示，令大乘佛菩提道之正理得以顯揚光大；初機學者亦可藉此正論所顯示之法義，對大乘法理生起正信，從此得以眞發菩提心，眞入大乘法中修學，世世常修菩薩正行。平實導師演述，共六輯，都已出版，每輯三百餘頁，售價各250元。

優婆塞戒經講記：本經詳述在家菩薩修學大乘佛法，應如何受持菩薩戒？對人間善行應如何看待？對三寶應如何護持？應如何正確地修集此世後世證法之福德？應如何修集後世「行菩薩道之資糧」？並詳述第一義諦之正義：五蘊非我非異我、自作自受、異作異受、不作不受……等深妙法義，乃是修學大乘佛法、行菩薩行之在家菩薩所應當了知者。出家菩薩今世或未來世登地已，捨報之後多數將如華嚴經中諸大菩薩，以在家菩薩身而修行菩薩行，故亦應以此經所述正理而修之，配合《楞伽經、解深密經、楞嚴經、華嚴經》等道次第正理，方得漸次成就佛道；故此經是一切大乘行者皆應證知之正法。平實導師講述，每輯三百餘頁，售價各250元；共八輯，已全部出版。

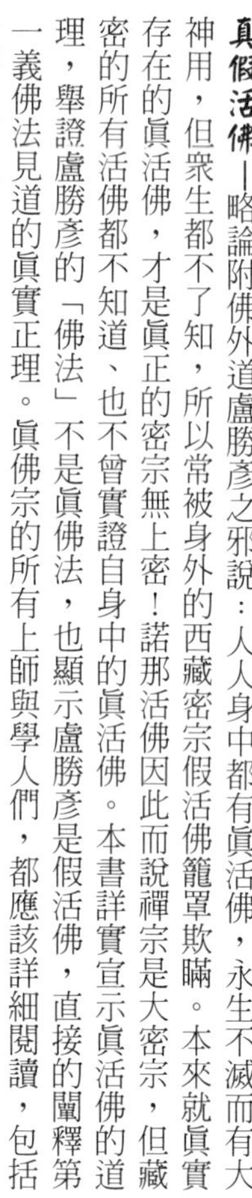

真假活佛—略論附佛外道盧勝彥之邪說：人人身中都有眞活佛，永生不滅而有大神用，但衆生都不了知，所以常被身外的西藏密宗假活佛籠罩欺瞞。本來就眞實存在的眞活佛，才是眞正的密宗無上密！諾那活佛因此而說禪宗是大密宗，但藏密的所有活佛都不知道、也不曾實證自身中的眞活佛。本書詳實宣示眞活佛的道理，舉證盧勝彥的「佛法」不是眞佛法，也顯示盧勝彥是假活佛，直接的闡釋第一義佛法見道的眞實正理。眞佛宗的所有上師與學人們，都應該詳細閱讀，包括盧勝彥個人在內。正犀居士著，優惠價140元。

阿含正義—唯識學探源：廣說四大部《阿含經》諸經中隱說之眞正義理，一一舉示佛陀本懷，令阿含時期初轉法輪根本經典之眞義，如實顯現於佛子眼前。並提示末法大師對於阿含眞義誤解之實例，一一比對之，證實唯識增上慧學確於原始佛法之阿含諸經中已隱覆密意而略說之，證實 世尊確於原始佛法中已曾密意而說第八識如來藏之總相；亦證實 世尊在四阿含中已說此藏識是名色十八界之因、之本—證明如來藏是能生萬法之根本心。佛子可據此修正以往受諸大師（譬如西藏密宗應成派中觀師：印順、昭慧、性廣、大願、達賴、宗喀巴、寂天、月稱、……等人）誤導之邪見，建立正見，轉入正道乃至親證初果而無困難；書中並詳說三果所證的心解脫，以及四果慧解脫的親證，都是如實可行的具體知見與行門。全書共七輯，已出版完畢。平實導師著，每輯三百餘頁，售價300元。

超意境CD：以平實導師公案拈提書中超越意境之頌詞，加上曲風優美的旋律，錄成令人嚮往的超意境歌曲，其中包括正覺發願文及平實導師親自譜成的黃梅調歌曲一首。詞曲雋永，殊堪翫味，可供學禪者吟詠，有助於見道。內附設計精美的彩色小冊，解說每一首詞的背景本事。每片280元。【每購買公案拈提書籍一冊，即贈送一片。】

我的菩提路第一輯：凡夫及二乘聖人不能實證的佛菩提證悟，末法時代的今天仍然有人能得實證，由正覺同修會釋悟圓、釋善藏法師等二十餘位實證如來藏者所寫的見道報告，已爲當代學人見證宗門正法之絲縷不絕，證明大乘義學的法脈仍然存在，爲末法時代求悟般若之學人照耀出光明的坦途。由二十餘位大乘見道者所繕，敘述各種不同的學法、見道因緣與過程，參禪求悟者必讀。全書三百餘頁，售價300元。

我的菩提路第二輯：由郭正益老師等人合著，書中詳述彼等諸人歷經各處道場學法，一一修學而加以檢擇之不同過程以後，因閱讀正覺同修會、正智出版社書籍而發起抉擇分，轉入正覺同修會中修學；乃至學法及見道之過程，都一一詳述之。（本書暫停發售，俟改版重新發售流通。）

我的菩提路第三輯：由王美伶老師等人合著。自從正覺同修會成立以來，每年夏初、冬初都舉辦精進禪三共修，藉以助益會中同修們得以證悟明心發起般若實相智慧；凡已實證而被平實導師印證者，皆書具見道報告用以證明佛法之眞實可證而非玄學，證明佛法並非純屬思想、理論而無實質，是故每年都能有人證明正覺同修會的「實證佛教」主張並非虛語。特別是眼見佛性一法，自古以來中國禪宗祖師實證者極寡，較之明心開悟的證境更難令人信受；至2017年初，正覺同修會中的證悟明心者已近五百人，然而其中眼見佛性者至今唯十餘人爾，可謂難能可貴，是故明心後欲冀眼見佛性者實屬不易。黃正倖老師是懸絕七年無人見性後的第一人，她於2009年的見性報告刊於本書的第二輯中，爲大眾證明佛性確實可以眼見；其後七年之中求見性者都屬解悟佛性而無人眼見，幸而又經七年後的2016冬初，以及2017夏初的禪三，復有三人眼見佛性，希冀鼓舞四眾佛子求見佛性之大心，今則具載一則於書末，顯示求見佛性之事實經歷，供養現代佛教界欲得見性之四眾弟子。全書四百頁，售價300元，已於2017年6月30日發行。

我的菩提路第四輯：由陳晏平等人著。中國禪宗祖師往往有所謂「見性」之言，所言多屬看見如來藏具有能令人發起成佛之自性，並非《大般涅槃經》中 如來所說之眼見佛性。眼見佛性者，於親見佛性之時，即能於山河大地眼見自己佛性，亦能於他人身上眼見自己佛性及對方之佛性，如是境界無法為尚未實證者解釋；勉強說之，縱使眞實明心證悟之人聞之，亦只能以自身明心之境界想像之，但不論如何想像多屬非量，能有正確之比量者亦是稀有，故說眼見佛性極為困難。眼見佛性之人若所見極分明時，在所見佛性之境界下所眼見之山河大地、自己五蘊身心皆是虛幻，自有異於明心者之解脫功德受用，此後永不思證二乘涅槃，必定邁向成佛之道而進入第十住位中，已超第一阿僧祇劫三分有一，可謂之為超劫精進也。今又有明心之後眼見佛性之人出於人間，將其明心及後來見性之報告，連同其餘證悟明心者之精彩報告一同收錄於此書中，供養眞求佛法實證之四衆佛子。全書380頁，售價300元，已於2018年6月30日發行。

我的菩提路第五輯：林慈慧老師等人著，本輯中所舉學人從相似正法中來到正覺同修會的過程，各人都有不同，發生的因緣亦是各有差別，然而都會指向同一個目標——證實生命實相的源底，確證自己生從何來、死往何去的事實，所以最後都證明佛法眞實而可親證，絕非玄學；本書將彼等諸人的始修及末後證悟之實例，羅列出來以供學人參考。本期亦有一位會裡的老師，是從1995年即開始追隨 平實導師修學，1997年明心後持續進修不斷，直到2017年眼見佛性之實例，足可證明《大般涅槃經》中世尊開示眼見佛性之法正眞無訛，第十住位的實證在末法時代的今天仍有可能，如今一併具載於書中以供學人參考，並供養現代佛教界欲得見性之四衆弟子。全書四百頁，售價300元，已於2019年12月31日發行。

我的菩提路第六輯：劉正莉老師等人著。書中詳敘學佛路程之辛苦萬端，直至得遇正法之後如何修行終能實證，現觀眞如而入勝義菩薩僧數。本輯亦錄入一位1990年明心後追隨平實導師學法弘法的老師，不數年後又再眼見佛性的實證者，文中詳述見性之過程，欲令學人深信眼見佛性其實不難，冀得奮力向前而得實證。然古來能得明心又得見性之祖師極寡，禪師們所謂見性者往往屬於明心時親見第八識如來藏具備能使人成佛之自性，即名見性，例如六祖等人，是明心時看見了如來藏具有能使人成佛的自性，當作見性，其實只是明心而階眞見道位，尚非眼見佛性。但非《大般涅槃經》中所說之「眼見佛性」之實證。今本書提供十幾篇明心見道報告及眼見佛性者的見性報告一篇，以饗讀者，已於2020年6月30日出版。全書384頁，300元。

鈍鳥與靈龜：鈍鳥及靈龜二物，被宗門證悟者說為二種人：前者是精修禪定而無智慧者，也是以定為禪的愚癡禪人；後者是或有禪定、或無禪定的宗門證悟者，凡已證悟者皆是靈龜。但後者被人虛造事實，用以嘲笑大慧宗杲禪師，說他雖是靈龜，卻不免被天童禪師預記「患背」痛苦而亡：「鈍鳥離巢易，靈龜脫殼難。」藉以貶低大慧宗杲的證量。同時將天童禪師實證如來藏的證量，曲解為意識境界的離念靈知。自從大慧禪師入滅以後，錯悟凡夫對他的不實毀謗就一直存在著，不曾止息，並且捏造的假事實也隨著年月的增加而越來越多，終至編成「鈍鳥與靈龜」的假公案、假故事。本書是考證大慧與天童之間的不朽情誼，顯現這件假公案的虛妄不實；更見大慧宗杲面對惡勢力時的正直不阿，亦顯示大慧對天童禪師的至情深義，將使後人對大慧宗杲的誣謗至此而止，不再有人誤犯毀謗賢聖的惡業。書中亦舉證宗門的所悟確以第八識如來藏為標的，詳讀之後必可改正以前被錯悟大師誤導的參禪知見，日後必定有助於實證禪宗的開悟境界，得階大乘眞見道位中，即是實證般若之賢聖。全書459頁，售價350元。

維摩詰經講記：本經係　世尊在世時，由等覺菩薩維摩詰居士藉疾病而演說之大乘菩提無上妙義，所說函蓋甚廣，然極簡略，是故今時諸方大師與學人讀之悉皆錯解，何況能知其中隱含之深妙正義，是故普遍無法為人解說；若強為人說，則成依文解義而有諸多過失。今由平實導師公開宣講之後，詳實解釋其中密意，令維摩詰菩薩所說大乘不可思議解脫之深妙正法得以正確宣流於人間，利益當代學人及與諸方大師。書中詳實演述大乘佛法深妙不共二乘之智慧境界，顯示諸法之中絕待之實相境界，建立大乘菩薩妙道於永遠不敗不壞之地，以此成就護法偉功，欲冀永利娑婆人天。已經宣講圓滿整理成書流通，以利諸方大師及諸學人。全書共六輯，每輯三百餘頁，售價各250元。

真假外道：本書具體舉證佛門中的常見外道知見實例，並加以教證及理證上的辨正，幫助讀者輕鬆而快速的了知常見外道的錯誤知見，進而遠離佛門內外的常見外道知見，因此即能改正修學方向而快速實證佛法。　游正光老師著　。成本價200元。

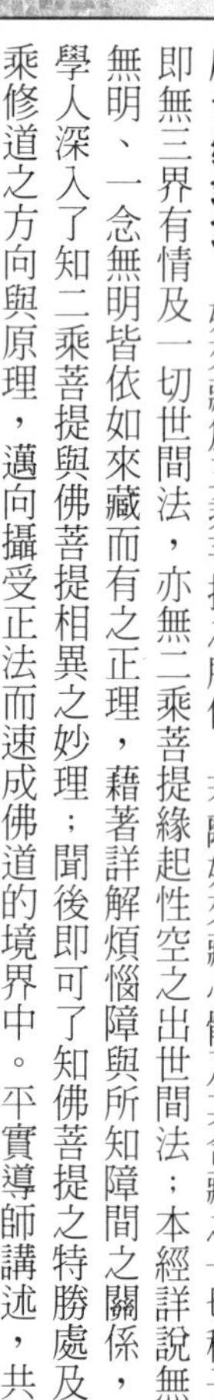

勝鬘經講記：如來藏爲三乘菩提之所依，若離如來藏心體及其含藏之一切種子，即無三界有情及一切世間法，亦無二乘菩提緣起性空之出世間法；本經詳說無始無明、一念無明皆依如來藏而有之正理，藉著詳解煩惱障與所知障間之關係，令學人深入了知二乘菩提與佛菩提相異之妙理；聞後即可了知佛菩提之特勝處及三乘修道之方向與原理，邁向攝受正法而速成佛道的境界中。平實導師講述，共六輯，每輯三百餘頁，售價各250元。

楞嚴經講記：楞嚴經係密教部之重要經典，亦是顯教中普受重視之經典；經中宣說明心與見性之內涵極爲詳細，將一切法都會歸如來藏及佛性—妙眞如性；亦闡釋佛菩提道修學過程中之種種魔境，以及外道誤會涅槃之狀況，旁及三界世間之起源。然因言句深澀難解，法義亦復深妙寬廣，學人讀之普難通達，是故讀者大多誤會，不能如實理解佛所說之明心與見性內涵，亦因是故多有悟錯之人引爲開悟之證言，成就大妄語罪。今由平實導師詳細講解之後，整理成文，以易讀易懂之語體文刊行天下，以利學人。全書十五輯，全部出版完畢。每輯三百餘頁，售價每輯300元。

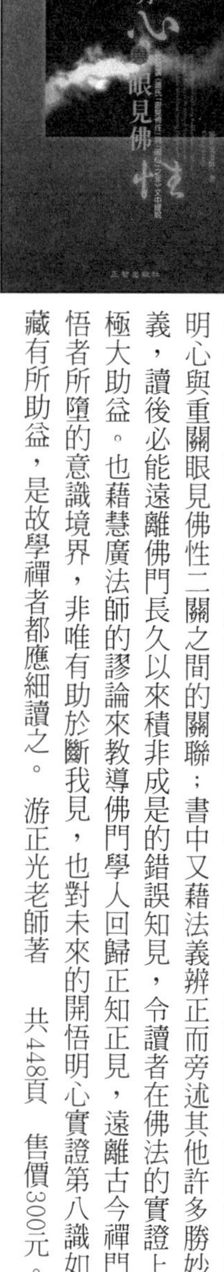

明心與眼見佛性：本書細述明心與眼見佛性之異同，同時顯示了中國禪宗破初參明心與重關眼見佛性二關之間的關聯；書中又藉法義辨正而旁述其他許多勝妙法義，讀後必能遠離佛門長久以來積非成是的錯誤知見，令讀者在佛法的實證上有極大助益。也藉慧廣法師的謬論來教導佛門學人回歸正知正見，遠離古今禪門錯悟者所墮的意識境界，非唯有助於斷我見，也對未來的開悟明心實證第八識如來藏有所助益，是故學禪者都應細讀之。游正光老師著　共448頁　售價300元。

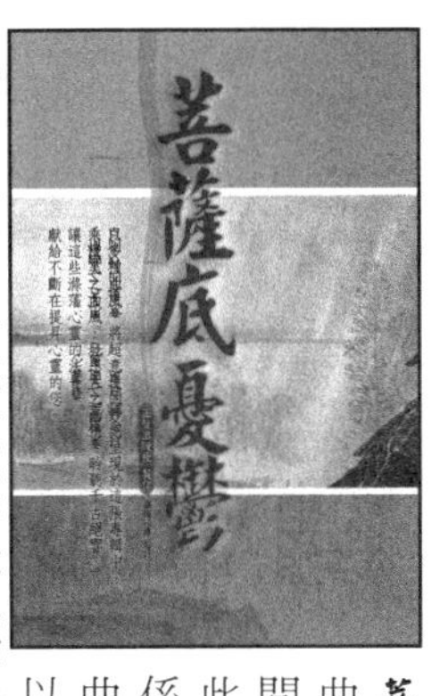

菩薩底憂鬱CD：將菩薩情懷及禪宗公案寫成新詞，並製作成超越意境的優美歌曲。1.主題曲〈菩薩底憂鬱〉，描述地後菩薩能離三界生死而迴向繼續生在人間，但因尚未斷盡習氣種子而有極深沈之憂鬱，非三賢位菩薩及二乘聖者所知，此憂鬱在七地滿心位方才斷盡；本曲之詞中所說義理極深，昔來所未曾見；此曲係以優美的情歌風格寫詞及作曲，聞者得以激發嚮往諸地菩薩境界之大心，詞、曲都非常優美，難得一見；其中勝妙義理之解說，已印在附贈之彩色小冊中。2.以各輯公案拈提中直示禪門入處之頌文，作成各種不同曲風之超意境歌曲，值得玩味、參究；聆聽公案拈提之優美歌曲時，請同時閱讀內附之印刷精美說明小冊，可以領會超越三界的證悟境界；未悟者可以因此引發求悟之意向及疑情，眞發菩提心而邁向求悟之途，乃至因此眞實悟入般若，成眞菩薩。3.正覺總持咒新曲，總持佛法大意；總持咒之義理，已加以解說並印在隨附之小冊中。本CD共有十首歌曲，長達63分鐘，附贈二張購書優惠券。每片280元。

禪意無限CD：平實導師以公案拈提書中偈頌寫成不同風格曲子，與他人所寫不同風格曲子共同錄製出版，幫助參禪人進入禪門超越意識之境界。盒中附贈彩色印製的精美解說小冊，以供聆聽時閱讀，令參禪人得以發起參禪之疑情，即有機會證悟本來面目，實證大乘菩提般若。本CD共有十首歌曲，長達69分鐘，每盒各附贈二張購書優惠券。每片280元。

金剛經宗通：三界唯心，萬法唯識，是成佛之修證內容，是諸地菩薩之所修；般若則是成佛之道（實證三界唯心、萬法唯識）的入門，若未證悟實相般若，即無成佛之可能，必將永在外門廣行菩薩六度，永在凡夫位中。然而實相般若的發起，全賴實證萬法的實相；若欲證知萬法的眞相，則必須探究萬法之所從來，則須實證自心如來—金剛心如來藏，然後現觀這個金剛心的金剛性、眞實性、如如性、清淨性、涅槃性、能生萬法的自性性、本住性，名爲證眞如；進而現觀三界六道唯是此金剛心所成，人間萬法須藉八識心王和合運作方能現起。如是實證

《華嚴經》的「三界唯心、萬法唯識」以後，由此等現觀而發起實相般若智慧，繼續進修第十住位的如幻觀、第十行位的陽焰觀、第十迴向位的如夢觀，再生起增上意樂而勇發十無盡願，方能滿足三賢位的實證，轉入初地；自知成佛之道而無偏倚，從此按部就班、次第進修乃至成佛。第八識自心如來是般若智慧之所依，般若智慧的修證則要從實證金剛心自心如來開始；《金剛經》則是解說自心如來之經典，是一切三賢位菩薩所應進修之實相般若經典。這一套書，是將平實導師宣講的《金剛經宗通》內容，整理成文字而流通之；書中所說義理，迥異古今諸家依文解義之說，指出大乘見道方向與理路，有益於禪宗學人求開悟見道，及轉入內門廣修六度萬行。已於2013年9月出版完畢，總共9輯，每輯約三百餘頁，售價各250元。

空行母—性別、身分定位，以及藏傳佛教：本書作者爲蘇格蘭哲學家，因爲嚮往佛教深妙的哲學內涵，於是進入當年盛行於歐美的假藏傳佛教密宗，擔任卡盧仁波切的翻譯工作多年以後，被邀請成爲卡盧的空行母（又名佛母、明妃），開始了她在密宗裡的實修過程；後來發覺在密宗雙身法中的修行，其實無法使自己成佛，也發覺密宗對女性岐視而處處貶抑，並剝奪女性在雙身法中擔任一半角色時應有的身分定位。當她發覺自己只是雙身法中被喇嘛利用的工具，沒有獲得絲毫應有的尊重與基本定位時，發現了密宗的父權社會控制女性的本質；於是作者傷心地離開了卡盧仁波切與密宗，但是卻被恐嚇不許講出她在密宗裡的經歷，也不許她說出自己對密宗的教義與教制下對女性剝削的本質，否則將被咒殺死亡。後來她去加拿大定居，十餘年後方才擺脫這個恐嚇陰影，下定決心將親身經歷的實情及觀察到的事實寫下來並且出版，公諸於世。出版之後，她被流亡的達賴集團人士大力攻訐，誣指她爲精神狀態失常、說謊……等。但有智之士並未被達賴集團的政治操作及各國政府政治運作吹捧達賴的表相所欺，使她的書銷售無阻而又再版。正智出版社鑑於作者此書是親身經歷的事實，所說具有針對「藏傳佛教」而作學術研究的價值，也有使人認清假藏傳佛教剝削佛母、明妃的男性本位實質，因此洽請作者同意中譯而出版於華人地區。珍妮·坎貝爾女士著，呂艾倫 中譯，每冊250元。

霧峰無霧—給哥哥的信　本書作者藉兄弟之間信件往來論義，略述佛法大義；並以多篇短文辨義，舉出釋印順對佛法的無量誤解證據，並一一給予簡單而清晰的辨正，令人一讀即知。久讀、多讀之後即能認清楚釋印順的六識論見解，與眞實佛法之牴觸是多麼嚴重；於是在久讀、多讀之後，於不知不覺之間提升了對佛法的極深入理解，正知正見就在不知不覺間建立起來了。當三乘佛法的正知見建立起來之後，對於三乘菩提的見道條件便將隨之具足，於是聲聞解脫道的見道也就水到渠成；接著大乘見道的因緣也將次第成熟，未來自然也會有親見大乘菩提之道的因緣，悟入大乘實相般若也將自然成功，自能通達般若系列諸經而成實義菩薩。作者居住於南投縣霧峰鄉，自喻見道之後不復再見霧峰之霧，故鄉原野美景一一明見，於是立此書名爲《霧峰無霧》；讀者若欲撥霧見月，可以此書爲緣。游宗明　老師著　已於2015年出版　售價250元。

霧峰無霧—第二輯—救護佛子向正道　本書作者藉釋印順著作中之各種錯謬法義提出辨正，以詳實的文義一一提出理論上及實證上之解析，列舉釋印順對佛法的無量誤解證據，藉此教導佛門大師與學人釐清佛法義理，遠離岐途轉入正道，然後知所進修，久之便能見道明心而入大乘勝義僧數。被釋印順誤導的大師與學人極多，很難救轉，是故作者大發悲心深入解說其錯謬之所在，佐以各種義理辨正而令讀者在不知不覺之間轉歸正道。如是久讀之後欲得斷身見、證初果，即不爲難事；乃至久之亦得大乘見道而得證眞如，脫離空有二邊而住中道，實相般若智慧生起，於佛法不再茫然，漸漸亦知悟後進修之道。屆此之時，對於大乘般若等深妙法之迷雲暗霧亦將一掃而空，生命及宇宙萬物之故鄉原野美景一一明見，是故本書仍名《霧峰無霧》，爲第二輯；讀者若欲撥雲見日、離霧見月，可以此書爲緣。游宗明　老師著　已於2019年出版　售價250元。

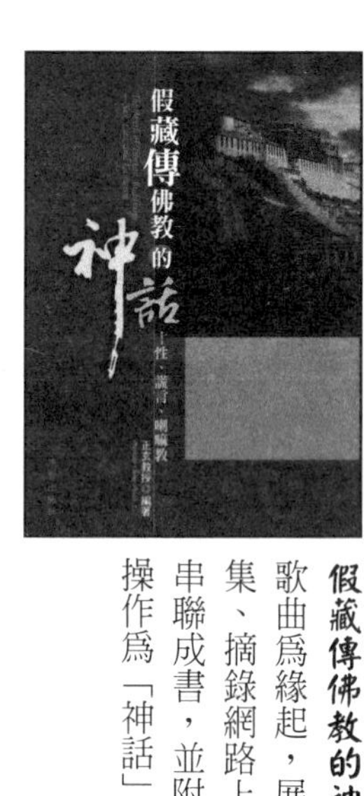

假藏傳佛教的神話—性、謊言、喇嘛教：本書編著者是由一首名爲「阿姊鼓」的歌曲爲緣起，展開了序幕，揭開假藏傳佛教—喇嘛教—的神秘面紗。其重點是蒐集、摘錄網路上質疑「喇嘛教」的帖子，以揭穿「假藏傳佛教的神話」爲主題，串聯成書，並附加彩色插圖以及說明，讓讀者們瞭解西藏密宗及相關人事如何被操作爲「神話」的過程，以及神話背後的眞相。作者：張正玄教授。售價200元。

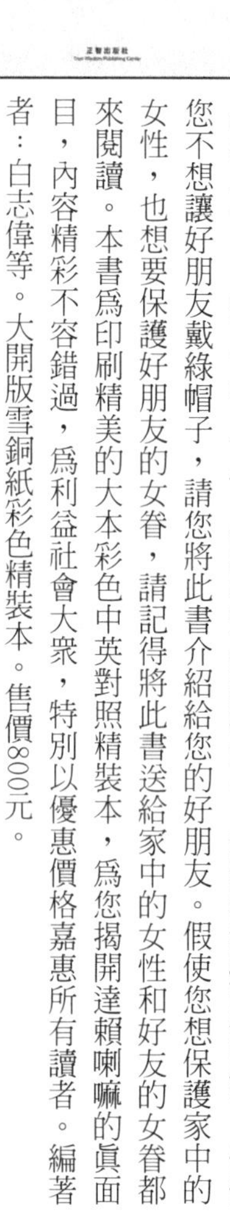

達賴真面目—玩盡天下女人：假使您不想戴綠帽子，請記得詳細閱讀此書；假使您不想讓好朋友戴綠帽子，請您將此書介紹給您的好朋友。假使您想保護家中的女性，也想要保護好朋友的女眷，請記得將此書送給家中的女性和好友的女眷都來閱讀。本書爲印刷精美的大本彩色中英對照精裝本，爲您揭開達賴喇嘛的眞面目，內容精彩不容錯過，爲利益社會大眾，特別以優惠價格嘉惠所有讀者。編著者：白志偉等。大開版雪銅紙彩色精裝本。售價800元。

童女迦葉考—論呂凱文〈佛教輪迴思想的論述分析〉之謬：童女迦葉是佛世率領五百大比丘遊行於人間的歷史事實，是以童貞行而依止菩薩戒弘化於人間的大菩薩，不依別解脫戒（聲聞戒）來弘化於人間。這是大乘佛教與聲聞佛教同時存在於佛世的歷史明證，證明大乘佛教不是從聲聞法中分裂出來的部派佛教的產物，卻是聲聞佛教分裂出來的部派佛教聲聞凡夫僧所不樂見的史實；於是古今聲聞法中的凡夫都欲加以扭曲而作詭說，更是末法時代高聲大呼「大乘非佛說」的六識論聲聞凡夫極力想要扭曲的佛教史實之一，於是想方設法扭曲迦葉菩薩爲聲聞僧，以及扭曲迦葉童女爲比丘僧等荒謬不實之論著便陸續出現，古時聲聞僧寫作的《分別功德論》是最具體之事例，現代之代表作則是呂凱文先生的〈佛教輪迴思想的論述分析〉論文。鑑於如是假藉學術考證以籠罩大眾之不實謬論，未來仍將繼續造作及流竄於佛教界，繼續扼殺大乘佛教學人法身慧命，必須舉證辨正之，遂成此書。平實導師 著，每冊180元。

末代達賴—性交教主的悲歌：簡介從藏傳僞佛教（喇嘛教）的修行核心—性力派男女雙修，探討達賴喇嘛及藏傳僞佛教的修行內涵。書中引用外國知名學者著作、世界各地新聞報導，包含：歷代達賴喇嘛的祕史、達賴六世修雙身法的事蹟，以及《時輪續》中的性交灌頂儀式……等；達賴喇嘛書中開示的雙修法、達賴喇嘛的黑暗政治手段；達賴喇嘛所領導的寺院爆發喇嘛性侵兒童；新聞報導《西藏生死書》作者索甲仁波切性侵女信徒、澳洲喇嘛秋達公開道歉、美國最大假藏傳佛教組織領導人邱陽創巴仁波切的性氾濫，等等事件背後眞相的揭露。作者：張善思、呂艾倫、辛燕。售價250元。

黯淡的達賴—失去光彩的諾貝爾和平獎：本書舉出很多證據與論述，詳述達賴喇嘛不爲世人所知的一面，顯示達賴喇嘛並不是眞正的和平使者，而是假借諾貝爾和平獎的光環來欺騙世人；透過本書的說明與舉證，讀者可以更清楚的瞭解，達賴喇嘛是結合暴力、黑暗、淫欲於喇嘛教裡的集團首領，其政治行爲與宗教主張，早已讓諾貝爾和平獎的光環染污了。　本書由財團法人正覺教育基金會寫作、編輯，由正覺出版社印行，每冊250元。

第七意識與第八意識？—穿越時空「超意識」：「三界唯心，萬法唯識」是佛教中應該實證的聖教，也是《華嚴經》中明載而可以實證的法界實相。唯心者，三界一切境界、一切諸法唯是一心所成就，即是每一個有情的第八識如來藏，不是意識心。唯識者，即是人類各各都具足的八識心王——眼識、耳鼻舌身意識、意根、阿賴耶識，第八阿賴耶識又名如來藏，人類五陰相應的萬法，莫不由八識心王共同運作而成就，故說萬法唯識。依聖教量及現量、比量，都可以證明意識是二法因緣生，是由第八識藉意根與法塵二法爲因緣而出生，又是夜夜斷滅不存之生滅心，即無可能反過來出生第七識意根、第八識如來藏，當知不可能從生滅性的意識心中，細分出恆審思量的第七識意根，更無可能細分出恆而不審的第八識如來藏。本書是將演講內容整理成文字，細說如是內容，並已在〈正覺電子報〉連載完畢，今彙集成書以廣流通，欲幫助佛門有緣人斷除意識我見，跳脫於識陰之外而取證聲聞初果；嗣後修學禪宗時即得不墮外道神我之中，得以求證第八識金剛心而發起般若實智。平實導師 述，每冊300元。

中觀金鑑—詳述應成派中觀的起源與其破法本質：學佛人往往迷於中觀學派之不同學說，被應成派與自續派所迷惑；修學般若中觀二十年後自以爲實證般若中觀了，卻仍不曾入門，甫聞實證般若中觀者之所說，則茫無所知，迷惑不解；隨後信心盡失，不知如何實證佛法；凡此，皆因惑於這二派中觀學說所致。自續派中觀所說同於常見，以意識境界立爲第八識如來藏之境界，應成派所說則同於斷見，但又同立意識爲常住法，故亦具足斷常二見。今者孫正德老師有鑑於此，乃將起源於密宗的應成派中觀學說，追本溯源，詳考其來源之外，亦一一舉證其立論內容，詳加辨正，令密宗雙身法祖師以識陰境界而造之應成派中觀學說本質，詳細呈現於學人眼前，令其維護雙身法之目的無所遁形。若欲遠離密宗此二大派中觀謬說，欲於三乘菩提有所進道者，允宜具足閱讀並細加思惟，反覆讀之以後將可捨棄邪道返歸正道，則於般若之實證即有可能，證後自能現觀如來藏之中道境界而成就中觀。本書分上、中、下三冊，每冊250元，全部出版完畢。

人間佛教—實證者必定不悖三乘菩提：「大乘非佛說」的講法似乎流傳已久，卻只是日本人企圖擺脫中國正統佛教的影響，而在明治維新時期才開始提出來的說法；台灣佛教、大陸佛教的淺學無智之人，由於未曾實證佛法而迷信日本人錯誤的學術考證，錯認爲這些別有用心的日本佛學考證的講法爲天竺佛教的眞實歷史；甚至還有更激進的反對佛教者提出「釋迦牟尼佛並非眞實存在，只是後人捏造的假歷史人物」，竟然也有少數人願意跟著「學術」的假光環而信受不疑，於是開始有一些佛教界人士造作了反對中國佛教而推崇南洋小乘佛教的行爲，使佛教的信仰者難以檢擇，導致一般大陸人士開始轉入基督教的盲目迷信中。在這些佛教及外教人士之中，也就有一分人根據此邪說而大聲主張「大乘非佛說」的謬論，這些人以「人間佛教」的名義來抵制中國正統佛教，公然宣稱中國的大乘佛教是由聲聞部派佛教的凡夫僧所創造出來的。這樣的說法流傳於台灣及大陸佛教界凡夫僧之中已久，卻非眞正的佛教歷史中曾經發生過的事，只是繼承六識論的聲聞法中凡夫僧依自己的意識境界立場，純憑臆想而編造出來的妄想說法，卻已經影響許多無智之凡夫僧俗信受不移。本書則是從佛教的經藏法義實質及實證的現量內涵本質立論，證明大乘佛法本是佛說，是從《阿含正義》尚未說過的不同面向來討論「人間佛教」的議題，證明「大乘眞佛說」。閱讀本書可以斷除六識論邪見，迴入三乘菩提正道發起實證的因緣；也能斷除禪宗學人學禪時普遍存在之錯誤知見，對於建立參禪時的正知見有很深的著墨。　平實導師　述，內文488頁，全書528頁，定價400元。

喇嘛性世界—揭開假藏傳佛教譚崔瑜伽的面紗：這個世界中的喇嘛，號稱來自世外桃源的香格里拉，穿著或紅或黃的喇嘛長袍，散布於我們的身邊傳教灌頂，吸引了無數的人嚮往學習；這些喇嘛虔誠地爲大衆祈福，手中拿著寶杵（金剛）與寶鈴（蓮花），口中唸著咒語：「唵．嘛呢．叭咪．吽……」，咒語的意思是說：「我至誠歸命金剛杵上的寶珠伸向蓮花寶穴之中」！　「喇嘛性世界」是什麼樣的「世界」呢？　本書將爲您呈現喇嘛世界的面貌。　當您發現眞相以後，您將會唸：「噢！喇嘛．性．世界，譚崔性交嘛！」作者：張善思、呂艾倫。售價200元。

見性與看話頭：黃正倖老師的《見性與看話頭》於《正覺電子報》連載完畢，今結集出版。書中詳說禪宗看話頭的詳細方法，並細說看話頭與眼見佛性的關係，以及眼見佛性者求見佛性前必須具備的條件。本書是禪宗實修者追求明心開悟時參禪的方法書，也是求見佛性者作功夫時必讀的方法書，內容兼顧眼見佛性的理論與實修之方法，是依實修之體驗配合理論而詳述，條理分明而且極爲詳實、周全、深入。本書內文375頁，全書416頁，售價300元。

實相經宗通：學佛之目的在於實證一切法界背後之實相，禪宗稱之爲本來面目或本地風光，佛菩提道中稱之爲實相法界；此實相法界即是金剛藏，又名佛法之祕密藏，即是能生有情五陰、十八界及宇宙萬有（山河大地、諸天、三惡道世間）的第八識如來藏，又名阿賴耶識心，即是禪宗祖師所說的眞如心，此心即是三界萬有背後的實相。證得此第八識心時，自能瞭解般若諸經中隱說的種種密意，即得發起實相般若——實相智慧。每見學佛人修學佛法二十年後仍對實相般若茫然無知，亦不知如何入門，茫無所趣；更因不知三乘菩提的互異互同，是故越是久學者對佛法越覺茫然，都肇因於尚未瞭解佛法的全貌，亦未瞭解佛法的修證內容即是第八識心所致。本書對於修學佛法者所應實證的實相境界提出明確解析，並提示趣入佛菩提道的入手處，有心親證實相般若的佛法實修者，宜詳讀之，於佛菩提道之實證即有下手處。平實導師述著，共八輯，已於2016年出版完畢，每輯成本價250元。

真心告訴您(一)——達賴喇嘛在幹什麼？這是一本報導篇章的選集，更是「破邪顯正」的暮鼓晨鐘。「破邪」是戳破假象，說明達賴喇嘛及其所率領的密宗四大派法王、喇嘛們，弘傳的佛法是仿冒的佛法；他們是假藏傳佛教，是坦特羅(譚崔性交)外道法和藏地崇奉鬼神的苯教混合成的「喇嘛教」，推廣的是以所謂「無上瑜伽」的男女雙身法冒充佛法的假佛教，詐財騙色誤導眾生，常常造成信徒家庭破碎、家中兒少失怙的嚴重後果。「顯正」是揭櫫眞相，指出眞正的藏傳佛教只有一個，就是覺囊巴，傳的是　釋迦牟尼佛演繹的第八識如來藏妙法，稱爲他空見大中觀。正覺教育基金會即以此古今輝映的如來藏正法正知見，在眞心新聞網中逐次報導出來，將箇中原委「眞心告訴您」，如今結集成書，與想要知道密宗眞相的您分享。售價250元。

法華經講義：此書爲平實導師始從2009/7/21演述至2014/1/14之講經錄音整理所成。世尊一代時教，總分五時三教，即是華嚴時、聲聞緣覺教、般若教、種智唯識教、法華時；依此五時三教區分爲藏、通、別、圓四教。本經是最後一時的圓教經典，圓滿收攝一切法教於本經中，是故最後的圓教聖訓中，特地指出無有三乘菩提，其實唯有一佛乘；皆因眾生愚迷故，方便區分爲三乘菩提以助眾生證道。世尊於此經中特地說明如來示現於人間的唯一大事因緣，便是爲有緣眾生「開、示、悟、入」諸佛的所知所見——第八識如來藏妙眞如心，並於諸品中隱說「妙法蓮花」如來藏心的密意。然因此經所說甚深難解，眞義隱晦，古來難得有人能窺堂奧；平實導師以知如是密意故，特爲末法佛門四眾演述《妙法蓮華經》中各品蘊含之密意，使古來未曾被古德註解出來的「此經」密意，如實顯示於當代學人眼前。乃至〈藥王菩薩本事品〉、〈妙音菩薩品〉、〈觀世音菩薩普門品〉、〈普賢菩薩勸發品〉中的微細密意，亦皆一併詳述之，開前人所未曾言之密意，示前人所未見之妙法。最後乃至以〈法華大義〉而總其成，全經妙旨貫通始終，而依佛旨圓攝於一心如來藏妙心，厥爲曠古未有之大說也。平實導師述，共有25輯，已於2019/05/31出版完畢。每輯300元。

西藏「活佛轉世」制度—附佛、造神、世俗法：歷來關於喇嘛教活佛轉世的研究，多針對歷史及文化兩部分，於其所以成立的理論基礎，較少系統化的探討。尤其是此制度是否依據「佛法」而施設？是否合乎佛法眞實義？現有的文獻大多含糊其詞，或人云亦云，不曾有明確的闡釋與如實的見解。因此本文先從活佛轉世的由來，探索此制度的起源、背景與功能，並進而從活佛的尋訪與認證之過程，發掘活佛轉世的特徵，以確認「活佛轉世」在佛法中應具足何種果德。定價150元。

真心告訴您（二）—達賴喇嘛是佛教僧侶嗎？補祝達賴喇嘛八十大壽：這是一本針對當今達賴喇嘛所領導的喇嘛教，冒用佛教名相、於師徒間或師兄姊間，實修男女邪淫，而從佛法三乘菩提的現量與聖教量，揭發其謊言與邪術，證明達賴及其喇嘛教是仿冒佛教的外道，是「假藏傳佛教」。藏密四大派教義雖有「八識論」與「六識論」的表面差異，然其實修之內容，皆共許「無上瑜伽」四部灌頂爲究竟「成佛」之法門，也就是共以男女雙修之邪淫法爲「即身成佛」之密要，雖美其名曰「欲貪爲道」之「金剛乘」，並誇稱其成就超越於（應身佛）釋迦牟尼佛所傳之顯教般若乘之上；然詳考其理論，則或以意識離念時之粗細心爲第八識如來藏，或以中脈裡的明點爲第八識如來藏，或如宗喀巴與達賴堅決主張第六意識爲常恆不變之眞心者，分別墮於外道之常見與斷見中；全然違背 佛說能生五蘊之如來藏的實質。售價300元。

涅槃—解說四種涅槃之實證及內涵：眞正學佛之人，首要即是見道，由見道故方有涅槃之實證，證涅槃者方能出生死，但涅槃有四種：二乘聖者的有餘涅槃、無餘涅槃，以及大乘聖者的本來自性清淨涅槃、佛地的無住處涅槃。大乘聖者實證本來自性清淨涅槃，入地前再取證二乘涅槃，然後起惑潤生捨離二乘涅槃，繼續進修而在七地心前斷盡三界愛之習氣種子，依七地無生法忍之具足而證得念念入滅盡定；八地後進斷異熟生死，直至妙覺地下生人間成佛，具足四種涅槃，方是眞正成佛。此理古來少人言，以致誤會涅槃正理者比比皆是，今於此書中廣說四種涅槃、如何實證之理、實證前應有之條件，實屬本世紀佛教界極重要之著作，令人對涅槃有正確無訛之認識，然後可以依之實行而得實證。本書共有上下二冊，每冊各四百餘頁，對涅槃詳加解說，每冊各350元。

佛藏經講義：本經說明爲何佛菩提難以實證之原因，都因往昔無數阿僧祇劫前的邪見，引生此世求證時之業障而難以實證。即以諸法實相詳細解說，繼之以念佛品、念法品、念僧品，說明諸佛與法之實質；然後以淨戒品之說明，期待佛弟子四衆堅持清淨戒而轉化心性，並以往古品的實例說明，教導四衆務必滅除邪見轉入正見中，然後以了戒品的說明和囑累品的付囑，期望末法時代的佛門四衆弟子皆能清淨知見而得以實證。平實導師於此經中有極深入的解說，總共21輯，每輯300元，於2019/07/31開始發行。

修習止觀坐禪法要講記：修學四禪八定之人，往往錯會禪定之修學知見，欲以無止盡之坐禪而證禪定境界，卻不知修除性障之行門才是修證四禪八定不可或缺之要素，故智者大師云「性障初禪」；性障不除，初禪永不現前，云何修證二禪等？又：行者學定，若唯知數息，而不解六妙門之方便善巧者，欲求一心入定，未到地定極難可得，智者大師名之爲「事障未來」：障礙未到地定之修證。又禪定之修證，不可違背二乘菩提及第一義法，否則縱使具足四禪八定，亦不能實證涅槃而出三界。此諸知見，智者大師於《修習止觀坐禪法要》中皆有闡釋。作者平實導師以其第一義之見地及禪定之實證證量，曾加以詳細解析。將俟正覺寺竣工啓用後重講，不限制聽講者資格；講後將以語體文整理出版。欲修習世間定及增上定之學者，宜細讀之。平實導師述著。

解深密經講記：本經係 世尊晚年第三轉法輪，宣說地上菩薩所應熏修之唯識正義經典，經中所說義理乃是大乘一切種智增上慧學，以阿陀那識—如來藏—阿賴耶識爲主體。禪宗之證悟者，若欲修證初地無生法忍乃至八地無生法忍者，必須修學《楞伽經、解深密經》所說之八識心王一切種智；此二經所說正法，方是眞正成佛之道；印順法師否定第八識如來藏之後所說萬法緣起性空之法，是以誤會後之二乘解脫道取代大乘眞正成佛之道，尚且不符二乘解脫道正理，亦已墮於斷滅見中，不可謂爲成佛之道也。平實導師曾於本會郭故理事長往生時，於喪宅中從首七開始宣講，於每一七各宣講三小時，至第十七而快速略講圓滿，作爲郭老之往生佛事功德，迴向郭老早證八地、速返娑婆住持正法。茲爲今時後世學人故，將擇期重講《解深密經》，以淺顯之語句講畢後，將會整理成文，用供證悟者進道；亦令諸方未悟者，據此經中佛語正義，修正邪見，依之速能入道。平實導師述著，全書輯數未定，每輯三百餘頁，將於未來重講完畢後逐輯出版。

阿含經講記—小乘解脫道之修證：數百年來，南傳佛法所說證果之不實，所說解脫道之虛妄，所弘解脫道法義之世俗化，皆已少人知之；從南洋傳入台灣與大陸之後，所說法義虛謬之事，亦復少人知之；今時台灣全島印順系統之法師居士，多不知南傳佛法數百年來所說解脫道之義理已然偏斜、已然世俗化、已非眞正之二乘解脫正道，猶極力推崇與弘揚。彼等南傳佛法近代所謂之證果者皆非眞實證果者，譬如阿迦曼、葛印卡、帕奧禪師、一行禪師……等人，悉皆未斷我見故。近年更有台灣南部大願法師，高抬南傳佛法之二乘修證行門爲「捷徑究竟解脫之道」者，然而南傳佛法縱使眞修實證，得成阿羅漢，至高唯是二乘菩提解脫之道，絕非究竟解脫，無餘涅槃中之實際尚未得證故，法界之實相尚未了知故，習氣種子待除故，一切種智未實證故，焉得謂爲「究竟解脫」？即使南傳佛法近代眞有實證之阿羅漢，尚且不及三賢位中之七住明心菩薩本來自性清淨涅槃智慧境界，則不能知此賢位菩薩所證之無餘涅槃實際，仍非大乘佛法中之見道者，何況普未實證聲聞果乃至未斷我見之人？謬充證果已屬逾越，更何況是誤會二乘菩提之後，以未斷我見之凡夫知見所說之二乘菩提解脫偏斜法道，焉可高抬爲「究竟解脫」？而且自稱「捷徑之道」？又宣言解脫之道即是成佛之道，完全否定般若實智、否定三乘菩提所依之如來藏心體，此理大大不通也！平實導師爲令修學二乘菩提欲證解脫果者，普得迴入二乘菩提正見、正道中，是故選錄四阿含諸經中，對於二乘解脫道法義有具足圓滿說明之經典，預定未來十年內將會加以詳細講解，令學佛人得以了知二乘解脫道之修證理路與行門，庶免被人誤導之後，未證言證，梵行未立，干犯道禁自稱阿羅漢或成佛，成大妄語，欲升反墮。本書首重斷除我見，以助行者斷除我見而實證初果爲著眼之目標，若能根據此書內容，配合平實導師所著《識蘊眞義》《阿含正義》內涵而作實地觀行，實證初果非爲難事，行者可以藉此三書自行確認聲聞初果爲實際可得現觀成就之事。此書中除依二乘經典所說加以宣示外，亦依斷除我見等之證量，及大乘法中道種智之證量，對於意識心之體性加以細述，令諸二乘學人必定得斷我見、常見，免除三縛結之繫縛。次則宣示斷除我執之理，欲令升進而得薄貪瞋痴，乃至斷五下分結……等。平實導師將擇期講述，然後整理成書。共二冊，每冊三百餘頁。每輯300元。

＊喇嘛教修外道雙身法，墮識陰境界，非佛教＊

＊弘揚如來藏他空見的覺囊派才是眞正藏傳佛教＊

總經銷： 聯合發行股份有限公司

231 新北市新店區寶橋路 235 巷 6 弄 6 號 4F

Tel.02－2917-8022（代表號） Fax.02－2915-6275（代表號）

零售：1.**全台連鎖經銷書局：**

三民書局、誠品書局、何嘉仁書店

敦煌書店、紀伊國屋、金石堂書局、建宏書局

諾貝爾圖書城、墊腳石圖書文化廣場

2.**台北市：**佛化人生 **大安區**羅斯福路 3 段 325 號 6 樓之 4 台電大樓對面

3.**新北市：**春大地書店 **蘆洲區**中正路 117 號

4.**桃園市：**御書堂 **龍潭區**中正路 123 號

5.**新竹市：**大學書局 **東區**建功路 10 號

6.**台中市：**瑞成書局 **東區**雙十路 1 段 4 之 33 號

佛教詠春書局 **南屯區**永春東路 884 號

文春書店 **霧峰區**中正路 1087 號

7.**彰化市：**心泉佛教文化中心 南瑤路 286 號

8.**高雄市：**政大書城 **前鎮區**中華五路 789 號 2 樓（高雄夢時代店）

明儀書局 **三民區**明福街 2 號

青年書局 **苓雅區**青年一路 141 號

9.**台東市：**東普佛教文物流通處 博愛路 282 號

10.**其餘鄉鎮市經銷書局：**請電詢總經銷**聯合**公司。

11.**大陸地區請洽：**

香港：樂文書店

旺角店 :香港九龍旺角西洋菜街 62 號 3 樓

電話 : (852) 2390 3723 email: luckwinbooks@gmail.com

銅鑼灣店 :香港銅鑼灣駱克道 506 號 2 樓

電話 : (852) 2881 1150 email: luckwinbs@gmail.com

廈門：廈門外圖臺灣書店有限公司

地址：廈門市思明區湖濱南路809 號 廈門外圖書城3 樓 郵編：361004

電話：0592-5061658（臺灣地區請撥打 86-592-5061658）

E-mail：JKB118＠188.COM

12.**美國：世界日報圖書部：**紐約圖書部 電話 7187468889#6262

洛杉磯圖書部 電話 3232616972#202

13.**國內外地區網路購書：**

正智出版社 書香園地 http://books.enlighten.org.tw/

（書籍簡介、經銷書局可直接聯結下列網路書局購書）

三民 網路書局 http://www.sanmin.com.tw

誠品 網路書局 http://www.eslitebooks.com

博客來 網路書局 http://www.books.com.tw

金石堂 網路書局　http://www.kingstone.com.tw

聯合 網路書局　http:// www.nh.com.tw

附註：1.請儘量向各經銷書局購買：郵政劃撥需要八天才能寄到（本公司在您劃撥後第四天才能接到劃撥單，次日寄出後第二天您才能收到書籍，此六天中可能會遇到週休二日，是故共需八天才能收到書籍）若想要早日收到書籍者，請劃撥完畢後，將劃撥收據貼在紙上，旁邊寫上您的姓名、住址、郵區、電話、買書詳細內容，直接傳眞到本公司 02-28344822，並來電 02-28316727、28327495 確認是否已收到您的傳眞，即可提前收到書籍。 2.因台灣每月皆有五十餘種宗教類書籍上架，書局書架空間有限，故唯有新書方有機會上架，通常每次只能有一本新書上架；本公司出版新書，大多上架不久便已售出，若書局未再叫貨補充者，書架上即無新書陳列，則請直接向書局櫃台訂購。 3.若書局不便代購時，可於晚上共修時間向正覺同修會各共修處請購（共修時間及地點，詳閱**共修現況表**。每年例行年假期間請勿前往請書，年假期間請見共修現況表）。 4.郵購：郵政劃撥帳號 19068241。 5.正覺同修會會員購書都以八折計價（戶籍台北市者爲一般會員，外縣市爲護持會員）都可獲得優待，欲一次購買全部書籍者，可以考慮入會，節省書費。入會費一千元（第一年初加入時才需要繳），年費二千元。**6.尚未出版之書籍，請勿預先郵寄書款與本公司，謝謝您！** 7.若欲一次購齊本公司書籍，或同時取得正覺同修會贈閱之全部書籍者，請於正覺同修會共修時間，親到各共修處請購及索取；**台北市讀者**請洽：103 台北市承德路三段 267 號 10 樓（捷運淡水線 圓山站旁）請書時間：週一至週五爲 18.00~21.00，第一、三、五週週六爲 10.00~21.00，雙週之週六爲 10.00~18.00 請購處專線電話：25957295-分機 14（於請書時間方有人接聽）。

敬告大陸讀者：

大陸讀者購書、索書捷徑（尚未在大陸出版的書籍，以下二個途徑都可以購得，電子書另包括結緣書籍）：

1.廈門外國圖書公司：廈門市思明區湖濱南路 809 號 廈門外圖書城 3F

郵編：361004　電話：0592-5061658　網址：http://www.xibc.com.cn/

2.電子書：正智出版社有限公司及正覺同修會在台灣印行的各種局版書、結緣書，已有『**正覺電子書**』陸續上線中，提供讀者於手機、平板電腦上購書、下載、閱讀正智出版社、正覺同修會及正覺教育基金會所出版之電子書，詳細訊息敬請參閱『正覺電子書』專頁：http://books.enlighten.org.tw/ebook

關於平實導師的書訊，請上網查閱：

成佛之道　http://www.a202.idv.tw

正智出版社 書香園地　http://books.enlighten.org.tw/

中國網採訪佛教正覺同修會、正覺教育基金會訊息：

http://big5.china.com.cn/gate/big5/fangtan.china.com.cn/2014-06/19/content_32714638.htm

http://pinpai.china.com.cn/

★ 正智出版社有限公司售書之稅後盈餘，全部捐助財團法人正覺寺籌備處、佛教正覺同修會、正覺教育基金會，供作弘法及購建道場之用；懇請諸方大德支持，功德無量。

★ 聲　明 ★

本社於 2015/01/01 開始調整本目錄中部分書籍之售價，以因應各項成本的持續增加。

＊ 喇嘛教修外道雙身法、墮識陰境界，非佛教 ＊

＊ 弘揚如來藏他空見的覺囊派才是真正藏傳佛教 ＊

售後服務—換書啓事（免附回郵）　2017/12/05

《楞伽經詳解》第三輯初版免費調換新書啓事：茲因 平實導師弘法早期尚未回復往世全部證量，有些法義接受他人的說法，寫書當時並未察覺而有二處（同一種法義）跟著誤說，如今發現已將之修正。茲爲顧及讀者權益，已開始免費調換新書；敬請所有讀者將以前所購第三輯（不論第幾刷），攜回或寄回本公司免費換新；郵寄者之回郵由本公司負擔，不需寄來郵票。因此而造成讀者閱讀、以及換書的不便，在此向所有讀者致上萬分的歉意，祈請讀者大眾見諒！

《楞嚴經講記》第 14 輯初版首刷本免費調換新書啓事：本講記第 14 輯出版前因 平實導師諸事繁忙，未將之重新閱讀而只改正校對時發現的錯別字，故未能發覺十年前所說法義有部分錯誤，於第 15 輯付印前重閱時才發覺第 14 輯中有部分錯誤尚未改正。今已重新審閱修改並已重印完成，煩請所有讀者將以前所購第 14 輯初版首刷本，寄回本公司免費換新（初版二刷本無錯誤），本公司將於寄回新書時同時附上您寄書來換新時的郵資，並在此向所有讀者致上最誠懇的歉意。

《心經密意》初版書免費調換二版新書啓事：本書係演講錄音整理成書，講時因時間所限，省略部分段落未講。後於再版時補寫增加 13 頁，維持原價流通之。茲爲顧及初版讀者權益，自 2003/9/30 開始免費調換新書，原有初版一刷、二刷書籍，皆可寄來本公司換書。

《宗門法眼》已經增寫改版爲 464 頁新書，2008 年 6 月中旬出版。讀者原有初版之第一刷、第二刷書本，都可以寄回本公司免費調換改版新書。改版後之公案及錯悟事例維持不變，但將內容加以增說，較改版前更具有廣度與深度，將更能助益讀者參究實相。

換書者**免附回郵**，亦無截止期限；舊書請寄：111 台北郵政 73-151 號信箱 或 103 台北市承德路三段 267 號 10 樓 正智出版社有限公司。舊書若有塗鴨、殘缺、破損者，仍可換取新書；但缺頁之舊書至少應仍有五分之三頁數，方可換書。所有讀者不必顧念本公司是否有盈餘之問題，都請踴躍寄來換書；本公司成立之目的不是營利，只要能眞實利益學人，即已達到成立及運作之目的。若以郵寄方式換書者，免附回郵；並於寄回新書時，由本公司附上您寄來書籍時耗用的郵資。造成您不便之處，再次致上萬分的歉意。

正智出版社有限公司 啓

國家圖書館出版品預行編目(CIP)資料

佛藏經講義 / 平實導師述著. -- 初版.
-- 臺北市 : 正智, 2019.07
面 ; 公分
ISBN 978-986-97233-8-1(第一輯;平裝)
ISBN 978-986-98038-1-6(第二輯;平裝)
ISBN 978-986-98038-5-4(第三輯;平裝)
ISBN 978-986-98038-8-5(第四輯;平裝)
ISBN 978-986-98038-9-2(第五輯;平裝)
ISBN 978-986-98891-3-1(第六輯;平裝)
ISBN 978-986-98891-5-5(第七輯;平裝)
1.經集部
221.733　　108011014

佛藏經講義——第三輯

著述者：平實導師
音文轉換：蔡正利 黃昇金
校對：章乃鈞 陳介源 孫淑貞 傅素嫻 王美伶
出版者：**正智出版社**有限公司
電話：〇二 28327495 28316727（白天）
傳眞：〇二 28344822
111台北郵政 73-151 號信箱
郵政劃撥帳號：一九〇六八二四一
正覺講堂：總機〇二 25957295（**夜間**）
總經銷：聯合發行股份有限公司
231 新北市新店區寶橋路 235 巷 6 弄 6 號 4 樓
電話：〇二 29178022（代表號）
傳眞：〇二 29156275
初版首刷：二〇一九年十一月三十日　二千冊
初版六刷：二〇二〇年八月四日　二千冊
定價：三〇〇元